海外中国研究丛书

——到中国之外发现中国

［日］佐藤慎一 著　刘岳兵 译

近代中国的知识分子与文明

近代中国の知識人と文明

江苏人民出版社

图书在版编目(CIP)数据

近代中国的知识分子与文明 /（日）佐藤慎一著；
刘岳兵译. -- 南京：江苏人民出版社，2024.8
（海外中国研究丛书 / 刘东主编）
ISBN 978 - 7 - 214 - 28281 - 1

Ⅰ. ①近… Ⅱ. ①佐… ②刘… Ⅲ. ①知识分子—研
究—中国—近代 Ⅳ. ①D693.71

中国国家版本馆 CIP 数据核字(2023)第 163355 号

书　　　名	近代中国的知识分子与文明	
著　　　者	[日]佐藤慎一	
译　　　者	刘岳兵	
责 任 编 辑	康海源	
特 约 编 辑	张蕴如	
装 帧 设 计	周伟伟	
责 任 监 制	王　娟	
出 版 发 行	江苏人民出版社	
出版社地址	南京市湖南路 1 号 A 楼，邮编：210009	
照　　　排	江苏凤凰制版有限公司	
印　　　刷	苏州市越洋印刷有限公司	
开　　　本	652 毫米×960 毫米　1/16	
印　　　张	23.25　插页 4	
字　　　数	257 千字	
版　　　次	2024 年 8 月第 1 版	
印　　　次	2024 年 8 月第 1 次印刷	
标 准 书 号	ISBN 978 - 7 - 214 - 28281 - 1	
定　　　价	98.00 元	

（江苏人民出版社图书凡印装错误可向承印厂调换）

序"海外中国研究丛书"

　　中国曾经遗忘过世界,但世界却并未因此而遗忘中国。令人嗟讶的是,20 世纪 60 年代以后,就在中国越来越闭锁的同时,世界各国的中国研究却得到了越来越富于成果的发展。而到了中国门户重开的今天,这种发展就把国内学界逼到了如此的窘境:我们不仅必须放眼海外去认识世界,还必须放眼海外来重新认识中国;不仅必须向国内读者迻译海外的西学,还必须向他们系统地介绍海外的中学。

　　这个系列不可避免地会加深我们 150 年以来一直怀有的危机感和失落感,因为单是它的学术水准也足以提醒我们,中国文明在现时代所面对的绝不再是某个粗蛮不文的、很快就将被自己同化的、马背上的战胜者,而是一个高度发展了的、必将对自己的根本价值取向大大触动的文明。可正因为这样,借别人的眼光去获得自知之明,又正是摆在我们面前的紧迫历史使命,因为只要不跳出自家的文化圈子去透过强烈的反差反观自身,中华文明就找不到进入其现代形态的入口。

　　当然，既是本着这样的目的，我们就不能只从各家学说中筛选那些我们可以或者乐于接受的东西，否则我们的"筛子"本身就可能使读者失去选择、挑剔和批判的广阔天地。我们的译介毕竟还只是初步的尝试，而我们所努力去做的，毕竟也只是和读者一起去反复思索这些奉献给大家的东西。

　　　　　　　　　　　　　　　　　　　　刘　东

人文学与社会科学的视界融合

——佐藤慎一《近代中国的知识分子与文明》译序*

佐藤慎一的《近代中国的知识分子与文明》(东京大学出版会,1996年12月)一书,在日本学术界被誉为是标志现在日本的中国近代思想研究水准的著作,而且这里的"水准",不仅有表示学界现在研究水准之事实判断的意思,也有将其作为今后此研究领域之示范的意思。①显然,这是将该著作作为一种"思想研究"的新范式来加以充分肯定的。

为了更好地理解这一"新范式",有必要先简单地回顾一下第二次世界大战以来日本的中国近现代思想史研究的状况。中国学术界或许对这一状况并不十分熟悉,但这一研究领域的日本学者很重视而且事实上也在不断地进行这种回顾和总结。②

在1995年的一次学会上,丸山松幸在回顾战后五十年来日本的中国近代思想研究时,将这五十年分为三个阶段,即"文革"十年及其前后的各二十年。这与我们分析新中国成立以来的历

---

* 载刘东主编《中国学术》第21辑,商务印书馆,2006年4月。

史有些类似。事实上,战后日本的中国研究,特别是中国近代思想研究,其学界主流的确深受当代中国的社会发展及该领域学术研究的影响。但是值得注意的是,他们的出发点与我们是完全不同的。正如丸山松幸所说:"从何谓日本的近代这一问题出发,来考虑中国革命的意义,这是战后中国研究的原点。无论这是好是坏,这规定了其方向。"③沟口雄三进一步说:"我们的中国研究的出发点里,基本上都有这种憧憬。这种憧憬是指向各种各样的日本内部的自我意识——反对日本近代百年间各种各样的反日或非日本意识,作为自我意识的投影而形成于自身内部的自我意识。因此其一开始就是主观的。正因为这憧憬不是针对客观的中国,而是指向来自主观想象的'我的中国',所以这个中国才能彻头彻尾地成为日本近代的反命题,也才能够被憧憬。"④

因为日本战败,而且随之而来的是美国占领;中国不仅建立了中华人民共和国,而且新中国的建设在 50 年代初如日中天。这样,甲午战争以来日本的优越感丧失殆尽,对中日两国近代历史的反思就成为日本的中国研究的焦点。如沟口雄三所说:"在战后,至少是'文革'以前,我们大多数人对中国近代的认识概括起来就是,中国将其缺少欧洲式近代的劣势逆转为前提或者说条件,结果完成了日本未能实现的、自下而上的彻底的社会革命,即政治上建立起了反帝、反封建的共和主义体制,思想上彻底打倒了作为封建体制教学的儒教道统。"⑤也就是说,与战前或战时主流的中国研究者的蔑视和批判近现代中国的态度相比,战后初期日本的中国研究者被认为是基本上都缺乏对中国的批判性的视点,他们觉得日本的近代虽然红极一时,但是最终失败了;而中国的近代虽然历尽艰辛,但是通过彻底的革命,最终成功了。这样中日之间"先进—后进的坐标轴转了一百八十度的弯"(沟口雄三语）。而促进这一转换的核心人物是竹内好。日本人对于中国近现代的理解从战败之后到 50 年代前半期，可以说基本上是沿着竹内好的框架在思考。简单地说，竹内框架有两个基本的特点：其一，他不是将近代中国作为一个实体，而是作为思考日本近代的一种"方法"。竹内好等人著作的《中国革命的思想》（岩波书店，1953 年）就具有典型意义。它将近百年的中国各种思想都深深地与中国革命联系起来进行探讨，如他们自己所说，"与其说是思想史，不如说是从思想深处放眼的革命史"（前言）。而且，日本的近代思想是什么的问题，一直是这本书的"低调基音"。再者就是他对近代的思考，仍然是一种欧洲中心论的思考方式。"只是将坐标轴转了一百八十度的弯，而先进—后进的结构本身却没有受到完全的否定。"⑥这种思考框架实际上对整个战后的日本中国学的影响都是不可低估的。在"思想史在学问领域尚未获得独立的市民权"⑦之际，他们的探索是难能可贵的。

从 1963 年开始，西顺藏等人历时 13 年，到 1976 年编译出了一套《原典中国近代思想史》（共六册）。这的确是一项扎实的基础性的工作，但是从其编译的指导思想⑧和具体内容⑨上看，可以说这项工作仍然是力图对竹内框架的完善和巩固。当然，战后初期的一代，由于中日之间的隔绝，在对中国的现实几乎全然无知的情况下开始研究中国，可以说这是他们那一代的特征。或许正是因为没有多少可以凭借的研究积蓄和现实知识，给了他们足够的创造性空间。而且他们甚至不惜冒着被中国研究的专家批评为浅虑偏见而宣称"为了理解现在的中国，专家起不了什么作用"（竹内好语）。后来随着"文化大革命"的发生以及中日邦交正常化等一系列历史事件的发生，随着对中国了解的加深和交往的深入，由此产生了将中国相对化的态度，即打破了将中国放在"先进—后进"这种两极的思考框架中来认识的模式,总算能够将中国作为一个可以理性地认识的对象了。而这种认识的形成也与日本国内的社会状况紧密相关。⑩到 80 年代之后,沟口雄三就近代中国研究发表了一系列的论文,力图从根本上重新认识被歪曲了的近代中国。柯文的《在中国发现历史》批评了美国的中国研究中的西洋中心的思路,沟口的《作为方法的中国》指出在日本的近代中国研究框架中有同样的问题。他们都主张应该将前近代与近代甚至现代联系起来而找出一条属于中国自身发展的历史轨迹。这一思路在今天已经成为这一领域许多研究者的共识。

值得注意的是,在 60 年代的日本,一些不以近现代中国为研究对象的中国研究专家(那时近现代中国研究还谈不上有多少专家)在说明其之所以在公开的场合慎言近现代中国历史的理由时指出:"原因之一是无论什么样的发言,很容易就被贴上政治性的标签。极而言之,一举手一投足、一颦一笑,也都被赋予了政治的意味。意志薄弱的人,只要想到这一点就有足够的理由不说话了。"⑪可见当时学术界的状况。实际上直到 80 年代这种政治色彩浓厚的论著甚至仍然充斥这一研究领域。可见,政治与学术的关系在日本的中国近代思想史研究中,也是一个非常突出的问题。

佐藤慎一 1964 年进入东京大学学习,他就读的法学部并不是以培养中国研究专家为目标的,在学生时代听的是丸山真男教授的日本政治思想史讨论课、福田欢一教授的政治学史讨论课、石田雄教授的政治思想史,与近代中国有关的只有坂野正高教授的亚洲政治外交史。他选择近代中国作为研究对象,这种出身从某种意义上说正投了上述竹内好的所好。他自己也意识到自己

"与文学部出身的中国研究者相比,出发点非常不同"。这种不同,对他来说产生了一种与根据自己对所掌握的客观材料的理解来迎拒研究对象相比,更重视以所学的社会科学的智慧(方法),在与对象之间保持适当的距离的基础上而对其进行理性的分析的倾向。比如他在论述近代中国文明观的转换时,形象地将这一过程比喻为"如洋葱拨皮层层无尽",认为这"对中国知识分子而言也是这样一种无尽的自我解剖的过程,至少我们不能将其作为指向某一特定目标的过程来叙述"。他的确善于用社会科学的方法对这一过程进行条分缕析。后来他又被有意地安排到京都大学人文科学研究所学习,"得以亲炙京都大学积蓄深厚的惊人的人文学的中国研究之一端",在这里,初次体验到在中国思想文献的精密的解读方法上所受到的冲击,认为如果没有这种体验,自己的研究风格肯定是驳杂无章的。例如,他对以中国文明的优越性认识为中心的中华思想的理解,就包含了浓厚的人文要素。他反对简单地将它作为夜郎自大、自我中心的见解来加以揶揄或批判,而强调"如果从中国文明数千年的历史、传统学术的深厚积蓄以及到 18 世纪后半期中国在政治或经济能力方面还保持有高度的水准来考虑,中国知识分子对自身文明的优越性的确信,毋宁说是当然的事。在这种意义上,被称为中华思想的文明观,至少在历史进程的某一时段之前,是具有充分的意义和根据的见解"。并把这一点作为贯穿他的这部处女作《近代中国的知识分子与文明》的基本前提。而且他说,中国知识分子的文明观的转换,乍一看显得有些迟缓,但是这种迟缓,与其说是由于中国知识分子的偏见或怠慢,毋宁说正表明了承担膨大的文明积蓄的中国近代知识分子在某些方面的精神葛藤。如果没有对研究对象的充分的同情的理解,而仅仅凭借社会科学的分析方法,是不可能得出这样的结论的。因此我仍然认为力图在中国近代思想史研究中实现人文学与社会科学的视界融合，是该书的一个可贵之处。从这种尝试中我们的确可以看出某种"思想研究"的新范式的端倪，尽管从"法学部的"眼光和从"文学部的"眼光看，也许各自都还会觉得有些不太满意。

《近代中国的知识分子与文明》一书主要由新写的序章"近代中国与知识分子"和以曾经发表过的三篇论文为基础的第一章"文明与万国公法"、第二章"法国革命与中国"、第三章"近代中国的体制构想"构成。

序章着重叙述近代中国知识分子生存状态的变化，是作者特意为那些非中国思想或中国史专业的读者提供有关被称为士大夫的旧中国知识分子的某种程度的预备知识，以便更好地理解本书的其他篇章而写作的。他强调不能用通常的有关知识分子的标准来评价中国士大夫的思想或行动，要注意其独特性。他对于安然生活在现代社会中的传统士大夫柯劭态的精神世界的分析就十分精辟。他从柯劭态的身上读出了即使在 20 世纪，传统学术仍然自有其存在的意义，并认为如果充分理解了这种意义，就不会给柯劭态贴上"反动的"或"中国中心主义"的标签。他说甚至企图用"进步—反动"或"西洋—中国"这种尺度去衡量他，这种认识本身都有问题，因为柯劭态处在这种尺度无法测定的位置上。在论述士大夫与中国近代化的关系时，他的视角看上去也很独特。他分析说，因为摸索中国近代危机对策的士大夫们乐于从古典或先例中寻求答案，这就如同试图在没有出口的迷途中寻找出口。他们越是尽其所能、倾其所学地去摸索正确答案，就越是浪费时间、加深危机。如果他们不是那种有能力的人，倒可能会及时注意到中国文明的积蓄及自身能力的界限，而知道应该从完全不同的方向寻求出口。在这种意义上,甚至可以说甲午战争的败北所象征的中国近代化的挫折正是由于士大夫的有能力而引起的。实际上,由此也可以看出,作者认为近代化是处在与中国固有文明发展完全不同的方向上,是凭借中国文明的积蓄及自身能力所无法实现的。因此,为了构筑新的政治体制,必须废除科举,才能培养足以担当它的新的人材。新的知识分子中,一些人继承了士大夫的经世意识,在社会政治方面有了新的作为,一些人不问政治而自足于新的学术世界,成为新的学术传统的创造者。前者他举出了陈独秀,后者则以陈寅恪为代表。这是中国近代知识分子的两种典型的类型。

主体部分的三章,分别从"万国公法观的变化""法国革命观的变化""体制选择"这些不同的角度来分析近代中国知识分子对世界认识的转换过程,从而对生活在激荡的旋涡中的近代中国知识分子,以及他们是如何认识所处环境的变化、如何适应和驾驭这些变化的这一共同的主题进行了深入的阐释。

第一章"文明与万国公法"的篇幅占了全书一半,最早发表在祖川武大编的论文集《国际政治思想与对外意识》(创文社,1977年)里。他回忆说:"这篇《文明与万国公法》是某种反抗的产物。那时,'文化大革命'的余波还浓厚地占据着中国和日本的学界,将革命思想的深化与政治思想的发展一视同仁的倾向占有支配地位。但是我对这种倾向无论如何不能接受。"他所"反抗"的就是将近代中国对外关系的历史完全用帝国主义的侵略或中国人民的抵抗这一模式来套用的见解。他是有意识地以"近代主义的"立场来分析中国近代知识分子是如何接受作为普遍规范的万国公法这一问题的。这一章除开始的引言和最后的小结外,分下面六个小节:不平等条约、《万国公法》的翻译、外交官与万国公法、变法运动与万国公法、中国革命与万国公法、不平等条约解除的历史。一般而言，不平等条约被视为帝国主义将中国束缚在"半殖民地"状态的枷锁，而作为普遍国际法的万国公法，实际上也被视为帝国主义势力统治中国的工具。佐藤慎一在这里对这种历史解释大胆地提出自己的新见解。他认为在接受万国公法之际，文明观的变迁这一要素比"力的支配"（即帝国主义的侵略与反帝国主义的斗争的视角）要更为重要。这就是说，不平等条约不只是列强强加的结果，在中国方面接受这些不平等条约也因为它具有符合自己的文明理论、忠实于自己文明的内在价值标准的侧面，所以无视文明观的变化这一因素，就不可能讨论近代中国接受万国公法的问题。他把"文明"的问题，即华夷观或天下观，在中国传统的对世界的认识中置于核心位置。从以册封与朝贡为基轴的中国传统的国际秩序观到以万国公法为基础的平等的国家间关系的近代国际秩序观的形成，从第一例不平等条约的签定到邓小平路线与香港问题的解决，作者在这里再现了近现代中国波澜壮阔的历史大舞台上形形色色的知识分子的思想变化的历程。

第二章"法国革命与中国"，旨在通过追溯中国人的法国革命论的历史发展，分析他们是如何理解法国革命的意义并给予其怎样的评价的。众所周知，法国革命付出了相当昂贵的代价，但是其历史意义也是不可低估的。那么它能否成为未来中国改革的榜样？这种矛盾心情，是大部分立志于改革的中国人无法回避的。如何评价法国革命这一问题，成为测试各自政治立场或思想立场的试金石。本章共分四节。第一节"前史"，分析19世纪后半期的法国观及为数甚少的法国革命论。第二节"法国革命论的展开"，主要以19世纪末至辛亥革命时期的发展状况为中心。在该时期，中国人不管是持赞同态度，还是持反对态度，都对法国革命表现出了最大的兴趣，并展开了相关的论争，这一节基本沿着时间顺序叙述这些论争。在第三节"法国革命论的论争"中，进一步分析这些论争的主要观点（进化与革命、专制与革命、民主与革命、革命与国际环境的关系）。第四节"从法国革命到俄国革命"主要分析辛亥革命之后法国革命论与俄国革命论的关联性。作者自认为从法国革命论这一视角来看，本章在某种程度上具备了作为中国近代思想通史的性质。

第三章"近代中国的体制构想"，发表在沟口雄三等编的《近代化像》（《从亚洲思考》第五卷，东京大学出版会，1995年）上时，有一个"以专制问题为中心"的副标题。这一章是追溯在20世纪初的中国出现的各种各样的对不远的将来中国政治体制状况的构想时，知识分子围绕关于中国"专制"问题的思考轨迹并加以分析。他认为在中国体制构想史上，如果将始皇帝的选择作为第一次划时代的选择的话，那么20世纪初的这次选择恐怕就可以说是第二次划时代的选择了。而在体制构想史上，专制这一词语的引进和普及，正是第二次划时代的时期的最具特征的事情。这也是以"近代中国的体制构想"为标题的这一章之所以以"专制问题"为焦点的理由之一。而与专制相对应的就是"自由"的问题。作者在这里对这两者的关系进行了深入的思考和阐释。他说我们通常将自由与专制视为对立的存在，为了实现自由就必须否定专制。如果以这种先入之见为前提，那么就会认为在中国，打倒君主专制的运动就是以实现自由为目标的运动，打倒君主专制最热心的革命派人士就是最热烈的自由的拥护者。果真如此吗？20世纪初的革命派，是为了追求自由而拼命地参加革命运动的吗？革命派与改革派的对立是由于自由观的不同而产生的吗？

这样，他们本来就认为自由与专制是对立的吗？这些问题不仅在思想史上意义重大，而且在现实中依然是十分前沿而敏感的。

以上是《近代中国的知识分子与文明》一书的主要内容。需要指出的是，作者曾于1979年到1981年任美国加利福尼亚大学伯克利分校的中国研究中心的客座研究员。而且于1988年翻译出版了柯文的《在中国发现历史》的日文译本（《知の帝国主义——オリエンタリズムと中国像》，平凡社）。他对美国的中国研究是非常熟悉而且深受其影响。比如他在自己的著作中（第一章）就毫不掩饰地运用列文森的以"价值"及"真的"和"历史"及"自己的"这二重评价标准之间的张力为视角来描述近代中国思想史的整体构图的思路，认为从洋务运动到儒教资本主义，一百多年来中国在试图引进什么新的东西之际，总是力图从中国过去的历史中重新发现与之类似的东西，以使"真的"与"自己的"相一致，以致各种各样的"附会论"层出不穷。问题是什么是"真的"？评价"真的"的价值标准是什么？在这一点上，佐藤慎一明显地是站在"自由化"即西方中心的"近代主义"的立场上的。正因为如此他才会对现实的中国抱有"同样是社会主义国家，为什么中国的经济发展成功了，而苏联与东欧各国却失败了？另一个问题是，同样是社会主义国家，为什么苏联与东欧各国产生了激烈的政治变化，而中国的政治改革却显得较为谨慎？"的疑问。值得注意的是，如果这一标准哪怕是在无意中被涂上了政治的色彩，那么再精彩的历史分析也很可能会因为搀杂进了学术之外的因素而使其意义大打折扣。对于政治与学术的关系，佐藤慎一早在1988年就郑重地提出了这一问题，并进行了冷静的分析。⑫但是由于政治化的倾向几乎成为中国近现代思想史研究者长期以来的"心灵积习"，要突破是很不容易的。

注释

① 高柳信夫对该书的书评,题目就是《現在の中国近代思想研究の"水準"を示す書》,《東方》205 号,1998 年 3 月。

② 笔者所见有:野村浩一《中国近代史の手引き——思想史》(《大安》,1956 年 2 月)、丸山松幸《中国近代思想史研究の問題点》(《歴史学研究》252 号,1961 年 4 月)、《思想》第 523 号特集"現代中国への視点"(岩波書店,1968 年 1 月)、后藤延子《日本における中国近代思想史研究》(《中国研究月報》491 号,1989 年 1 月)、大谷敏夫《中国近代思想史研究の覚書(一)、(二)——日本における研究の現状と課題》(《人文学科論集》第 34、35 号,鹿児島大学法文学部,1991 年 10 月、1992 年 2 月)等。而沟口雄三的《方法としての中国》(东京大学出版会,1989 年)是对日本的近代中国研究的全面批评和总结。

③ 中国社会文化学会 1995 年度大会的第一天即 9 月 15 日举行的研讨会,《草創期に振り返る》(小島晋治、丸山昇、丸山松幸),见《中国一社会と文化》第 11 号,1996 年 6 月。

④ 沟口雄三《日本人视野中的中国学》,李甦平等译,中国人民大学出版社,1996 年,第 3 页。

⑤ 同上,第 14 页。

⑥ 同上,第 16 页。

⑦《丸山眞男講義録 第四冊 日本政治思想史 1964》,東京大学出版会,1998 年,第 3 页。

⑧ 西顺藏编《原典中国近代思想史》的总序中说:"为了让我们日本人了解中国,以便能够探求从抵抗外的侵略和内是压制的旧中国到新中国的诞生的中国人的艰难历程,而进行着实的基础性的工作难道不是最为必要的吗?封闭在中国古典的权威中而无视历史的大变化的研究、脱离革命的苦难过程而每次仅仅是介绍新中国的成果的研究、仅仅以'学问的'方法将中国只是作为供裁断的材料来看待的研究等等,这样来认识和理解活生生的

中国难道不是不可能的吗？被迫卷入近代资本主义的'弱肉强食'的世界，通过追随强者＝欧美、侵略弱者＝亚洲而'发展'，不仅败于欧美的物量、更根本的是败于亚洲人民的抵抗，我们日本人即便在现在对此的自觉依然极为薄弱。以批判这种日本近代的偏重欧美、蔑视亚洲的'文明开化'的体质为鉴，探求打破日本帝国主义的侵略的中国人的近代足迹，难道不是必要的吗？我们的工作的出发点差不多就是基于这种想法。"（《原典中国近代思想史》第一册，岩波书店，1976年10月，第5—6页）

⑨ 农民革命—民国革命—人民革命被视为是构成中国近代思想史的基轴，六册的标题分别是：从鸦片战争到太平天国、洋务运动与变法运动、辛亥革命、从五四运动到国民革命、毛泽东思想的形成与发展、从国共分裂到解放战争。

⑩ 福田欢一分析说："就日本人的中国印象而言，可以说伴随远东危机而开始的'文化大革命'而陷入完全的混乱，经过十年以上而构筑起来的与中国革命共存的积极的期待几乎完全崩溃了。……在1967年的总选举中，保守党已经认为不仅没有推进中日关系，而且能够以对中国的敌意作为得票的资本。……这断绝的二十年间，积极推进与革命中国的正常关系的，在思想上可以说是社会主义和亚洲主义。对于在与中国断绝时期成长起来的一代来说，亚洲主义的心情已经不觉得亲切，此期间两国的变化确实使得朴素的亲近感逐渐成为过去。日本资本主义的高度成长，不仅使在苏联或中国为典型的社会主义遽然失色，工人阶级意识也被彻底瓦解。不用说中国革命的进展，即所谓的'无产阶级文化大革命'打击了这些思想的作用。"（福田欢一《日本にとって中国とは何か》，《思想》523号，1968年1月）

⑪ 小仓芳彦《現代中国と中国"専門家"——竹内好氏の発言をめぐって》，《思想》523号，1968年1月。

⑫ 佐藤慎一《河田悌一著〈中国近代思想と現代〉》，《東洋史研究》46卷4号，1988年3月。

目　录

vi

前　言

　　本书由三章构成："文明与万国公法""法国革命与中国""近代中国的体制构想"。这三章均以从 19 世纪后半期到 20 世纪初约半个世纪的中国为主要舞台,以这一时期知识分子的思想轨迹和精神世界为主要课题。因此,简而言之,本书所论述的是属于中国近代思想史这一学科领域的内容。

　　在这半个多世纪中,中国的对外关系由朝贡体制转换为条约体制,而且面临着被瓜分的威胁。同时,这一时期也是中国的政治体制从王朝体制向共和体制转换的时期。朝贡体制和王朝体制在中国都具有两千年的历史,即使仅就其转换成异质的条约体制和共和体制而言,这一时期中国的政治变动和社会变动,其规模之深广也是不难想象的。生活在这种激荡的旋涡中的中国知识分子,他们是如何认识所处环境的变化以及他们想使中国如何变化,这些问题是这三章所要解决的共同的主题。换言之,这三章是分别从"万国公法观的变化""法国革命观的变化""体制选择"这些不同的角度来分析近代中国知识分子对世界认识的转换过程,以解决上述共同的课题。

　　对世界认识的转换也可以说是文明观的转换。因为 19 世纪中叶的中国知识分子对世界的认识的核心,是只有中国文明才配称为"文明",他们确信世界只有这样一种文明。在朝贡体制或士人统治等旧体制的中国,秩序的基本构架都与这种文明观具有深刻的关联。因而,不论有关西洋诸国的信息量如何增加,只要知识分子内心深处的这种文明观的根底不发生改变,中国知识分子对世界的认识就不可能发生根本的变化。

以中国文明的优越性认识为中心的文明观,常常被称为"中华思想"。人们常常将它作为夜郎自大、自我中心的见解来加以揶揄或批判。20 世纪初的中国知识分子就已经开始这样自我解嘲了。但是,笔者认为,如果从中国文明数千年的历史、传统学术的深厚积蓄,以及到 18 世纪后半期中国在政治或经济能力方面还保持有高度的水准来考虑,中国知识分子对自身文明的优越性的确信,毋宁说是当然的事。在这种意义上,被称为"中华思想"的文明观,至少在历史进程的某一时段之前,是具有充分的意义和根据的见解。这是贯穿本书的基本前提。

因为中华思想是这样的一种观念,所以对中国知识分子而言,要进行自我克服就尤为困难。在近代中国文明观的转换过程中,西洋观(西洋文明观)的变化,是中国知识分子自身的中国文明观的变化的又一个重要的构成要素。这样,对具有较强的普遍主义志向的中国知识分子而言,这两种变化是决不可以分割开来的单一性的存在。相反,他们每次都要在使两者不断地关联交织中,重新构筑对世界的认识。换言之,他们没有,原本也不可能在"文明开化"之名下破除传统的文明观。因此,他们的文明观的转换,乍一看显得有些迟缓。甚至有的观点认为,到 19 世纪后半期中华思想毋宁说更加强化了。但是这种迟缓,笔者认为与其说是由于中国知识分子的偏见或怠慢,毋宁说正表明了承担膨大的文明积蓄的中国近代知识分子在某些方面的精神葛藤。

如洋葱拨皮层层无尽,近代中国文明观的转换,对中国知识

分子而言也是这样一种无尽的自我解剖的过程,至少我们不能将
其作为指向某一特定目标的过程来叙述。在每章中,我尽可能多
地采纳与各章主题相关的被认为有意义的中国知识分子的言说,
特别是注意到其言说的逻辑结构及其默认的前提,并且尽可能对
他们的思想作内在的分析。至少我不想对他们只是以贴上"进
步"或"反动"这样简单的标签了事。

　　每章所涉及的时代以 19 世纪后半期到 20 世纪初为主要对
象。但是,中国文明观的转换过程,并不是在这一时期就完成了,
而是在此后还在继续,特别是 19 世纪后半期展开的文明观转换
的历史剧在 20 世纪后半期又有再现——虽然有大幅度的变
化——的迹象。因而在每章中,以"此后的问题"的形式,试图追
踪这些问题到现代是如何展开的。

　　与第一、二、三章相比,序章的性质稍微有些不同。第一至第
三章以近代中国知识分子的言说为素材,着重叙述其思想内容的
变化。相比之下,序章则着重叙述近代中国知识分子生存状态的
变化。另外,第一至第三章均是以曾经发表过的论文为底本,而
序章是为本书新写的。这一序章的设置,是为那些非中国思想或
中国史专业的读者在阅读本书时提供被称为"士大夫"的旧中国
知识分子的某种程度的预备知识,以便更好地理解本书的其他篇
章而写作的。士大夫,恐怕从世界史的视野来看也是一种独特的
存在。用我们通常持有的有关知识分子的标准来评价他们的思
想或行动,那大概就错了。

序　章　近代中国与知识分子

一位老学者

时值 1928 年 4 月。

在当时的北京,东方文化事业委员会(日本外务省以义和团赔偿金于 1925 年设立的中日共同参与的学术委员会)正致力于《续修四库全书总目提要》的编纂。《四库全书》是受乾隆帝敕命网罗中国古今重要书籍而编成的中国史上最大的丛书。收入《四库全书》的每一册图书都有提要,《四库全书总目提要》(200 卷,1782 年刊)即是此提要的集大成者。东方文化事业委员会所致力的《续修四库全书总目提要》,乃是继《四库全书总目提要》之续,欲将《四库全书》编纂之后刊行的所有重要的书籍逐一解题并编纂结集。这是一项宏伟的计划。

编纂《续修四库全书总目提要》的中心人物是东方文化事业委员会委员长柯劭忞(1850—1933)。他 1886 年进士出身,任过湖南学政等职,民国之后从政界隐身,专致于学术活动。他的主要学术业绩,除了作为清史馆的馆长参与《清史稿》(536 卷,1927 年完成)的编纂,还补正正史《元史》的谬误与疏漏而著成《新元史》(257 卷,1927 年完成)。要而言之,他是当时中国传统学术的最高权威之一。

以清朝遗老自封的 78 岁的柯劭忞,依照清朝的风俗还留着发辫。他在一次编辑会议上郑重地提出了下面的提案:《四库全书》中只收录中国的书籍,据说西方各国近来学问也有很大的进步,这次的《续修四库全书总目提要》中也收录一些西方蛮夷的著作不好吗?

贝塚茂树在京都帝国大学毕业后,由狩野直喜介绍访问北京并出席了这次会议。这是他在以《老北京人》(收入《古代的复活》,讲谈社,1971 年)为题的一篇随笔中留下的一段插曲。这一年是 1928 年,即民国十七年。这一年离清朝灭亡、亚洲最初的共和国诞生已经有 16 年的岁月了。在这一年前的夏天,国民革命过程中的国共合作分裂了;蒋介石率领的国民革命军进驻北京宣告中国再统一的完成,是在这一年的 7 月。在这样的年代,在北京,还有这样的人物存在。

对柯劭忞的言行,我们应该如何解释、如何评价呢?

严复(1854—1921)的《天演论》是最初将西洋学术介绍到中国的著作,刊行于 1898 年,到 1928 年已经过去了 30 年。这 30 年间大量的西洋书籍被译介,知识分子的世界中西洋学术的影响力总的说来是随着时间的推移而不断增大。早在 20 世纪初,社会进化论十分流行,"优胜劣败""适者生存"等从日本传来的进化论用语渗透到日常用语的层面。另一方面,与西洋学术的影响力增大相反,传统学术的权威性和影响力则每况愈下。特别是在1910 年代后半期以标榜"科学"与"民主"而展开的新文化运动中,以儒教为代表的传统学术被作为反"科学"与"民主"的对象而遭到全面的批判。到 20 年代后半期,知识分子所用的概念或方法已经深受西洋学术的影响,西洋学术的影响力无论在量上还是在质上都似乎遥遥凌驾在传统学术之上。

学术界的变化在柯劭忞得意的史学领域最为显著。这是因为在 20 世纪初梁启超提倡"史界革命"以来，寻求中国变革的人们，不仅仅要求变革中国的现状，而且也力图变更或修正对既往的中国历史的解释。到了 1920 年代，接受西方史学方法的历史学者，实际上已经开始用新的立场或观点来研究中国通史或专门史。例如，1910 年代留学于美国、回国后担任北京大学历史学教学工作的何炳松（1890—1946），在介绍罗宾逊（James Harvey Robinson）的《新史学》的同时，提倡将自政治以至经济、文化、科学技术等领域的内容均纳入史学视野的作为科学的历史学，引起了极大的反响。1924 年，他移籍最大的出版社商务印书馆，刊行了其亲自编纂的《中国史学丛书》。还比如，陶希圣（1899—1988）在 1928 年发表了《中国社会到底是什么社会》一文，这是以马克思的发展阶段论的架构分析中国历史的最初尝试，也是 1930 年代展开的大规模的"中国社会史论争"的导火线之一。不是叙述个人或王朝的事迹，而是用新的方法回答中国社会是什么样的社会这一问题，成了许多历史学者所考虑的对象。

将柯劭忞置身于这样的学术潮流中，可见他的确是那种落后于时代的人物了。他对于西方学术的知识还不及同时代中学生的水平，毋宁说几近于无知。而且，他编纂的《清史稿》与《新元史》，都是承袭纪传体的断代史这一传统的史书编纂体例。这种以个人或王朝的事迹为中心的史书编纂体例，已经成为 20 世纪初提倡的"史界革命"以来一贯批判的对象，因而终究不能满足 20 年代"新史学"的学术水准的要求。如此说来，乍一看，给柯劭忞贴上"时代错误"或"顽迷固陋"之类的标签也是不得已而为之。

多数同时代的知识分子企图以西洋学术为武器来进行中国

的变革。既有援用马克思主义理论或国民国家理论来进行政治变革的，也有信奉实用主义以教育改革为目标的，还有赞成无政府主义、主张通过"勤工俭学"来实现社会改造的。其立场与方法虽然各种各样，但是，以一种批判的眼光来看待中国的传统与现实，根据西方学术所提供的药方来进行中国的变革，这是他们的共同志向。与这种知识分子相比较，柯劭忞的立场显得与众不同。对他而言，无论是政治还是学术，不管从哪个角度都看不出变革的意向。生活在1920年代后半期的北京，后脑勺上还按照清朝的旧俗留着发辫，这件事本身就已经表明其背离变革的生活态度。如果认为具有变革志向的知识分子是"进步的"的话，那么柯劭忞就是"反动的"。换言之，在承认西方社会的先进性、以西方社会为基准来评价中国的事情这一点上，如果将具有变革志向的知识分子的态度称为"西方中心主义"的话，那么柯劭忞就是"中国中心主义"。

但是，"反动的"或"中国中心主义"这种评价，对柯劭忞的思想而言真的适当吗？1920年代的中国的确有与"反动的"或"中国中心主义"的评价相称的知识分子。比如，在20年代前半期，以西洋文明与中国文明的优劣为主题而展开的"东西文化论争"和"科学与人生观论争"等激烈论争，就有许多知识分子不断卷入。对其中的一部分知识分子用"反动的"或"中国中心主义"加以评价很难说完全不当。因为他们的基本立场明确地具有对新文化运动急进的反传统主义的"反动"意向。1910年代后半期展开的新文化运动，全面否定以儒教为首的中国旧文化，主张构筑立足于"科学"与"民主"的新文化，强调文化改造的必要性。企图制止这种"过激"倾向的人们，一方面着眼于第一次世界大战的惨祸，强调以科学为中心的西洋"机械文明"的末路与界限；另一方

面,强调中国在"精神文明"方面的优越性而展开对儒教的再评 7
价。常常被称为"新儒家"的那些人,主张中国应该沿着不同于西
洋的中国固有的道路前进。在这种意义上,他们的态度是"中国
中心主义"的。

　　新儒家与柯劭忞的态度虽然在表面上看十分类似,但是其根
底上存在着很大的差距。新儒家与柯劭忞在尊重中国文明这种
态度上虽然是共同的,但是,在柯劭忞那里看不到像新儒家那样
有意识地对抗西方文明的姿态。柯劭忞提出的"《续修四库全书
总目提要》中也收录一些西方蛮夷的著作不好吗"这一提案,并不
是有意识地要蔑视西洋学术。他的心底,不是对西洋学术的蔑
视,而是对其不关心。部分新儒家学习西洋的观念论哲学,运用
其范畴和观念对儒教进行再评价,在此基础上批判西洋文明。相
对而言,柯劭忞只关心中国的学术。对处于他关心之外的西洋学
术,既不有意识地表示共鸣,也不有意识地表示对抗。对一些不
时进入他视野的西洋学术著作,如果它优秀,他便提议应该收入
《续修四库全书总目提要》。这并不表示他傲慢,毋宁说表示他的
理智的诚实性。

　　再进一步,虽然新儒家与柯劭忞都与急进的变革背道而驰,
但是,在柯劭忞那里看不出新儒家那样有意识地与急进的变革相
对抗的姿态。恪守旧学的学问规范并留着发辫的柯劭忞,并不是
选择了对新文化有意识地批判的态度。存在于他的内心深处的,
是与其周围进行的剧烈的政治方面和社会方面并无关系,却贯穿
于他个人的学问世界与生活习惯中的意志。这不是对急进的变
革的反抗,而是对它不关心。新儒家则是力图动员传统学术来抑
制急进的变革。这与变革派以西方学术作为急进变革的武器有
相为表里的关系。虽然政治立场正好相反,但是把将学术动员进

8　政治的世界视为当然，这一点他们是完全相通的。与之相对，柯劭忞是将学问的世界视为自我俱足的世界，不论是急进的变革还是对变革的抑制，他拒绝将学问的世界与政治的世界联系起来。

如上所述，1920 年代是西方学术的影响力不断增强的时代，也是如同国民革命那样的政治性动荡不断持续的时代。在这一时代中，像柯劭忞这样既不关心西洋学术也不关心政治世界，这种双重的漠不关心，乃是一种极为奇异的态度，其本身就值得惊叹。问题是，他的这种漠不关心的态度是如何产生的？

柯劭忞对西方学术不关心的背后是对中国传统学术价值的确信。中国传统学术具有超长期的历史和浩繁的文字记载的积蓄。对柯劭忞而言，作为学者应该学习的必要且足够的东西都已经包含在这种浩繁的积蓄中。

如果正言厉色地问：西洋学术难道毫无可学之处吗？柯劭忞的回答恐怕是否定的。在柯劭忞那里，将中国学术与西方学术作有意的区分，这种意识本来就很淡漠。而且，自觉地以中国人的立场来研究学问的意识也很淡漠。也就是说，在其学问动机中民族主义的自觉很淡薄。在他的意识中，学问本来就是超越民族或地域的差别，具有普遍性的东西。即使是西洋的书籍，只要可取，就应该收入《续修四库全书总目提要》之中。这种意识就是他这一提案的根据。反过来也就是说，在他看来，编纂《续修四库全书总目提要》的目的在于网罗具有学术性价值的著作，而不仅仅是为了网罗中国人的著作。即使中国人的著作占绝大多数，这种结果也纯粹是中国传统学术的积累之厚及水准之高所致。

尽管如此，对柯劭忞而言，即使他承认西洋学术有某些可取之处，他自身应该不会觉得有学习它的必要。关于人或社会存在
9　的真理，如果通过中国传统学术的积蓄能够把握的话，便没有特

意去向西洋学术寻求的必要。即便倾其一生，一个人也不可能触及中国学术浩繁积蓄的全貌。既然如此，利用全部有限的时间去研究传统的学术，这才是他所认为的学者的使命。

而且，对柯劭忞而言，中国的传统学术并不单是学习的对象。对后世学者，中国的传统学术不是一个封闭的完结体，而是一个开放的体系。例如，在经学领域，学者可以对经书进行再解释；在史学领域，学者或补正旧史书或撰写新史书。这样，进入传统学术庞大积蓄中的学者，如果发现其中有不完备或不充分之处，便力求以自己的力量弥其不备、补其不足，从而为进一步完善传统学术作出贡献。柯劭忞发现了明代编纂的《元史》中有许多不足之处，因而感到有必要著一本《新元史》。一个王朝灭亡之后，必修其正史。他就是编纂《清史稿》的负责人。柯劭忞并不是把中国的传统学术视为走向死亡的过去的遗产，而是认为它依然具有生命活力，并且应该继承和发展。

继承中国传统学术当然包括沿袭其形式。因为中国传统学术的特征之一就在于其高度的形式性。就像在古典诗文领域中所见的那种典型，中国传统学术将形式提升为规范，其规范由共有的人们所承担。中国的知识分子，就是不断地在规范的高度制约中表现其知性或感性，从而发挥自己的独创性。反过来说，只要能够遵守规范，就有担当传承中国学术传统的可能。这样的人，并没有将其限定为特定的时代或特定的民族的理由。正因为如此，中国的传统学术越过了中国的境域传播到东亚世界，为不同的世代或时代所传承。对柯劭忞而言，正确地继承学术的规范正是继承传统学术不可缺少的事情。可以说这是对中国知识分子这种社会角色的最低要求。这样，传统学术才有可能为下一代所继承。柯劭忞所著的《新元史》或《清史稿》是正史或准正史著

10

作。正史,有《史记》《汉书》以来的传统,有一贯继承的形式。纪传体的断代史这种编纂方法就是一贯沿袭而来的一种形式。不论这种形式在"史界革命"中遭到如何的非难以及持"新史学"立场的学者如何视之为时代错误,对柯劭忞来说,这依然是不能不遵守的形式。这中间本来就没有什么选择的余地。

柯劭忞就生活在形式或规范一贯的中国传统学术的世界中。这一世界并没有随着清朝的灭亡或西方入侵的政治性动荡而在性质上发生根本的变化。中国在长期的历史中,本身就经历过无数的政治动荡,尽管如此,传统学术的世界却维持着高度的一贯性。政治动荡且另当别论,在能够一贯持续这一点上,传统学术至少自有其存在的意义。而这一点即使在 20 世纪依然适用。因此,柯劭忞可以无视其周围所发生的各种政治动荡而安心沉潜于中国传统学术的世界之中。他不关心政治世界的原因就在这里。

这样说来,给柯劭忞贴上"反动的"或"中国中心主义"这种标签,笔者感到极为不当。甚至企图用"进步/反动"或"西洋/中国"这种尺度去衡量他,这种认识本身就有问题。因为柯劭忞处在这种尺度无法测定的位置上。

士大夫与中国的近代化

11

贝塚茂树评价柯劭忞是"彻底坚持中华世界观而毫不动摇的旧学的最后传人"。的确,在大学等许多高等教育机构被设立、留学归国学者占据教坛、西方式的学问被制度化地再生产的 1920 年代的中国知识分子世界中,像柯劭忞这样的学者是属于孤立的少数派。尽管抱有继承和发展传统学术的愿望,他之所以被称为"最后的传人",是因为贯彻"彻底坚持中华世界观"的态度本身在

20 年代的中国已经是不可能的了。"彻底坚持中华世界观"与中国民族主义意识的高扬且另当别论,稍有讽刺意味的是,在民族主义意识高扬的 20 年代的中国,"中华世界观"却不能得以维持了。

然而,再往上追溯半个多世纪即在 19 世纪中期的中国,情况则完全不同。那时,柯劭忞那样的学者不是孤立的少数派,而是多数派。还不仅仅是多数派,而且占据了知识分子世界的压倒性的多数。加之他们不仅仅是学者,同时作为官僚还担任行政职务。这样,学者=官僚的知识分子,通常称为"士大夫"(或"士人")。就像小岛祐马所论述的中国旧体制的特质为"知识分子支配"(《中国的革命思想》)那样,正是这些士大夫在政治与文化两方面构成了中国旧体制的支配层。

在旧体制的中国,能够成为官僚的,原则上只限于修习学问者。而且大部分人修学的目的首先是成为官僚。学者=官僚的这个等号含有这样两层意思。科举是这一等号的制度性媒介。高等文官考试的科举,从以行政区划最末端的县为单位的县试开始,一直到在皇帝面前举行殿试,考试的各个阶段如果细分的话有十余层。参加县试的考生在全国有数十万人,经过各个阶段的淘汰,三年一度举行的殿试的合格者获得进士资格,被任命为官僚的人数在 19 世纪后半期不过三百人左右。柯劭忞 36 岁成为进士,这大约是科举最终合格者的平均年龄。从小开始就致力于学问,通过突破科举各个阶段的狭窄门槛而使出类拔萃的能力得到客观的证实之后,成为官僚以辅佐皇帝的统治,这就是士大夫。

科举与身份、家世、年龄、财产等无关,原则上对所有男子一律门户开放。科举所关注的最终是每位考生的能力。科举所要求考生的能力,最基本的有两项。第一项是固定的诗文的写作能力。以指定的题目与韵脚作诗这种形式的题目自不待言,就是科举考试答卷本身,在字数、篇章结构及韵律甚至典故等方面都有高度的体例性要求。如果答卷不符合这些要求,科举考试就不可能合格。另一项是关于儒教经书的知识。要求一字不差地背诵总数超过40万字的儒教经书"四书五经",而且要以朱子的解释为基准记述其意义。

在旧体制的中国,区分统治者和被统治者的标准是有无文化能力与道德能力。统治的本质,是一种由有德者进行民众教化的观念。辅佐皇帝进行民众教化的官僚,必须具备与之相应的文化能力与道德能力。科举所试的固定的诗文的写作能力是为了检查考生有无文化能力,所试的儒教经书的知识是为了检查考生有无道德能力。科举合格者,其杰出的文化担当资格和道德资格为社会所认可,具有很高的社会声誉。这些人被授予官职,定期派往全国各地负责地方的行政与司法,其地位决非世袭。对此,连伏尔泰也感叹中国的官僚政治体系。

在这一官僚体系中,对官僚所要求的只是文化能力与道德能力。近代官僚制中所必备的专门知识(如法律知识)的有无,与科举全然不相干。因为对官僚应有的形象的考虑,不是凭借区区的专门行政知识,而是凭着自己完美的文化能力与道德能力去教化和指导民众。在这种意义上,在旧体制的中国,官僚的理想形象不是行政的专家,相反,毋宁说非专家才是官僚的理想形象。行政的专门知识委托给幕僚(官僚所雇用的个人顾问)或胥吏(与科举无缘的下级衙役)就可以了。

在遭受所谓"西洋的冲击"的19世纪后半期的中国,担任政治等各方面改革——且用"近代化"一词来概括——任务的乃是学者=官僚的士大夫。换言之,像柯劭忞这样的学者,作为官僚

13

的立场担当了近代化的任务。因此，不论好坏，士大夫的精神构造在19世纪后半期中国的近代化过程中都留下了深刻的烙印。

中国近代化的第一阶段叫"洋务运动"。洋务运动的目标是引进西洋的先进机械技术（特别是与军事相关的机械技术）与自然科学（认为机械技术的根本在于自然科学）而实现中国的"自强"。洋务运动的兴起在经过了第二次鸦片战争（1856—1860）与太平天国运动（1851—1864）之后的1860年代中期。在第二次鸦片战争中，英法联军入侵北京，烧毁了圆明园，强迫清政府签订了屈辱的讲和条约。建都南京的太平天国在处于中国经济文化中心地带的长江中下游地区长期活动，据统计，死者达三千万。这些同时进行的战争与内乱，使清政府面临灭亡的威胁，从而不得不明确承认西方军事机械技术是优秀的这一事实。因此，实行洋务运动，对清政府而言，不论喜欢还是不喜欢，都是别无选择的，在这种意义上乃是必然的政策。

一般将从19世纪60年代中期到90年代中期约三十年间视为洋务运动的时期。洋务运动的内容或规模虽然在不同的时期 *14* 有所变化，但通过输入西方的机械技术和自然科学以图中国的自强，并由此解决中国所面临的问题，这种政策的基本前提本身，一直到甲午战争（1894—1895）的战败露出破绽为止，在这三十年间是一贯的。洋务运动在时间上与明治前半期日本的近代化差不多是重合的。二者不仅在时间上一致，而且在对外危机感这一背景以及富国强兵的目的方面也是一致的。但是，日本具备而中国没有以及在中国具备而日本没有的情况，都各自一一存在。其中的差异象征着在中国和日本使改革正当化的逻辑的不同。

在日本具备而中国欠缺的是"文明开化"的口号。与在"文明开化"的口号下大胆输入西方制度的明治日本的指导者相对照，中国士大夫们对西方长处的认可只有机械技术和自然科学，但是他们之所见均难以视为文明的本质性的构成因素。

对于士大夫而言，文明是与人的生存方式和人类社会的存在状况相关联的。成为文明社会的基本条件的，无论如何要从作为五伦的表象的人伦秩序的完备与在形式上表现人伦的礼之秩序的完备方面去寻求。人伦秩序的有无是区分人与禽兽的标准，礼之秩序的有无是区分中华与夷狄的标准。按照他们的理解，人的本性来源于五伦，因此它应该是超时空的普遍的妥当的存在，要改变它原本就是不可能的。如果被改变的话就会导致人伦秩序的解体。另一方面，礼之秩序与人伦秩序不同，是可变的。事实上它在中国历史上也不是一成不变的。尽管如此，在同时代的世界没有比中国的礼之秩序更完备的社会，这是士大夫不言自明的前提。因而，对他们来说，即使礼之秩序本身是可变的，要中国向夷狄西洋学习从而非变更自身的礼之秩序不可，这种道理在哪里都不存在。要而言之，就士大夫之所见，中国只不过是在文明的非本质性的机械技术或自然科学领域偶尔落后西方罢了。只要以这种士大夫的立场为前提，"文明开化"的口号就不可能成立。

相反，在中国具有而日本欠缺的，是"附会"的逻辑。所谓"附会"的逻辑是指将外来的事物与中国固有的事物联结起来，以此使输入外来事物正当化的逻辑。在洋务运动的过程中，输入西方的自然科学与机械技术时也援用了这种"附会"的逻辑。士大夫们虽然承认西方自然科学或机械技术的优越性，但是对他们来说，仅仅优越这一点还不能够成为输入正当化的充足的根据。本来，中国文明应该是无所不包的，即使是作为文明的末梢的自然科学或机械技术在中国文明中是欠缺的这件事，他们也很难说明。于是，诸子百家中的《墨子》就被派上了用场。作为手工业者

15

集团思想代表的《墨子》中有不少关于自然科学或机械技术方面的片段性记载。士大夫们以此断定"西学"之源流存在于中国。即西方的自然科学或机械技术起源于中国，经印度传到西方，才显示出现在这样的隆盛。因此，按照单方面的理解，引进西方的自然科学或机械技术，这决不是模仿西方，而是拿回自己本来就具备的东西。

"文明开化"口号之缺失与"附会"逻辑的存在，这两者具有紧密的关系。这种关系可谓同一张牌的表里关系。上面烙印的都是士大夫的精神构造。与明治日本的领导者不同，士大夫没有想去学习西方的制度或学术。但是他们也并不是有意识地要排斥西方国家的制度或学术。他们根本没有想过西方国家还有值得排斥的制度或学术。西方国家充其量不过是凭借优越的武力在鸦片战争与第二次鸦片战争这两次战争中打败了中国，这对于中国并不是什么格外新鲜的经验。武力优越的周边异民族（即夷狄）侵略中国的事例，在中国历史上不胜枚举。尽管经过如此再三的军事侵略，中国文明仍然一贯持续，也没有使士大夫对中国文明的确信——贝塚茂树称之为"中华世界观"——发生根本性的动摇。这种意识，与军事上的强弱在本质上属于不同的层次，这在 19 世纪中期与西方国家相遇时也是如此。

甲午战争的惨败就是中国引进西方国家的制度或学术迟缓的明显结果。中国陷入如孙中山所说的"次殖民地"状态是甲午战争之后的事。因而对士大夫的历史评价，不管是近代化论者还是马克思主义者都是低调的。要么嘲笑其形式主义或顽迷固陋，要么诽谤其尊大或无知，要么揶揄其政治的无能、保守的气质、反动的性格。但是，这样来评价士大夫果真恰当吗？

的确，士大夫对西方的制度（如议会制）的引进是不积极的。

但这一点果真值得非难吗？这种评价难道不只是将接受议会制作为优越的政治制度这种教育的人们——我们——的价值观投影到过去而产生的评价吗？中国社会没有议会制也运营了数千年。其中和平安定长期持续的时期也时常存在。这决不是遥远的过去的神话。18 世纪的中国就是这样。在那个时代，直到世纪末的白莲教之乱没有发生大规模的叛乱，外征一律成功，版图扩大到中国历史上最大的规模，农业生产、商品流通也不断扩大，人口倍增。对 19 世纪后半期的士大夫而言，这种繁荣在长期的中国历史中乃是最近的事情。考虑到这种经验时，与其采用不知得体与否的西方议会制以图解决问题，不如使既存的制度再度活性化来解决问题。对担负社会和平与安定的责任的士大夫而言，这难道不是很自然的反应吗？也许即使引进了中国历史上没有先例的议会制，和平与安定也完全没有保证。其带来的结果毋宁说很可能是混乱的扩大。这样，对引进议会制采取消极态度的士大夫就被贴上"保守"或"反动"的概念标签，果真能正确地说明问题吗？

或者说，士大夫们真的是"无知""无能"的人吗？学者＝官僚的士大夫，至少在他们作为学者的这一侧面，不能视为"无知""无能"的人。他们的学问水准远远地超出了单纯的教养领域。例如著作《十七史商榷》百卷，在史学界留下了巨大足迹的王鸣盛（1722—1797），是官至内阁学士的大官僚；刊行《经籍纂诂》和《皇清经解》而对经学作出贡献的阮元（1764—1849），也是历任湖广总督和两广总督的大官僚。就算他们事例著名，也决不是例外的事例。这样具有很高学术水准的官僚层的持续存在，以历史的眼光看，即使在 19 世纪后半期这一历史时期，在中国之外也只有朝鲜可以相提并论。即使士大夫的态度有"尊大"的倾向，对于其自身的学问能力而言,他们的骄傲从客观上看的确具有充分的根据。

只要将近代化论或以马克思主义为前提的价值基准搁置起来而以中国文明自身的价值基准来进行评价,凭借自己的能力突破科举的难关而成为官僚的士大夫,总的看来无疑是优秀的人才。甲午战争败北所象征的中国近代化的挫折,决不是他们的无能造成的。他们尽其所能、倾其所学,对于危机提出了相应的对策。

士大夫的学问对象局限于按经史子集分类的中国古典世界,但是这并不是由于他们的偏狭。中国古典世界本身就是一个宏 _18_ 伟的知识体系,其宏伟的程度如岛田虔次所言,"到 1750 年中国出版的书籍的总数,比到这一年为止世界上除中文之外所印刷的书籍的总数还要多"。值得一学的都应该包含在其中,关于人与社会各种问题的解答都应该包含在其中。关于人与社会的真理记述在经书中,解决问题的先例则积蓄在史书中。士大夫的任务就是正确地解释这些书籍,发现确切的答案。19 世纪后半期的士大夫尽其所能、倾其所学而为的正是这些。他们虽然提出了无数的对策方案,但是终究不能找到确切的解答。这是因为经过产业革命与政治革命而成长起来的西方诸国的力量——政治力、经济力与军事力——在人类历史上本身就是前所未有的,如何翻阅中国的古典也不可能找出确切的解答来。不能找出确切的解答,并不是因为各个士大夫的个人能力不足。

但是,如果士大夫并非无能的人,为何他们没有及时地注意到自己方法的局限呢?如果他们有能力,难道就不能放弃从古典或先例中寻求解答而直视现实、摸索出一种不同于古典或先例的独创性的解答吗?

对士大夫而言,在古典或先例之外摸索独创性的解答是困难的,近乎不可能。在士大夫的知性世界里,独创性的东西本身是没有价值的。当然在现实中也存在着独创性的思想家或政治家。但是他们通常并不以自身的独创性而自豪,而是以正确地解释经书或史书而自豪,以因为自己的正确解释而重新发现由于别人对经书或史书的错误解释而迷失了的正确解答而自豪。无视这种程序,即使夸耀自己的独创性,其言论对其他士大夫而言也没有说服力。

19 进一步说,承认古典或先例中不存在正确的解答,这关系到士大夫的自我否定。正是因为在古典或先例中常常存在着正确的解答这一大前提,精通经书或史书的士大夫才能够具有作为社会的指导者的权威。如果指明即使精通经书或史书也未必就能够得到正确的解答,那么士大夫的权威就会大受伤害。因此自发地进行这种行为,对士大夫而言几乎是不可能的。

摸索危机对策的士大夫们无非是从古典或先例中寻求答案。这如同试图在没有出口的迷途中寻找出路。他们越是尽其所能、倾其所学地去摸索正确答案,就越是浪费时间、加深危机。如果他们不是那种有能力的人,倒可能会及时注意到中国文明的积蓄及自身能力的界限而试图从完全不同的方向寻求出路。在这种意义上,甚至可以说甲午战争的败北所象征的中国近代化的挫折正是由士大夫的有能力而引起的。

科举的废止与新知识分子的诞生

洋务运动中对科举及士大夫的状态也开始了批判。

以引进机械技术而图实现"自强"的洋务运动,并没有制度改革的构想,毋宁说是以维持既成秩序为目的的。但是目的与结果并非常常一致,结果洋务运动渐渐地腐蚀着既成的秩序。一方面,推行洋务运动的中心是因讨伐太平天国有功的李鸿章、左宗棠等地方大官僚,他们作为总督长期坐镇于其所任之地,其管辖之处逐渐化为自己的势力范围。从其实际情况来看,洋务运动只不过是具有实力的地方大官僚在各自的势力范围内实行的零散的事业的集合体。洋务运动越是推进,中央集权的统治体制就越加松弛。

另一方面,为了具体推行洋务运动,有必要在军事、外交或企业经营等领域培养新的专家集团。与明治时代的日本一样,招聘许多外国人在总称为"洋务学堂"的各种学校从事教育,培养人才。但是与明治日本不同的是这些人才不是从官界出身。因为科举排斥这样的人才。后来翻译《天演论》,也是西方学术的最初介绍者的严复,就是这种典型。他在福州船政学堂毕业后任海军士官,1870年代末留学英国。他虽然在当时的中国是拥有西方知识的权威,回国后再三接受科举考试,却连第一阶段的考试都不能通过。这样,在洋务运动时期的新人才中,可以称得上"新型知识分子"的人尽管屈指可数,但总算诞生了。王韬(1828—1897)、郑观应(1842—1922)等通常被称为"条约港知识分子"。开始对科举及士大夫的状态进行批判的,就是他们。

条约港知识分子的经历虽然丰富多彩,但是在幼年时代为科举考试而砥砺学问这一点是共通的。他们出于家庭贫困等原因退出科举考试而走向上海等开放城市,作为企业经营者或新闻记者而从事这些新的职业。在开放城市由于治外法权为中国的主权所不及,而且这些新职业相对而言是脱离官界的自立职业,加上这些职业平时与西方人接触较多,在得到外国情报这一点上也

20

很有利。1871 年,铺设从新加坡到香港,再经上海到长崎的海底电缆,在得到外国情报的速度与数量方面,上海都凌驾在中国其他城市之上。他们切实地体验到西方的"富强",并企图找出其中的秘密。其原因在于西方的机械技术与自然科学这一点,他们也有同感。但是与士大夫不同,对他们来说,这毕竟只不过是原因之一。而且,士大夫满足于西方的自然科学起源于中国的说法,而对他们来说,即便是起源于中国,问题在于中国人为什么没有使之得以发展。

21　　　条约港知识分子们发现西方"富强"的原因在于西方社会的诸制度,尤其是政治制度(特别是议会制)和教育制度(特别是学校教育制度)。他们认为议会制实现了"君民一体",加强了国家的团结;学校教育制度则培养了多方面的大量的人才。在他们看来,中国缺少这样的制度。因此,他们断言为了实现与西方同样的"富强",制度改革很有必要,包括议会制的引进。他们提出了具体的政策方案,从而批判了不能认识到制度改革的必要性的士大夫的态度,批判了不能认可具有西方知识的人的科举现状。他们的主张虽然还没有达到要废止科举的地步,但是提出了缓和过于偏重形式的八股文等科举的方式、要求给予拥有西方知识的人们以应有的评价以及考试科目的多样化等主张。

　　但是,条约港知识分子的人数有限,其对中国政治的影响力也仅限于以上方面。他们为了对中国政治产生实际的影响,只好去做有实力的大官僚的幕僚。实际上,李鸿章等的幕僚中就拥有不少这样的人才。贩卖政论的报纸杂志的大量出现,政治性言论与执笔者的官职或地位无关而产生广泛的社会影响,这是甲午战争之后的事情。

　　甲午战争开始时,条约港知识分子这种新型的知识分子在中国的知识分子世界中还是绝对的少数派。但是，到 1920 年代，知识分子世界中的多数派与少数派的关系颠倒过来了。像在本章开始论述的那样，保留着浓厚的士大夫精神构造的柯劭忞，在 20 年代末的知识分子世界中已经变成了孤立的少数派了。另一方面，大多数的知识分子与原来的士大夫不同，在思想内容与思考方法上接受了西方学术的强烈影响，而且在思想表现的手段上也拒绝使用庄重的古典文言文，而是使用过多地点缀日本造的语汇的一种接近口语的白话文。从甲午战争失败到 1920 年代之间，*22* 这种变化在中国知识分子世界中可以说具有如同地壳变动一样的意义。

带来知识分子世界地壳变动的最大契机是科举的废止。废止科举是在 1905 年。义和团运动（1900 年）之后，开始推行被称为"新政"的政治改革的清朝政府到这一年已经决定废除批判之声日高的科举。因为科举是以在学者与官僚之间画等号为媒介的制度，是过去士大夫的社会再生产得以成为可能的制度，所以科举的废除，也就是废弃了中国社会维持了千年以上的根本的构架，是给知识分子的状态带来根本变革的事件。

如上述再三论述过的，科举是优越的制度。与身份、家庭背景、财产、年龄等一律无关，唯独根据考生个人的能力，起用优秀人才进入官僚机构，其运营是极为公正和严格的。英国 19 世纪在导入公务员考试制度之际，甚至将科举作为其样板。但是，科举选拔的人才与时代所要求的人才之间，逐渐产生了偏离。其契机是甲午战争的失败，是 1897—1898 年迅速掀起的列强瓜分势力范围的竞争，甚至是义和团运动。这些危机，同时代许多中国人都视为是与殖民地化相联系的亡国危机。为了应对这种未曾有过的危机，主张必须进行根本性的制度改革，即使是清朝政府的官僚们也这样认为。于是从 1901 年开始便推行"新政"。擅长传统学术与先例的士大夫，他们越是优秀，在推进这种根本性的改革方面就越是无用。如同在废除科举的 1905 年，清政府派遣大臣到海外视察各国的宪政状况，开始准备将清朝向立宪君主制转换，这决不是偶然的一致。为了构筑新的政治体制，足以担当它的新人才的培养是不可缺少的。只要科举还存在，这样的人才就不可能培养成功。

科举废止的效果很大。例如，借科举废除之机，去外国留学的中国人数急剧增加了。1905 年仅仅来日本留学的就超过了八千人。在此之前的洋务运动时期，以学习技术为目的向欧美派遣过军人等少数留学生。但是，随着科举的废除迅速增加的外国留学生，不仅仅是留学生人数的增加，其留学的志向也与从前的留学生有很大的不同。

第一，留学生不是接受谁的命令，而是基于自发的意志决定去外国留学。大部分留学生是自费的，即使是拿到国费或省费的留学生，其中大多数也是凭自己的意愿而参加留学生选拔考试的。

第二，留学生不是去学习西方的机械技术，而是决定去学习社会科学或人文科学，而这些领域是他们的父辈之前的士大夫所确信的中国传统学术优越的领域。他们中的大多数选择留学日本，是因为他们认为日本有西方学术的积蓄，而且从文字或费用方面来考虑，留学日本是学习西方学术最为简便的方法。

第三，大部分留学生不是军人或下级官吏，而是士大夫的候补生。他们本来是要参加科举考试而进入官僚阶层的，因为科举的废除，便大举赴海外留学了。十几岁、二十几岁的人很多，但中年或老年的留学生也决不少。像这样，中国知识分子基于自己的意愿以求学为目的而大量赴海外留学,在中国史上,除战国时代的诸国游学外,还没有先例。只要认为自身的学术具有压倒性的优势这种前提存在,中国可以接受外国的留学生,而中国人没有必要去外国留学。中国人赴外国留学人数的激增,正意味着长期以来这一自明的前提终于破灭。而且因为这一前提也是支撑士大夫的权威的前提,如此一来,士大夫的权威也就遭到了决定性的打击。

科举的废除与士大夫权威的失落,对中国社会产生了广泛的影响。科举是中国社会唯一公认的权威分配装置,而且并不单单是最终合格者独占这一权威,中间各阶段的合格者也可以享受各自相应的社会权威。例如童试合格得到生员资格的,以其权威为背景,可以作为乡绅成为地域社会的指导者而行事。在以土地自由买卖与均分相续为原则的中国农村,因为地主的经济地位从长远看是不安定的,具有了科举合格这一公认的权威,作为地域社会的指导者的地位才能够获得社会的承认。而且因为科举持续了千年以上,这一权威分配装置已经深入每个中国人的内心世界并形成了固定的观念。对中国人而言,科举是凭借自己的能力,即使是农民的儿子也可以爬上的"成功的阶梯"(何炳棣)。因此对自己的才能充满信心的许多青年为了登上这一阶梯从小就尽力于这种考试,只要家庭的经济条件允许,即使到了老年仍然不放弃向科举考试挑战。这种权威分配装置突然消失了,"成功的阶梯"既然消失了,不可避免地要在中国社会引起震荡。

由科举废除而引起的中国社会的震荡,清朝政府也颇费心思。正是由于科举将权威分配于社会,作为其分配主体的皇帝与政府所拥有的更高权威反而能够得以确保。如果不构筑起代替科举的新的权威分配装置、不营造出新的"成功的阶梯"的话,废除科举,不但会引起中国社会的动摇,对皇帝和清政府的权威也会引起深刻的动摇。作为废除科举的对策,清政府采取了对海外留学归国人员实施学力考试(留学毕业考试),给合格者授予进士等资格而任命为官的方法。被这种措施所吸引去留学的人不少。但是,这种新的科举没有在社会上巩固就受到了挫折。因为在巩固之前,清朝就已经由于辛亥革命(1911 年)崩溃了。即使清朝的寿命再长一点,其结果恐怕也大同小异。科举合格者的权威的源泉之一,在于科举过程本身,即全中国数十万的应考者参加,经过严格的大量的淘汰最后只剩下数百人能够及第。而新的科举是以少数留学生为对象的学力考试,其合格者不可能获得过去的科举合格者所享受到的那种社会权威,而且新科举根本就不为大多数留学生所关心。

新科举之所以不为多数的留学生所关心,那是因为在他们之间已经出现了"成功的阶梯"的多元化的现象。这表现在留学归国者的职业选择上,他们所选择的职业极为多样。投身于实业者有之,作为谘议局(1909 年于全国开设的实质性的地方议会)议员成为地方自治运动的指导者亦有之。随着出版热的兴起,以《东方杂志》(1904 年商务印书馆创刊)为首,许多报纸或杂志创刊了。因为尽力于介绍各种新知识或信息,也有成为新闻记者的。自从 1904 年清朝模仿日本的学制公布《学堂章程》、确定学校制度的框架以来,全国各地的新式学堂(从小学到大学的普通学校与师范学堂、实业学堂等专门学校)不断设立,很多人作为教育者登上了教坛。还有,清政府致力于再建陆军,推进模仿日本从三十六镇(师团)而来的"新军"的整编工作,舍弃了"好铁不打钉,好男不当兵"的传统,力图将优秀人才吸收到军中,因此成为新军士官的也不少。如果使用"职业"这一词语无妨的话,加入

1905 年创立的中国同盟会,选择革命家道路的也很多。总之,在"新政"下的中国,就宛如明治初期的日本那样,社会诸方面的改革在迅速地同时进行,已经不像过去的士大夫那样把当官当作唯一的"成功的阶梯"了。

清朝末期开始的这种倾向,在民国时期还照样继续着。不但如此,作为各种利害相妥协的产物而成立的中华民国中央政府,因为不论其权威还是其实力都极为脆弱,像过去的清朝那样,根本没有复活高度一元化的社会权威构造的可能性。可以说进入民国时代,社会的多元化的现象进一步加速了。作为社会阶层的士大夫的复活,已经不可能了。

清朝末期开始的新式学校的建设事业也为民国时代所继承,²⁶ 也有外国的教育援助。全国的主要城市几乎都设置了高等教育机构,海外留学的归国人员执教于此,教授最新的西方学术。这是极为普遍的现象,为传播西方学术营造出了一条知识的通途。这样,以就学于高等教育机关及从事于相关的教育出版等文化事业人数的增加为背景,"知识阶层"这一译语就被创造出来并得到运用。

士大夫与知识阶层

使士大夫与新的"知识阶层"之间形成明显断裂的是 1910 年代后半期展开的新文化运动。新文化运动的指导者如陈独秀、李大钊、胡适、钱玄同等,都具有海外留学经验。辛亥革命以前默默无闻的陈独秀,1915 年因在上海创办杂志《新青年》(当初叫《青年杂志》)而声名鹊起,并获得了社会影响力。1917 年受北京大学校长蔡元培之邀请,他们一起登上了北京大学的讲坛。从这种意义上看,他们是典型的"知识阶层"。

新文化运动是力图通过文化的根本改造而使中国再生的运动。首先是以文学革命的主张开始的。点燃文学革命导火线的是胡适(1891—1962)执笔的《文学改良刍议》。我们看看他在这里所主张的,例如不用旧典故、不避俗字俗语等这些关于文章表现形式改革的提案,不过是基于实用主义的立场、以实用为本位的极为平凡的主张。但是士大夫之所以为士大夫,正如胡适所批判的那样,在于以高度的形式规范为原则去作诗作文。正因为这样,科举要通过测试考生的诗文写作能力而判断其是否具有承当文明教化之使命的资格。换言之,这种诗文写作能力的有无是区分士大夫与庶民的壁垒。在没有贵族制度那样的固定身份制的中国社会,这种士大夫与庶民的壁垒正是最大的社会壁垒。因此,放弃士大夫所用的古典文言文,而用庶民所用的白话文来写文章,胡适的这一提案,旨在将士大夫所独占的文化世界扩大到庶民社会,试图消除士大夫与庶民之间的文化差别。与文学"革命"的名称相称的急进性就隐藏在上述意义之中。

在士大夫的思想世界,表现形式与思想内容有紧密的联系。意识到文章是"载道"的手段,因此要求文章作法具有高度的形式规范性。这样,批判士大夫的表现形式的文学革命就几乎必然性地向批判士大夫的思想内容的思想革命发展。思想革命的最大靶子是儒教。在具有很深的儒教教养才具有高尚的道德性这一前提下,精通儒家经书的士大夫因而独占了道德的权威。成为新文化运动的目标的,与其说是儒教的学术侧面,毋宁说是其与社会制度相结合的意识形态的侧面。例如,鲁迅(1881—1936)创作《狂人日记》,尖锐地指出了表面上强调人的礼节的儒教实质上是"吃人"的。或者像吴虞(1871—1949)揭露了儒教与家族制度结合成为专制政治的基础，从而压制个人独立的事实。再如陈独秀（1879—1942）强调儒教的权威主义与迷信的性格，谴责儒教夺去了中国人的民主精神与科学精神。在如此激烈地批判儒教的基础上，他们主张以具有普遍价值的"科学"与"民主"为基调的新文化建设，对辛亥革命这一政治革命没有能够实现的中国的再生，是必不可少的。

使士大夫与"知识阶层"之间界线分明的新文化运动，也是"知识阶层"向社会宣言自身作为新知识分子立场的舞台。过去的士大夫，以其古典诗文的写作能力而与庶民隔绝获得了作为文化担当者的权威，以其对儒教的精通而获得庶民道德的指导者的权威。现在"知识阶层"批判古典诗文的表现形式而以白话文与之对峙，批判儒教的意识形态侧面而以"民主"和"科学"与之对 ²⁸峙。他们不单单是批判士大夫，而是明确表示自己可以代替士大夫这一社会阶层。

但是，"知识阶层"为了证明自身是完全可以代替士大夫的存在，现在有一个不能不表明立场的问题，这就是知识分子与政治的关系。

就像已经反复论述的那样，在以"知识分子支配"为本质的旧体制的中国，知识分子与政治具有密不可分的关系。士大夫为学者＝官僚，这意味着拥有知识与参与统治是不可分离的。科举的废除，事实上标志着以这个等号为媒介的制度也就消除了。但是，科举的废除是由于实行"新政"所必要的官僚的资质与士大夫式的学者的资质不相合而采取的措施，并不是以知识分子与政治的新的关系式来代替学者＝官僚为前提而采取的措施。这样一来，直到新文化运动时期，知识分子与政治的关系就一直暧昧。当然，知识分子作为个人与政治相关的事例很多。辛亥革命时期,留学生参加革命运动就是其中一例。但是他们为了打倒清朝这一满人统治王朝,是以汉族一员的立场而参加运动,而不是以知识分子集团的一员而参加运动的。作为知识分子应该如何对待政治这一问题,是直到新文化运动时期都还存在而没有得到解决的问题。那么,"知识阶层"为了代替士大夫而表明自己的新的立场,这一问题便成为一个不可回避的问题。

"知识阶层"当初对这一问题采取了消极的态度。像《新青年》以"不谈政治"作为共同的原则所表示的那样,他们将自己的作用始终限制在文化领域的言论活动范围内。迫使"知识阶层"决定自己态度的是 1919 年 5 月发生的五四运动。这一以抗议巴黎和会处理山东问题的北京学生的游行为发端的运动,以"拒绝签订凡尔赛条约""排斥日货""罢免亲日官僚"等作为共同的口号,并很快地扩大到全国主要城市,继而发展为不仅学生,就连商人和工人也参加的群众运动。这次运动并非关乎特定阶层的特定利害的运动,而是以对中国在国际社会中遭受不公正的待遇而引起的国民的愤怒为背景的运动,在这种意义上也可以说是带有国民运动性质的政治运动。"知识阶层"也已经成为国民的一员,况且接受他们的教育的学生扮演了这次运动的主角,或在街头游行而被逮捕或在大学里罢课等。他们不可能与这次运动毫无关系。

"知识阶层"对五四运动的关心或参与程度并非一样。在价值观或行为方式方面相通之处甚多的新文化运动的承担者们,以对五四运动的态度为契机分裂渐渐深化。其中,对运动最为关心的是《新青年》的创刊者、北京大学文科学长陈独秀。他参加运动被逮捕,辞去了北京大学教授一职。之后他组织共产主义研究会,埋头于研究马克思主义。在 1921 年中国共产党成立之际,他是创始者之一,直到 1927 年追究其国共分裂的责任失足之时,一直担任着总书记这一负责党的运营的最高职务。他迈出学术的世界,完全进入了政治实践的世界。

尽管如此,辞去大学教授、走出学术界与不做知识分子决非同义。恐怕在陈独秀的意识中,他一贯都是知识分子吧!对他来说,知识分子应该倾其所知而摸索社会的理想形态,并负有将此目标悬于民众之前以引导启发他们的责任。使这种责任得以充分实现是知识分子的使命。这种责任与使命,不管他做什么职业——做北京大学的教授与做共产党的总书记——在本质上都是不变的。

对陈独秀而言,知识分子应该在什么领域实现其责任与使命,这尚未一定,充其量可以说是状况的函数。1910 年代的中 *30* 国,尽管辛亥革命成功实现了共和制,但是袁世凯实行军阀政治,共和政治变得有名无实。为了打破政治世界的这种窘况,陈独秀认为有必要追溯并改变处于政治世界的根底的人们的价值观与行为方式。于是他在文化领域探索其活动的舞台,展开新文化运动,企图改变大众的意识。这样,他在面对五四运动这一基于民族主义自觉的中国历史上最初的城市型大众运动之际,在组织这一大众运动并确立其方向时,就是以一举解决中国社会存在的军阀政治或封建制残余等各种各样的问题为方法的。于是研究以俄国革命作为其理论成果的马克思主义,并以之引导大众。从这种意义上说,尽管其活动的舞台由文化的世界移到了政治的世界,他的根本志向仍然是一贯的。

陈独秀的这种志向,与过去的士大夫的经世意识如出一辙。对士大夫而言,学而优则仕就是要根据关于人间正道的知识去指导教育民众,使正常的秩序能够在这一社会实现。许多士大夫也许认为这只不过是一种原则。但是，只要是士大夫，至少这是不可公然否定的准则。很多士大夫都是基于这种经世责任而决定自己的处世态度。陈独秀虽然批判士大夫的文章表现形式与思想内容，但是在社会责任感上，两者是相通的。

另一方面，与陈独秀正好相反，也有对政治世界全然不关心的知识分子。其代表人物恐怕要数陈寅恪（1890—1969）吧。其祖父是戊戌变法时期指导维新运动的湖南巡抚陈宝箴。陈寅恪随着戊戌政变后被免职在南京开设私塾的祖父学习经书或史书等中国古典。1890 年出生的陈寅恪比 1879 年出生的陈独秀稍微年轻，虽然都没有接受科举考试的机会，却都具有成为士大夫的充分的古典教养。

陈寅恪 13 岁时开始到日本留学，以后断断续续，留学生活超过 20 年之久。留学的地方有日本（东京帝国大学）、德国（柏林大学）、法国（巴黎大学）及美国（哈佛大学）等，在此期间他学习的语言不用说有日语、德语、法语、英语，此外还涉及俄语、拉丁语、希腊语、梵语、巴利语及蒙古语、藏语、满语、朝鲜语等。能够如此广泛地学习外语的中国学者，在陈寅恪之前恐怕没有。"知识阶层"接受西方学术的影响，其关于西方学术的知识很多都是通过汉译或日译的书籍而获得的。对西方学术的知识水平，陈寅恪在同时代的"知识阶层"中是最高的。

陈寅恪自身的专业，不是研究西方的思想或历史，而是研究中国自身的历史或思想。他于 1925 年与王国维、梁启超等一同被清华大学国学研究院招聘，开始立于中国教坛。他首先设定的研究课题为佛教翻译文学研究与蒙古史研究。这些研究课题本身并非什么新东西，这方面的研究成果已经不少。如柯劭忞的《新元史》就是蒙古史研究的一项重要成果。但是陈寅恪的研究，其方法与已有成果具有很大的差异。已有的研究成果，其所依据的史料大多是中文的；而陈寅恪的研究，比如佛教翻译文学研究，就能够灵活运用梵语、藏语的知识，蒙古史研究则可以灵活运用蒙古语或满语的知识，通过不断地从多方面比较对照浩繁的史料，从而展开其精密的实证研究。他在外国留学所获得的渊博的知识，不是原原本本地就教给学生或民众，而是将其变为方法性的基础并运用在自身的中国研究中。他在 1930 年代转向中古史 *32* 研究领域，以《隋唐制度渊源略论稿》《唐代政治史述论稿》为首，给后世留下了大量的研究成果。

与辞去北京大学教授一职而投身于政治世界的陈独秀相对照，陈寅恪则沉醉在学术的世界里，将自己的学问与政治世界完全划清了界线。与陈独秀共同扛起新文化运动大旗的胡适，由于陈独秀的急进化而与其分道扬镳之后，继续留在北京大学，在进行学术研究的同时，政治评论与社会评论活动也很活跃。陈寅恪连这种评论活动也没有参加。他完全沉潜于学问的世界中。

这是非常令人惊叹的。如前所述，1920 年代后半期是国民革命向全国展开的时期，无论什么样的中国人，与这种政治运动绝缘是不可能的。特别是陈寅恪生活在政治运动的焦点北京。陈寅恪自身也并不相信学术与政治没有关系。相反，他至少承认，作为历史事实，学术与政治具有密切的关系，而且试图从这种观点出发来分析唐代的学术。尽管如此，他本人始终拒绝政治性的行动与政治性的言论，而完全沉潜在学术的世界中。

恐怕陈寅恪作为个人会有某种政治见解。但是他没有将这种见解形成文字或诉诸公众。形成文字或在公众前发言，这是学者的工作。但是，陈寅恪的立场是，知识分子首先是学者，学者的工作不能混杂如政治见解这样别的事情，而应该纯粹地按照学问的逻辑与步骤行事。学者的责任是进行尽可能准确无误的研究，这是他的信念。

陈寅恪的这种态度与开始提到的柯劭忞的态度相仿。当然，柯劭忞与陈寅恪之间有很大的差距。柯劭忞本来就不具有陈寅恪那样的关于西方学术的丰富知识，也没有他那种超人的外语能力。柯劭忞虽然补正《元史》的错谬而著有《新元史》，但在用比较史学或文化交流史的方法来研究蒙古史的陈寅恪看来，《新元史》也是低水平的著作。尽管如此，在非常重视中国的传统学术、研究中国传统学术在 20 世纪仍然具有意义，进而将学术研究与政治世界完全分离等这些方面，两者是相通的。如果回溯这种连续性，恐怕能够追溯到清朝考据学的学问体系。

小　结

在中华人民共和国，知识分子主要是以学历为基准的概念，不是有异于"工人""农民"包含特殊的社会价值的概念。对在毛泽东思想指导下的宣扬群众路线的中国共产党而言，如同延安时代的整风运动所见到的，知识分子作为党内容易滋生官僚制的存在，是时常被警戒和改造的对象。中华人民共和国成立之后，特别是以 1957 年的反"右派"斗争为契机，对知识分子的监视与压制显著加强，在"文化大革命"中到达顶点。在以"一穷二白"为革命原动力的"文化大革命"下的中国，有知识本身就被视为带有负面价值，在地主、富农、反革命分子、坏分子、右派、叛徒、特务、走资派之后，知识分子被贴上了"臭老九"的标签，成为劳动改造的对象。与中国的王朝体制以"知识分子支配"为特征相反，中国共产党的政策一度以"反知识分子主义"为特征。

为了使恢复知识分子的权利正当化，1980 年代的知识分子
打出了"五四精神的复活"这一口号。这里的"五四"不是狭义的
五四运动，也包括此前的新文化运动。如前所述，这一时期是"知
识阶层"在文化、政治诸领域起指导作用的时期；这一时期在近代
中国知识分子的历史上，也是知识分子以知识分子的资格展开有
声有色的社会活动的时期。作为"五四精神"被称颂的，无非是以
陈独秀为典型的、对社会抱有深刻的关心和使命感、以自己的学
识积极参与社会问题的解决的这种知识分子的态度。换言之，在
知识分子的资格与责任感中，干预社会这一点作为其应有的行为
方式，知识分子本身对此作出了高度的评价。

1980 年代的中国，是充满活力与混乱的混沌时代。随着改
革政策的实行，经济出现活力，工农业生产大幅度上升，但是，贫
富差距也大幅增加，发生了被称为"盲流"的农民大规模地涌入城
市的现象。而且随着开放政策的实行，西方的思想和学术等开始
如决堤的洪水汹涌而来，但是也同时发生了被称为"精神污染"与
"信仰危机"的现象。总而言之，这些混乱是由极"左"路线所统治
的封闭的社会体制走向开放的转换过程所必然产生的，而为了控
制这种混乱，中国共产党认为无产阶级专政是不可缺少的。因此
吸收知识分子（特别是理科方面的或社会科学方面的技术人员）
从实质上强化党的能力是该党的战略。对此，知识分子（特别是
人文系统的知识分子）认为经济领域与政治领域改革的进度不平
衡乃是混乱的原因，特别是政治领域改革的迟缓给社会带来了很
大的扭曲。他们指出这方面所存在的各种各样的问题，并认为提
出解决问题的方向是知识分子应尽的社会职责。知识分子为了
实现这种作用，不断地与政治保持距离，认为无论如何有必要凭
着学问的良心从事社会活动（特别是言论活动）。

酝酿出新文化运动和五四运动的 1910 年代的中国,也是充满活力与混乱的混沌时代。那时,一方面是袁世凯的专制或军阀割据所象征的政治混乱,另一方面是教育制度的扩充和民族产业的勃兴所象征的社会的发展。参与五四运动的核心力量是教育制度扩充所产生的学生或由于民族产业勃兴数量与实力都增强了的企业经营者与工人。1910 年代的混沌,大而言之,是伴随着两千年的王朝体制的崩溃而产生的,这与 80 年代的混沌具有某种类似的性格。因为,不管是王朝体制还是毛泽东时代的体制,都是以确定的解释世界的体系为基础的政治体制。这种政治体制改变之际,其中所产生的思想空白本身就是引起社会混乱的原因。1910 年代的知识分子以填补其思想空白、指示中国应该努力的新方向作为自己的课题。80 年代的知识分子打出"五四精神的复活"这一口号,以同样的课题作为自己的目标。

论坛的中心由 80 年代这一混沌时代在不断地大量接触西方学术的过程中而形成自己学问的 40 岁上下的人文学者把持(如陈平原、陈思和等),他们与那些在"文革"之前就已经形成学问的一辈学者相比要年轻一到两代。他们不将"五四精神的复活"挂在嘴上,并不是出于政治的原因,而是他们对前辈知识分子或"五四"时期的知识分子所起到的作用表示怀疑,这大概是主要原因。他们恐怕是感到在知识分子负有指导社会的责任的主张中有某种"傲慢"的意思在里面。知识分子的责任的主张,反过来说,也就是知识分子当然具有以知识优势为武器指导大众的资格的主张,其根本难道不是具有一种类型主义或精英意识吗?口头上无论如何讲"民主",其态度本身难道不是"非民主"的吗?与以政治意识形态为背景而宣扬"真理"一样,知识分子以西方学术权威为背景而大肆宣扬"真理"不也有问题吗?知识分子轻易地将学问

36

与政治的世界相联结，这不正好从反面招致了政治向学问世界的介入吗？大概就是有感于这些疑问，这些年轻的知识分子不再在意"五四精神的复活"的口号了吧。

尽管如此，他们还没有达到要否定知识分子存在的意义的程度。如果否定知识分子的作用与责任，认为知识分子应该顺从政治和大众的话，这样就等于完全肯定了过去曾经出现的"反知识分子主义"。他们通过对知识分子的作用的限定性解释，企图对知识分子的存在意义进行再定义。限定知识分子的作用，无非就是在区别学问与政治的基础上，将后者即政治从知识分子的作用中排除。换言之，对他们来说，知识分子首先是学者，在自己的专业研究领域中进行完美的学术性的研究工作，这是他们所认为的知识分子的责任。政治参与，应该始终以个人的身份而行动，而不应以知识分子或学者的身份去进行，这是他们的基本立场。

前述的陈寅恪，就是这些年轻的知识分子重新发掘出来的可以作为寄托自己思想的模范性先驱。如前所述，陈寅恪将自己的 ₃₇ 作用限制在学问领域，在这一限定的范围内，做出了完美的学术性的业绩。在 20 世纪 20—30 年代的政治性动荡中，他不问政治，同时也没有让政治干扰学问。这与参加同时代展开的中国社会史论争的许多历史学者的态度形成了鲜明的对照。社会史论争主要争论的虽然是中国史的历史分期，但是这与中国的现状处于什么样的历史发展阶段这一问题深刻相关，进一步说，这一问题与中国革命是什么性质的革命这一政治问题具有密不可分的关系。因此，社会史论争既是学术性的论争，同时又是政治性的论争，带有浓厚的党派性格。已经从革命的磁场中解放出来的1990 年代的学者再用冷静的眼光来看这场论争，其许多议论即便还有其政治思想史的价值，而学术性的价值已经是很贫乏的了。对此，陈寅恪没有参加社会史论争，也没有组织党派，而安于孤高，但是他所做的严密的中国史研究，即使对 90 年代的学者来说，在其相关的研究领域还必须参照而全然不失其学术价值。

而且，具有二十余年海外留学经验的陈寅恪，虽然是同时代的中国人中最通晓西方学术与西方语言的人物，但是与新文化运动的知识分子以西方学术权威自居以此展开启蒙活动相对照，他只是将西方学术与语言作为自己进行中国史研究的工具来使用，从而成功地达到了此前中国人从未到达的研究水平。年轻一代的知识分子根据这些方面高度评价陈寅恪为 20 世纪中国最杰出的学者之一。不仅仅肯定其历史意义，作为值得继承的遗产，而且具有现实意义。

除了像史学史这样特殊的书籍，1980 年代之前所写的近代中国思想史研究的书籍，都没有提及陈寅恪的名字。这是由于大部分的近代中国思想史研究，在其基本性格上都是政治思想史研究。在那里，评价知识分子的言论只是注意其政治性的侧面，并且是以其与共产党的路线的远近程度而进行分类的。像陈寅恪那样有意不问政治的学者自然没有出场的余地。因此，以陈寅恪为主角出场的近代中国思想史研究与此前的近代中国思想史研究相比，其研究路数本身就不得不发生根本性的变化。年轻一代的知识分子称之为"学术史"。他们的努力能否成功现在还是未知数。

然而，年轻一代的知识分子如何以陈寅恪为模范呢？他们的时代与陈寅恪的时代，在时代背景上就有很大的区别。陈寅恪所生活的时代，中国苦于贫穷和外来压迫；而 1990 年代的中国，克服了政治风波之后回到经济成长的轨道，甚至能听到"21 世纪是中国的世纪"的说法。加上 1997 年香港回归，鸦片战争以来的对外悬案得到最终解决。鸦片战争以来，中国从来没有这样充满自信过。或者可以说这种自信也许是 18 世纪清朝达到鼎盛的乾隆时代才有过。面临鸦片战争与太平天国起义的士大夫，他们的目标就是要恢复乾隆时代的繁荣。这一愿望，经过一个半世纪，可以说终于实现了。

可是，乾隆时代也是被称为"清朝考据学"这一非政治性的儒学研究达到鼎盛的时代，这与乾隆时代的经济繁荣有紧密的关系。清朝考据学不是像朱子学或阳明学那样对经书进行哲学的研究，也与顾炎武等明末清初的经世学者不同，它不问现实政治，完全用文献实证学的手法进行精密的经书研究。特别是长江下游地区的豪商对这样的学问给予了社会性的支持。由于接受他们的经济支援，学者可以以专心研究学问为生计。由他们的古书搜集与丛书刊行而支持的文献实证学研究的普及，与以长江下游地区为中心形成的学者网络，使得这种研究的持续性发展成为可能。在 1990 年代的中国也发生了类似的情况。由经济繁荣而支持的许多杂志的刊行，或儒教研究从华侨获得的大量资金援助，或者由于知识分子自身的文笔活动——即使比出租车司机的收入低——大学教授可能得到超出国家公务员的工资收入。他们没有必要去发表政治性的言辞而呼吁自身的存在。

另一方面，1990 年代的经济繁荣的确也可以看到知识分子的立足之地在不断分崩离析。在经济的繁荣中社会影响力得以扩大的是从欧美留学回国的善于电脑操作和数量操作的技术主义者。共产党在 80 年代大量吸收理科与社会科学方面的专家知识分子进入党或政府部门，到了 90 年代，他们已经成为政策决定过程的中枢。经济成长所必要的复杂的政策调整有赖于他们高度的专业知识与能力。对此，以人文传统为根据地的知识分子，无论以何种世界观为框架展开对中国政治的批评，其影响力都不能不相继稀薄化。年轻一代知识分子对知识分子作用的限定，或许是基于已经看破这种事态的原因吧！

　　如此说来，中国的知识分子接受专家技术主义者的知识挑战，无论是士大夫还是知识阶层，或者 1980 年代之前的知识分子，这都是未曾有过的经验。他们都是由人文素养而支撑的知识分子。担当新文化运动的知识分子的确强调了"科学"的必要性，但是他们当中并没有科学家。从这种意义上说，90 年代的知识分子的作用本身发生了具有转折意义的变化。

主要参考文献

日　文

シルビア・チャン:《李沢厚と八〇年代中国学術思想》,《中国——社会と文化》第 10 号(中国社会文化学会,1995 年)。

砂山幸雄:《転換する知の構図——中国知識人の一九九〇年代》,《現代中国》第 70 号(日本現代中国学会,1996 年)。

陈思和:《文化的失落感に陥った中国知識人》(上、下),《世界》1996 年 6、7 月号。

陈平原、渡边浩:《九〇年代中国の"知識界"》,《思想》第 853 号(1995 年)。

宫崎市定:《科挙史》(平凡社,东洋文库,1987 年)。

吉川幸次郎:《士人の心理と生活》,《講座中国Ⅱ旧体制の中国》(筑摩书房,1967 年)。

中　文

许纪霖:《精神的炼狱——文化变迁中的中国知识分子》(香港三联书

店,1992 年)。

李恩涵等:《近代中国——知识分子与自强运动》(台北食货出版社,1972 年)。

李长莉:《先觉者的悲剧——洋务知识分子研究》(学林出版社,1993 年)。

林毓生等编:《五四——多元的反思》(香港三联书店,1989 年)。

刘洪侠等编:《中国知识分子问题》(辽宁大学出版社,1987 年)。

沈展云等编:《中国知识分子悲欢录》(花城出版社,1993 年)。

王金铻等:《中国现代知识分子的历史轨迹》(吉林教育出版社,1989 年)。　41

余英时等:《中国历史转型时期的知识分子》(台北联经出版公司,1993 年)。

周阳山编:《知识分子与中国》(台北时报文化出版公司,1980 年)。

英　文

Benjamin Elman, *From Philosophy to Philology : Intellectual and Social Aspects of Change in Late Imperial China* , Harvard University Press,1984.

Merle Goldman, *China's Intellectuals : Advise and Dissent* , Harvard University Press,1981.

Merle Goldman, *China's Intellectuals and the State : In Search of a Relationship* , Harvard University Press,1987.

Jerome Grieder, *Intellectuals and the State in Modern China* , Free Press,1981.

(本书在执笔之际,得到了东京大学东洋文化研究所的尾崎文昭教授的许多指教,记于此,以表谢意。但是,本书的内容全部由笔者负责。)

第一章　文明与万国公法

引　　言

本章的课题是从与"文明"观的变化相关联的角度考察清末"万国公法"观的变迁。

"万国公法"作为 international law 的译语，是 19 世纪中期新造的词语。在 19 世纪为很多中国人使用的这一词语，到 20 世纪初，遽尔由激增的中国留日学生带回的"国际法"一词所取代而从中国人的语汇中迅速消失。因此，"万国公法"这一词语被中国人广泛运用是在 19 世纪后半期到 20 世纪初这大约半个世纪期间的事。①

"万国公法"与"国际法"都是 international law 的译语。但19 世纪后半期中国人所用的"万国公法"一词与现在所用的"国际法"一词之间，存在着不可直接替换的微妙差异。②这种微妙的差异正与本章的主题紧密相关。

"万国公法"一词在中国人的语汇中出现的缘由，可以从某一特定的书籍的书名中找到。即美国传教士丁韪良（William Martin，1827—1916）将惠顿（Henry Wheaton，1785—1848）的著作 *Elements of International Law* 译成汉语于 1864 年刊行之际,其书名就是《万国公法》。③惠顿的原著在当时的美国被广泛地用作国际法的概说书,《万国公法》是系统地向中国人介绍国际法的最初的书籍。④如果不包括外交实务的手册,此后约十年间, ⁴⁶没有能够与《万国公法》相匹敌的综合性的国际法文献的中文译本。这期间,《万国公法》几乎是中国人了解国际法知识的唯一源泉。⑤因此,如"泰西有《万国公法》一书,所以齐大小强弱不齐之国,而使有可守之准绳"(薛福成《论中国在公法外之害》)之语所示,《万国公法》作为规范国际秩序的基本法典,被认为具有宛如规范国内秩序的大清律令一样的意义。从这种意义上说,《万国公法》这本书就不仅仅是向中国人普及"万国公法"这一词汇,也规定了中国人理解国际法的实质性内容。中国人关于国际法的最原始的印象是通过万国公法而形成的,这样说决不为过。

在国际法学史上,19 世纪后半期是从自然法的国际法学向实定法的国际法学的过渡时期,惠顿的原著是具有浓厚的自然法思想的作品,这种基调在译著中全面继承下来。从《万国公法》的名称来看,就是所有的国家都可以适应的"公法"的意思,"公"之所以为公,就是以"非一国所得私也"(《万国公法》凡例)来说明的。而且,继《万国公法》之后翻译的国际法文献对"公法"的性质也是作同样旨趣的定义。如《各国公法交涉论》中就定义为:"公法非定于一人一国者,乃天命之理,为各国所从。"(《各国公法交涉论》原序)

要而言之,以《万国公法》为首的这些书籍给读者的印象是,在国际社会中制约各个国家之间关系的法规体系,就如同自然秩序一样是既定的存在。中国人也还是这样来理解《万国公法》的。对《万国公法》的这种理解显然与对各个个别国家制定的条约的认识不同,属于不同的层次。我所说的 19 世纪后半期中国人所

47　用的"万国公法"一词，与现在所用的"国际法"一词的微妙差异，指的就是这个。

　　作为规范各国间关系的普遍的法规体系的万国公法，是建立在如主权国家的法律平等原则等几个基本原理之上的。这些原理，对19世纪的中国人来说，许多还是未知的；而且不仅仅未知，还与他们作为自明的前提的国际秩序原理相抵触。因为在以册封和朝贡为基轴构成的中国的传统对外关系中，中国皇帝与外国帝王的关系被理解为君臣关系。这样规范君臣关系的礼仪就不可能成为对等的国家间的外交原理。

　　《万国公法》给中国人提供了这种完全不同的国际秩序观念，因而它是一本包含了思想冲击力的书籍。刊行《万国公法》的1864年，与引进西方的机械、技术以图中国之"自强"，即所谓的洋务运动的初期相一致。⑥在洋务运动的过程中虽然有许多西方书籍译成汉语，但是在"中体西用论"的前提下，即在道德和政治制度等与文明的根本相关联（中国人认为）的领域中国优越，西方优越的只不过是相当于机械、技术领域的"末务"，翻译的仅仅是有关自然科学或应用科学的书籍，思想方面的书籍的翻译不得不等到1898年严复翻译的《天演论》的刊行——一般这样说，从大体上看的确如此，但是从内容上看，《万国公法》与其说是外交技术书，毋宁说它是具有浓厚的思想性的书籍。本章与其说是从外交史，不如说是从思想史的角度来提出清末中国人万国公法观的变化这一问题的理由就在这里。在思考清末中国人万国公法观的变化时，笔者想要特别重视的，不是他们在外交场合如何应用《万国公法》中记载的具体的知识，而是他们如何接受以这些知识为总体所构架的国际关系原理（如各国间的平等这样的原理）的问题。

一　不平等条约

《万国公法》与不平等条约

翻译《万国公法》时,中国与列强之间已经签订了《南京条约》(1842年)、《天津条约》(1858年)、《北京条约》(1860年)等一系列条约。这些条约是对中国单方面不利的不平等条约,因此与万国公法的原则相抵触。即在中国人刚刚开始明白万国公法的观念时,他们周围与万国公法相抵触的现实已经是既定的存在。这些不平等条约存在的事实,在思考清末中国人万国公法观念的变化时,终究是不能无视的问题。因为不平等条约的存在,不仅影响到清末中国人的万国公法观,而且也影响到思考这一问题的研究者的态度。

现在中国的历史学家将近代中国的本质规定为"半封建半殖民地"状态,正是这些不平等条约被视为将中国束缚在"半殖民地"状态的枷锁。根据他们的解释,不平等条约是"帝国主义"势力以武力为背景强加给中国的,无论在手续还是内容上都是非法的。腐败的清朝"投降分子"官僚为了使封建体制苟延残喘而接受了这些不平等条约,但是不能说中国人民被不平等条约束缚住了。因此,他们不仅仅对其加以批判,而且也否定其合法性。过去中国所制作的中国地图中,在香港标有"英占"字样。根据中国方面的解释,既然作为英国占领香港之依据的《南京条约》等缺乏 49
合法性,香港的现状不能不说是被英国非法占领。⑦

另一方面,现在中国的历史学家,即使是对反对不平等条约运动(如20世纪初的权利回收运动),也只是在"反帝国主义"斗争的背景下进行评价。既然强加不平等条约的元凶是帝国主义，那么反对不平等条约的运动就可以视为反对帝国主义的人民斗争的一环。

要而言之，中国历史学家围绕不平等条约的评价基准一概都归结到帝国主义这一问题。在他们看来，帝国主义一贯是"恶"，反对帝国主义的人民战争总是"善"。帝国主义的压迫与反帝国主义的斗争是"恶"与"善"的斗争，极而言之，是打倒与被打倒的关系，这里没有任何妥协的余地。对"恶"的帝国主义的妥协，其本身就是"恶"。

在以这种帝国主义研究法为基础的历史解释下，无视或轻视接受万国公法的问题就成了理所当然的了。作为普遍国际法的万国公法，虽然是所有的国家一律——与国家的"善"或"恶"无关——应该遵守的规范，但是如果根据前述的历史解释，在本身为"恶"的帝国主义与"善"的被压迫民族之间，就不存在有共同规范的余地。万国公法在本质上被视为帝国主义势力统治中国的工具，指出万国公法重要性的中国人也被视为与帝国主义相妥协而遭到非难。但是这种历史解释，与清末中国人围绕万国公法的言论相对照，真的可以说是妥当的解释吗？这样的话，难道不可以说，这只不过是用以"反帝国主义斗争"取得胜利作为自己的政治权力的正统性根据的中国共产党的价值观，去追溯过去而投射出来的见解吗？

的确，不平等条约的存在对清末中国人而言也是一个沉重的问题。不平等条约的存在即使是对理解万国公法、以肯定的态度去面对它的中国人而言，也是容易诱发对万国公法不信任的材料。例如郑观应⑧这一对有关国际法持有最先进的知识的清末中国人，在常常念及不平等条约的同时追溯万国公法的一般性状

态,他说:

> 虽然,公法一书久共遵守,乃仍有不可尽守者。盖国之
> 强弱相等,则藉公法相维持,若太强太弱,公法未必能行
> 也……公法乃凭虚理,强者可执其法以绳人,弱者必不免隐
> 忍受屈也。(《盛世危言·公法》)

郑观应强调的是,当事国之间存在着"强弱"不均衡时,与万
国公法相抵触的不平等关系容易被单方面所强制,这样,万国公
法只有在"力的均衡"的条件下才是有效和妥当的规范。从这里
可以看出一种带有冷嘲性的认识。这种对万国公法的带有冷嘲
性的认识,不仅仅限于郑观应,而是当时不少的中国知识分子所
共同的认识。不平等条约的存在,或多或少有损于对万国公法的
信赖感。国际社会中突出"力的支配"的侧面,这是难以否定的
事实。

尽管如此,这种带有冷嘲性的认识并没有归结到"力即正义"
这一命题上。或者说,在国际关系中尚未完全抹去"法的支配"的
侧面。万国公法只有在"力的均衡"这一条件下才有效,反过来也
就是说,如果满足"力的均衡"这一条件,万国公法也还是有效的。
因此郑观应在前面的文章中接着写道:"是故有国者,惟有发愤自
强,方可得公法之益。倘积弱不振,虽有百公法何补哉?"

"自强"就是指靠引进机器或改革制度等使中国强化。郑观
应认为只要中国不具有"力"的内在支持就不能享受万国公法的 *51*
实惠,从而强调自强的必要性,但其背后的意思无非是如果实现
自强的话就可以享受万国公法的实惠,从而有望改变不平等的国
际关系。这里,即使存在着对万国公法的不信任感,但是不存在
视万国公法为完全无意义的东西,而滑向信奉无原则的"力"的倾

向。自强之必要是为了改变不平等的国际关系,万国公法明确地给自强的目的划定了界限。

进而言之,本来不平等条约因为其不平等自当遭到非难这种问题意识的诞生就与接受万国公法有密切关系。对不平等条约的各种批判中,最重要的根据在于列强用威胁和强制的方式签订的这些不平等条约有损于中国(或中国人)威信而产生的屈辱感,这与条约本身不平等无关,也就是说,是自然而然地产生的。从《南京条约》的签订开始,特别是以保守的官僚层为中心,有损于"天朝"的体面的非难之声就不绝于耳。

另一方面,不平等条约因其不平等而加以批判的议论,在清末中国人中决不是自然而然地产生的。因为视国家之间的关系处于不平等状态为异常的意识的成立,是以视国家之间的关系处于平等状态为正常的这种规范意识存在为前提的;而这种规范意识在中国传统的国际秩序观中决不存在。⑨如前所述,在以册封与朝贡为基轴的中国国际秩序观中,中国皇帝与其他国家的国王的关系被解释为君臣关系。君臣关系是上下关系,这样,国家间的关系为不平等的关系就被视为正常的了。

因此,各国之间的关系应该是平等的这种意识,在中国是近代以后才产生的,这种意识的产生是由学习万国公法而触发的。由于这种意识的产生,对不平等条约的理论批判,或者消除不平等条约的前景才成为可能。例如,与郑观应同时代的致力于不平等条约的改正的外交官薛福成,他指出"强盛之国,事事欲轶乎公法,而人勉以公法绳之","衰弱之国,事事求合乎公法,而人不以公法待之"。他与郑观应一样表明对容易由"力"的大小强弱而制约其效力的万国公法实际实施的不信任感之后,插入"虽然"一词继续说道:

52

各国之大小强弱，万有不齐，究赖此公法以齐之，则可以弭有形之衅。虽至弱小之国，亦得藉公法以自存。（《论中国在公法外之害》）

薛福成的"虽然"一词，正是象征着问题的所在。他之所见，各国间存在着"大小强弱"这一现实的"力"的差距，因此万国公法易遭蹂躏，这是难以否定的事实。尽管如此，但改正这一状态的根据终究还在于万国公法。不容辩驳地指责万国公法是没有意义的，这很容易，这样的话，就变得听任"力的支配"，那么"衰弱之国"就只有屈从于"强盛之国"了。"衰弱之国"无非就是指中国自身。为了反抗诸列强的压迫而保持中国的存续，为了哪怕是很少程度地改善事态，所依凭的只有万国公法。

这里，存在着不是由于现实的"力的支配"的优越而无视万国公法，相反是由于"力的支配"的优越而自觉到万国公法作为规范的意义这样一种逆说性的关系。鉴于此，作为普遍国际法的万国公法的印象，不仅不与不平等条约的存在相矛盾，相反，在一定意义上可以说不平等条约的存在使得这种印象有所增强。这里所关注的是万国公法在这一侧面的作用。只要聚焦于此，不解决帝国主义的侵略与反帝国主义的斗争这一问题，研究接受万国公法的余地和意义也是存在的。

进而言之，在接受万国公法之际，文明观的变迁这一要素是一个十分重要——比"力的支配"要远远重要——的参数。这就是说，不平等条约不只是列强强加的结果，在中国方面接受这些不平等条约也因为它具有符合自己的文明理论、忠实于自己文明的内在价值标准的侧面，所以无视文明观的变化这一因素，就不可能讨论近代中国接受万国公法的问题。

中华文明与不平等条约

"文明"的问题,被称为"华夷观"或"天下观",在中国传统的世界观中处于核心位置。⑩因为只有中国文明才是名副其实的文明,其他所有的民族都是根据其参与中国文明的程度来划定等级。在这种世界图式中,这是决定中国与他民族的位置关系的基本框架。"华"与"夷"的关系,也可以说是文明的完全态与阙如态的关系。因而如果以这种关系框架为前提的话,那么认为存在着优越于中国文明的其他文明,这无论在逻辑上还是伦理上都超出了其容许的限度。

近代中国与西方的相遇,或者作为"帝国主义侵略中国的开始"而给予否定的评价,或者作为"中国近代化的开端"而给予肯定的评价,其根底是中国文明与西方文明这两种异质的文明的相遇。这样尽管常常用"西方的冲击"来比喻这种事态,但是至少在其最初阶段,与西方文明的相遇还没有冲击和动摇这种关系框架。因为这对中国人来说,保持这种原有的关系框架,用它来面对新的西方人的行为方式,就有可能将其解释为"非文明"性的东西。

例如,西方人出入中国的目的是扩大通商,对这一点中国人很早就有所认识。问题是他们寻求扩大通商的动机。对本身并不积极从事海外贸易的中国人而言,许多西方人冒着危险长途跋涉来中国,这本身就是值得震惊的。19世纪末,西方商人的行动被解释为寻求发展、进取冒险精神的表现,中国人的退隐性格则被用来作为自我批判的材料;而在19世纪中期,西方人出入中国的动机被解释为"利"的追求。"利"的追求本身虽然不应该非难,但与"义的追求"——中国被认为是"礼义"之邦——相比,至少是非伦理的行为。如果不顾其他而醉心于"利"的追求的话，明显就是反伦理的行为，即是要遭到否定的行为。冒着长途的海上颠簸的风险而来到中国的西方人的行动，在中国人看来，与其说是勇敢，不如说是强烈的欲望的表现。

进而，中国败给了西方列强的武力，这种冲击力也不足以摧毁这一框架。因为中国人认为武力在本质上是粗野的、非文明的，即使败于粗野的武力，也无损于对中国文明的确信。中国不得已而屈服于周边异民族的武力的事例，在中国历史上不胜枚举。但尽管多次失败，终究没有摧毁华夷观。这样说来，其基本特征就在于以文明的有无为指标作为决定华夷的框架，可以在与凭武力取得事实上的统治关系完全不同的层次上存在。中国人所见，西方人喜欢行使武力是其粗野的表现，如果懂得中国文明的伟大，像过去蒙古族那样，他们终究也会被中国文明所同化、改造而变得无能为力。这样，只要中国人忠实于自己的文明观，西方就依然处于夷狄的位置。

那么，与西方的相遇并没有动摇中国人的华夷观，西方仍然 [55] 被视为夷狄，这对不平等条约的成立造成了什么影响呢？就笔者所见，有两方面的影响：一个是中国方面始终否认平等的国家关系这一侧面，另一个是中国方面容许不平等的国家关系这一侧面。首先来看看否认平等的国家关系这一侧面。

平等的国家关系这一问题，从鸦片战争开始就是中国与英国之间相争的问题之一。英国于1793年派遣了马戛尔尼使节团，要求与中国建立平等且正式的国家关系。但是中国将马戛尔尼视为朝贡使节，拒绝了其要求。在经过了产业革命寻求对中国扩大商品输出的英国看来，在条约这种安定基础上进行通商，这是理所当然的要求。两国之间的关系必须是平等的关系，这如果以英国所熟悉的欧洲国际秩序为前提的话,也是理所当然的事。

另一方面,将世界上所有的国家都视为中国潜在的朝贡国,如果以这种中国的立场为前提的话,英国国王派遣的使节就只能是朝贡使节了。欧洲诸国中,荷兰、葡萄牙已经向中国派遣了朝贡使节,唯独英国要特别对待,这说不过去。以中国方面的解释为前提的话,马戛尔尼使节是作为臣下的英国国王为表示对作为君主的中国皇帝的敬意而派遣的朝贡使节,既然如此,他对皇帝有什么要求这本身就是不可饶恕的行为。

要而言之,关于平等的国家关系这一争论的根底,在于中国与英国各自视为当然前提的国际秩序观的不同。这种不同并没有在相互交涉中磨合,相反使交涉本身无法进行。因为交涉的形式本身成了最重要的争论之点。在 19 世纪 20—30 年代,中国与英国之间,鸦片问题、白银外流问题、自由贸易体制问题等这些在今天看来可以通过外交交涉而解决的悬案堆积如山,这正是国际秩序观的不同所造成的障碍从而使得两国间的交涉无法进行。这就导致了以行使武力来解决问题的鸦片战争。

即使经过鸦片战争,中国人的意识中也没有发生重大的变化。英国毕竟是夷狄,既然如此,在《南京条约》的交涉过程中,中国方面强烈地抵制在条约中写进可能引起认为中国与英国(或者说中国皇帝与英国国王)为对等的国家的文字,这在中国方面来看是理所当然的。其结果,尽管在缔结条约的形式或条约内容的写法等纯粹有关形式上采用了平等条约的体裁,而关于平等关系的实质规定,只是停留于如驻扎在通商口岸的领事与中国地方官之间的文书往来要以对等的资格进行等不太重要的几项。在中国方面看来这样已经是有违"天朝定制"的让步了,这样就可以以此作为安慰夷狄以结束战争的权宜之计来说明。条约中完全不存在中国与英国(或者说中国皇帝与英国国王)是平等关系的明文规定。进而到最后,成为交涉的争论之点的英国公使之常驻北京及觐见皇帝问题,中国方面也不断地拒绝而最终获得了成功。

鸦片战争之后,中国方面并非无视条约。相反可说是遵守得比较好。但是这只限于条约明文规定的事项。对于条约没有明文规定的事项,则采取原来一贯的态度。在中国方面看来这是理所当然的事。因为与周边诸国间的册封与朝贡关系还依然存在,对中国而言这才是本该具有的国际秩序。无论如何也不可能说由于与英国的条约关系而至于变更这一秩序原理。在英国看来,条约是基于国家间平等的原理而起草的,未明文规定的部分也应该依据此原理来解释。而在中国看来,条约的平等事项只不过是被强迫的例外,未明文规定的部分还是应该按照册封与朝贡关系的原理来解释。要而言之,鸦片战争之后,围绕中国与英国之间的国家关系的理解,对秩序原理的认识仍然存在着分歧。这种分歧引起了频繁的外交纠纷,最终诱发了第二次鸦片战争。

还有一个侧面,即对不平等关系的承认与对平等关系的否认二者如同一个铜板的表里。在《南京条约》之后的一系列条约或协定中,虽然大量地加入了领事裁判权或片面最惠国待遇等长期使中国处于困境的不平等特权,但是在这些条约的交涉过程中,没有看到过中国方面为拒绝这些事项而进行的自觉论争的记录。事态毋宁说是相反,中国方面在自己的价值体系中把这些问题放在了肯定性的位置上。例如关于领事裁判权的问题,交涉当事人、军机大臣穆彰阿对皇帝作了如下的上奏:

> 臣等查通商之务,贵于息争。如有英人华民涉讼,英商应先赴管事官处投禀。即着管事官查明是非,勉力劝息……

免致小事酿成大案。(《道光朝筹办夷务始末》卷六十七)

就是说穆彰阿是将领事裁判权作为回避与英国人之间发生乃至扩大纠纷的手段而给予了肯定的评价。预测纷争的发生具有很高的频率,这也是因为中国方面认识到中国人与西方人之间思维方式或行为方式的差异,但是这种差异并不是从文化相对主义的理路来认识的。就像"西俗不知五伦"所说的那样,这种差异的根本缘由被认为是西方人文明化的程度之低下。这样的西方人应该作为长期教化的对象来驯服。但是在短期间内,将中国高度的礼与法强加给他们,他们也没有这种理解能力。这样无谓地扩大纷争使中国陷入困境也不是好办法。从回避纷争这一点来看,将其交给他们自身去裁决,这要远远高明……穆彰阿主张背后的潜台词或理论就是这样。

而且这样的主张进一步由历史上的先例所强化。唐律对居住在中国的阿拉伯人等"化外人"规定:"诸化外人同类自相犯者,各依本俗法;异类相犯者,以法律论。"(《唐律疏议》卷六)"化外人"内部的犯罪可以由伊斯兰教法官"蕃长"在一定的权限下根据他们的法规或习惯进行裁决[入江,1937年,第12页]。"化外人"是置于中国皇帝教化之外的人,即是在中国文明之外。给予这样的外国人以治外法权的特权作为恩惠,在唐代或宋代的历史上都现实地实行过。对清末的中国人而言,这足以作为历史先例的根据。领事裁判权,在中国方面看来,无非是"旧习惯的新变形"[Hsü,1960年,第130页],既然有这样的先例存在,那么这就是可以容许的事情。

而且,对某一个国家从中国获得的特权要让其他国家也一律均沾的这一片面最惠国待遇问题,中国方面从自己的文明观出发也给予了肯定的意义。如围绕最惠国待遇与美国进行交涉的当事人、两江总督耆英在给皇帝的上奏文中这样写道：

> 一英夷已足为害边疆，况合众夷而使之为一耶！此又不可不审思熟虑者也……今该夷（米利坚）既肯通融，各夷亦皆乐从。法穷则变。与其谨守旧章，致多棘手，莫若因势利导，一视同仁。（《道光朝筹办夷务始末》卷六十四）

这里的旧章，具体而言是指广州贸易制度。鸦片战争以前，中国政府允许西方商人在广州一港经商。写此上奏文时，根据《南京条约》已经有上海等四个城市作为新开的口岸，美国将本国商人利用这些新开口岸作为理所当然的权利来要求。但是，将条约理解为是被强加的例外的中国方面，认为原则上应该维持原来的制度，主张对已经签订《南京条约》的英国以外的国家都应该按照原来的制度限制在广州从事贸易。这便成了争论的焦点。耆英在上奏文中，虽然主张接受美国的主张而实行政策变更，但是这种政策变更在他看来意味着圣人君主平等对待人民，这种变更由"一视同仁"这一传统术语而正当化了。就是说，尽管是用"一视同仁"这一说法来要求皇帝对西方人平等地施与恩惠，但是其背后存在着西方人乃是只顾追求利益、欲望强烈的夷狄这种认识。因为他们欲望强烈，如果皇帝的恩惠只是让其中的一部分独占的话，他们之间便会产生相互嫉妒和不平不满之情，这样就必然引起骚乱。与其如此，还不如给他们同样的恩惠以回避纷争显得更加高明。这就是耆英的主张。正是基于这种理论，故而对西方各国都给予了平等的最惠国待遇。

最惠国待遇是以"避免只有本国遭到不利的待遇，同时避免授予他国以特别的特权"［坂野，1970 年，第 4 页］为目的而产生的制度,是保障通商上的平等待遇的手段。因此,从此制度本来的旨趣来看,理所当然是双方的。但是与此解释不同,从中国方面的解释来看,西方诸国从中国得到的各种特权,或者说最惠国待遇本身不过是皇帝对夷狄的恩惠(圣恩)。既然是恩惠,理所当然是单方面的。如果是双向的关系,追究起来的话,皇帝和夷狄将会是平等的关系了。而这恰恰是中国方面所难以允许的。

这样,不平等条约就按照中国人自身文化观的基准被解释和接受了。当然,无论是穆彰阿还是耆英,很难说他们在给皇帝的上奏文中说的是他们的真心话。这应该看作是他们在交涉过程中出于列强的压力不得不妥协,为了明哲保身而在最大的范围内使自己的妥协正当化的产物。尽管如此,中国的政策决定过程是上奏文与上谕的文书往来的过程。交涉当事人如此报告,皇帝如果给予裁决的话,即便其中包含了如何的自我欺骗,这种解释也是作为官方的正式解释来执行的。

关于交涉当事人的这种应对,归因于他们对国际法的无知,是没有什么意义的。当然他们对国际法近乎无知,这也是不可否认的事实。问题毋宁说是在于他们没有感觉到自己的无知。更进一步,他们用已有的知识结构去照应本来未知的东西而且作出了无矛盾的说明。如果切实自觉到无知,应该会产生某种形式的对未知事物的求知欲。或者,如果存在重大矛盾的话,要么会对已有的知识结构进行再探讨,要么会对条约进行再探讨。但是至少在《万国公法》刊行之际,不存在表现这种事态的明显迹象。承认不平等条约的思想框架,在《万国公法》刊行之际还尚未加以再探讨,而是以顽强的形式存在着。因此,问题是《万国公法》给予这种框架以怎样的冲击(或者未被冲击)? 相反,这种框架给理解

《万国公法》造成了怎样的影响（或者没有影响）？我们想首先从
《万国公法》的翻译与刊行开始探讨。

二　《万国公法》的翻译

总理衙门首脑的反应

1850 年就任长老会宣教师的美国人丁韪良，开始将美国的
国际法标准教科书惠顿的著作 *Elements of International Law* ⁶¹
译成汉语是在 1862 年。译完之后得到总理衙门的资助以《万国公
法》为题刊行是在 1864 年。⑪为什么在这一时期要翻译、刊行
《万国公法》？其翻译、刊行真是以丁韪良与总理衙门协助的形式
进行的吗？

其一般性的背景是这样的。

第二次鸦片战争（又称"亚罗"战争——Arrow War，1856—
1860 年）如其名称所示，是英、法挑起的，企图通过行使武力一举
解决在鸦片战争中没有得到充分的成果的有关悬案而进行的战
争。由于中国战败，结果使得中国的对外关系发生了很大的变
化。一方面，中国明确承认"英国自主之邦与中国平等"（《中英天
津条约》第三条），而且官方的文书中严禁使用"夷狄"来指西方
人；另一方面，在原先给予的领事裁判权等特权之外，在条约中又
明文规定增加了内地布教权、内地旅行权、内河航行权、沿岸贸易
权等各种特权。第二次鸦片战争结束所签订的条约（1858 年的
《天津条约》及 1860 年的《北京条约》）远远比《南京条约》详细和
全面，已经没有留下什么给中国方面围绕条文空白的解释之争的
余地了。要而言之，中国明文承认了在国家间形式的资格上与西

方诸国是平等的,而在国家间实质的关系上中国却被牢牢束缚在了不平等条约上。

在这种对外关系的激变面前,中国政府也不得不开始进行相应的制度性调整。新设相当于外交部的总理衙门(正式的名称是"总理各国事务衙门")就是一例。本来在中国没有相当于外交部的机构。因为既然不承认与本国对等的他国的存在,外交的观念本身就不能成立。册封与朝贡是为确认君臣关系的礼仪行为,由与文化部相当的礼部管辖。鸦片战争后,这种制度仍然未变,与西方国家的交涉完全交给地方官进行。但是,第二次鸦片战争的结果,承认了缔结条约的西方各国的公使常驻北京的公使馆。为了对应这种新的事态,立即设立了总理衙门。因为总理衙门只管同条约缔结国的关系,与朝鲜、越南等周边朝贡国的关系依然由礼部管辖,所以新制度的开始也即是二重外交的开始。即便如此,原来最多只是作为临时的与西方诸国的交涉,至此被制度化且常态化了。

而且,担当这一新制度的中心人物是由 1861 年的宫廷政变而掌握实权的恭亲王(1832—1898)和文祥这些人。由于他们是作为王爷或大臣占据总理衙门的中枢,尽管是新设机构,但是在政府内部,总理衙门的权力地位很高。而且由于他们是主张第二次鸦片战争媾和的和平派,总理衙门对西方各国都是处以调和的态度。而列强方面,由于在 60 年代也避免采取用武力威胁强迫中国妥协的"炮舰政策"(gunboat policy),而以所谓的"协力政策"(cooperative policy)来面对中国,因此,在外交方面,与力量相比,交涉的比重较以前大大提高了。加上总理衙门开展积极的外交态势,以 1861 年与普鲁士建立国交为起点,60 年代一共与八个欧洲国家缔结了新的条约。在中国的对外关系中,与西方诸国关系的分量急速增加，"姑且可以说是根据近代外交规则而开始进行的外交"［坂野，1973 年，第 278 页］这种状态不断地开始出现了。在这样的环境中，中国与列强双方都表现出了对国际法的关心。

首先，在列强方面，向中国介绍国际法，告诉中国"西方诸国不是以实力作为惟一的法律，而是持有（国际法这一）指导原理"（英国公使普鲁斯之语），是基于以下的理由。其一，列强已经通过第二次鸦片战争这种武力手段强制中国签订了新的条约，在条约中确保了充分的权益。为了使条约上的权益现实化，与其进一步使用武力，引导中国方面自觉地遵守条约远为高明。通过使其理解国际法，企图使中国方面感到遵守条约的根据从强制性的屈从转移到规范性的义务上来。其二，中国方面如果理解国际法，估计中国与西方各国之间的外交关系保持长期稳定的可能性更高。外交关系的长期稳定，使两者的文化接触更加紧密，这样，可望使中国人的思考方式和行为方式朝着"近代化"乃至"西洋化"的方向变化。

要而言之，向中国介绍国际法，被认为是改善——这完全是从西方各国方面来看——中国与西方各国间关系的突破口。事实上，丁韪良的翻译工作就得到了外交官的支持。劝说丁韪良翻译惠顿的著作的是美国公使沃特（J. E. Ward，1858—1861 年在任），将丁韪良的译稿介绍给总理衙门并促成其刊行的是美国公使蒲安臣（Anson Burlingame，1861—1865 年在任）。美国以外的其他国家的外交官也几乎都对中国政府自身刊行《万国公法》给予了高度的评价。

另一方面，在中国方面，随着认识到列强的行为不单单是无规范地行使暴力，而是在其背后存在着某种规则，于是就萌发了对国际法的关心。但是他们对国际法的关心与西方各国外交官的关心不同。写于1864年、请求允许刊行《万国公法》的恭亲王的上奏文中，如实地展示了其关心之所在：

> 窃查中国语言文字，外国人无不留心学习。其中之尤为狡黠者，更于中国书籍，潜心探索。往往辩论事件，援根中国律例相难。臣等每欲借彼国事例以破其说，无如外国条例，诸系洋字，苦不能识。而同文馆（1862年创设，总理衙门附属的培养翻译的学校）学生，通晓尚需时日。臣等因于各该国彼此互相非毁之际，乘间探访，知有万国律例一书。然于径向索取，并托翻译，又怕秘而不宣。适美国公使蒲安臣来言各国有将大清律例翻出洋字一书，并言外国有通行律例，近日经文士丁韪良译出汉文，可以观览。旋于上年九月间，带同来见，呈出万国律例四本。声称此书凡属有约之国，皆宜寓目。遇有事件，亦可参酌援引。（《同治朝筹办夷务始末》卷二十七）

就是说，恭亲王等中国方面所关心的焦点，是在中国与西方各国的外交交涉中，与对方常常援用中国的法律来攻击中国方面相对应，也要援用西方各国的万国律令来攻击他们。例如，尽管要拒绝西方各国强加给中国的要求，如果这种要求就是按照其自身的法律来看也是不当的话，这便可以作为拒绝的根据了。

恭亲王的这种态度，与前述的耆英等鸦片战争时期的交涉当事人的态度相比，有以下两点变化。

第一，拒绝西方各国要求的根据发生了变化。鸦片战争时期的交涉当事人，在举出拒绝西方各国要求时的最大根据，是西方各国的要求与"天朝定制"相矛盾乃至抵触。"天朝定制"虽然是指清朝所确立的制度，但是在中国方面看来，这不单单是确立的制度，也是最好的制度。既然如此，与"天朝定制"相矛盾乃至抵触，这就应该可以作为拒绝对方要求的必要且充分的根据了。因为夷狄本来应该是顺应"天朝定制"的存在。恭亲王等也同样以拒绝西方各国的要求为课题，但是，他的主张的背景中存在着以"天朝定制"这种中国单方面的基准作为说服对方的根据已经不充分的认识了。故而认为，反过来援用对方的基准来揭露对方自身的矛盾以攻击对方更为有效。

　　第二，对西方人行为方式的认识发生了变化。鸦片战争时期的交涉当事人，如前所述视西方人主要的行为动机为利益的追求。即使追求利益本身未必该遭非难，但是像西方人那样将利益的追求放在首位，而且为了实现自己的利益不惜行使暴力，在中国人看来这就足以值得非难了。正是因为这样来理解西方人的动机，给予他们适当的利益而因势利导的方策被作为贤明的政策，因此给予了许多特权。与此相对，恭亲王的主张背后潜伏着西方人之间存在着被称为"万国律例"的法律规范的认识。依恭亲王之所见，西方各国的关系并非只顾追求自己的利益的无序状态，而是遵循共同的规则，国家间发生纷争之际，可以根据各种规则去坚持自己的主张，这些规则是处理问题的有效机能。

　　因此，使得要求刊行《万国公法》的恭亲王的主张正当化的，是基于双重意义上的有效性认识。就是说，他所见到的万国公法在西方各国之间的关系中具有有效的机能，而且中国在与西方各国的交涉中将之作为攻击对方的手段也是有效的。在恭亲王这种认识产生的背景中，有此前解决普鲁士缉拿丹麦船事件时，万国公法发挥了有效性的事实。即在 1864 年 2 月，普鲁士与奥地利就荷尔斯泰因的归属问题向丹麦宣战，驻中国的普鲁士公使列

65

休斯(Von Rehfues)用在中国领海内太沽冲的本国军舰缉拿了丹
66 麦的商船。对此,总理衙门提出"因为在中国海域拘留他国船舶,
明显地侵害了中国的权利,中国方面寄予极大的关心"(《同治朝
筹办夷务始末》卷二十六),以万国公法为根据向普鲁士公使进行
了强烈的抗议。这时,普鲁士公使俯首无言,低头认错,付给赔偿
金并释放了丹麦船。对成立不久的总理衙门而言,这也算是开始
着手外交事务时取得的小小胜利。可以推测,这种经验在总理衙
门的相关人员之间产生了这样的认识,即为了规范西方各国的行
为,在中国利用万国公法是有效的手段。恐怕这就决定了总理衙
门自身去刊行《万国公法》的意向。

尽管如此,将万国公法作为攻击西方各国的有效手段的认
识,与中国自身也受到万国公法的约束的认识,完全是两回事。
将万国公法作为攻击西方各国的有效手段这一认识的根据,是万
国公法在处理西方各国的关系中能起到有效的作用。这并不意
味着万国公法可以越过西方各国之间关系的框架,而承认它具有
约束包括中国在内的所有国家的普遍妥当性。实际上,恭亲王对
万国公法的高度评价,完全局限在作为攻击西方各国的有效手段
这一侧面,而否定了中国人有遵守万国公法的义务。关于否定的
根据,只是说到万国律例与中国的制度相比,并非完全一致。此
外没有明示更详细的理由。没有明示,并非理由不明,毋宁说意
味着这是不言自明的。万国公法与中国的制度不符这种判断,不
单单是事实认识的问题,也包含着中国的制度是理所当然地优越
这一价值判断。如果以当时官界的常识为前提的话,与中国的制
度"不同",这个"不同"实质上与"劣"是同义的。以西方之"劣"者
67 作为中国的行动指针,就会变成"用夷变夏"了。(《孟子·滕文公
上》:"吾闻用夏变夷者,未闻变于夷者也。")

中国方面不受万国公法的约束与中国方面为了攻击西方人可以利用万国公法，这两种主张在恭亲王的意识里决不矛盾。魏源(1794—1856)在鸦片战争后执笔的《海国图志》中，提出了"师夷之长技以制夷"的主张，恭亲王的见解乃是魏源"师夷说"的延伸。为了应付西方各国的压迫，不论是机器还是万国公法，作为手段只要有效，对西方的东西都可以大胆地活用。这一点魏源与恭亲王的见解是一致的。而且，他们也一致认为，这与对中国文明优越性的确信并不矛盾。中国文明优越性的根据在于礼或社会道德等方面，利用西方的机器或万国公法等，是为了对西方各国强化中国的立场。这些东西是为了维持礼或社会道德的手段。如果中国被万国公法所束缚，这就意味着用西方的法律来歪曲中国的礼，这便有损于利用其维持礼与社会道德的本来目的。对恭亲王而言，在《万国公法》中找不出作为有效地对付西方人的手段之外的意义了。

西方各国的外交官所期待的以《万国公法》为突破口而使中国人意识发生变化，至少在当初阶段并没有实现。

附会论与万国公法

在《万国公法》刊行的翌年即1855年，丁韪良被任命为同文馆的英文教习。同文馆于1862年在北京设立，是隶属于总理衙门的，是以培养具有进行外交交涉所必要的外语能力的人才为目的的外国语学校。首先建成专攻英语的英文馆，次年增设专攻法语的佛文馆和俄语的俄文馆。各馆学生定员10名，以15岁以下 68 的八旗子弟充当，为了提高学力，也有必要进行汉语教育。教师方面，由于中国没有合适的人才，就要求各国公使推荐人才，多数情况下推荐的都是会汉语的宣教师。丁韪良是继博顿(J.

Burdon)、傅兰雅(J. Fryer)之后的第三位英文教习,他们都是宣教师。

丁韪良上任不久,同文馆卷入了深深的纠纷中。1867 年,总理衙门发表了改革同文馆的构想。构想的核心是新设专攻天文学或数学等自然科学的天文算学馆,而且要选用正途出身者为学生。所谓正途出身者,是指科举合格具有进士或举人资格的官僚候补生这些支撑中国的官僚体制骨架的人才。从时间上看,虽然输入西方优秀的机械、技术以图中国"自强"的洋务运动刚刚开始,但是在总理衙门这一构想的背后,存在着这样的认识:西方的机械、技术都有自然科学作为其基础,为了有效地推进洋务,就有必要回溯到这一基础上来而学习其自然科学。

这一改革构想遭到了以内阁大学士倭仁为首的大官僚们的纷纷非难。他们不断地提出了批判改革构想的上奏文,批判的最大焦点在于让正途出身者学习西方的自然科学,而且要拜西方人为师。按照批判者们的解释,因为正途出身者乃支撑中国官僚体制的核心人才,他们要深入学习儒教经典,在道德修养方面出类拔萃。如同从太平天国起义中所见,由于基督教的渗透,中国社会秩序趋向混乱。为了扭转这种混乱的秩序,无论如何有必要让如正途出身者的精英立于时代的潮头以正其行,而输入西方的机械、技术只不过是末梢性的任务。而且要让正途出身者担当末梢性的任务,还要以西方人为师,这无异于本末倒置。如此一来,不但不能使社会秩序安定,反而会增加社会的混乱。

总理衙门的改革构想最终如其所愿得到了认可。恐怕这是由恭亲王等总理衙门首脑的政治影响力所致。尽管如此,同文馆由于这次骚动遭到了很大的打击。围绕着天文算学馆的性质,士大夫之间各种谣言飞舞,志愿者不满百人,且正途出身者无一人。这样,虽然有 30 名被许可入学,但其中 20 名学到半年就退学了。

在这一事件发生两年后的 1869 年,丁韪良被任命为同文馆的校长(总教习),在此之后的几乎 1/4 个世纪里,他指导着同文馆的教育。丁韪良被任命为校长时,由于受到上述事件余波的影响,同文馆处于不景气的状态,英文馆的学生只有两名。在丁韪良的指导下,学校进行教学内容的改革,情况逐渐朝着改善的方向发展。1871 年,开设了专攻德语的德文馆,进而于 1876 年对学习计划进行了根本性的改革,即在八年制的学习进程中,前三年的课程为外语教育,后五年学习外国地理、外国史、自然科学及万国公法等。而且丁韪良还选用优秀学生作为副教习,同时督促和鼓励他们将各种外语文献译成中文。19 世纪 70—80 年代,同文馆与傅兰雅主宰的上海的江南机器制造局附属翻译馆,在中国占据着翻译西方书籍的中心地位。

丁韪良喜欢将同文馆译成英文的 International Law and Language School,从这里也可以感觉到他着力在同文馆中进行万国公法教育和在中国社会普及万国公法的意向。他对万国公法普及的热忱是由于宗教使命感的支持。丁韪良虽然是宣教师,但是在同文馆严禁宣教师进行宗教教育。这样对丁韪良来说,将"基督教文明的最好成果"[Hsü,1960 年,第 136 页]万国公法教给中国人以纠正中国人对西方文明的偏见或先入之见,这从长远来看,对于基督教的布教也是有意义的。即是说,对他而言,实际 70 上是以万国公法的教育代替布教活动了。事实上,他也的确在同文馆进行万国公法教育方面倾注了心血。他亲自担当了被安排在第七年的万国公法的课程,而且督促和鼓励学生翻译与万国公法相关的书籍,而自己亲自出任主编。其中包括有《星轺指掌》

（1876 年翻译的 C. Martens, *Guide diplomatique ou Prècis des droits et des fonctions des agents diplomatiques et consulaires*）、《公法便览》（1877 年翻译的 T. Woolesy, *Introduction to the Study of International Law*）、《公法会通》（1880 年翻译的 J. K. Bluntschli, *Das moderne Völkerrecht der zivilisierten Staaten als Rechtbuch dargestellt*）。⑫

丁韪良的热忱在一定程度上得到了回报。《万国公法》成了北京或地方上直接与西方人交涉的当事人的必备书。像 1875 年的马嘉理事件，中国方面在交涉之际援用万国公法的事例就不少。同文馆的学生人数也在增加，1876 年中国向海外各国派遣常驻公使，毕业生去公使馆就职的也不断增加，清朝末期从公使班中还出现了一些外交官。

但是，丁韪良的成功具有明显的局限。只要采用官吏的科举制度不发生变化，科举考试的科目仍然是注重儒教经书的知识或古典诗文的写作能力，因此不论同文馆如何强调学习国际法或外国的历史地理，这些知识对科举而言没有任何用处。事实上，也就是说，同文馆的毕业生成为高级官僚、进入决策过程的道路被堵塞了。反过来说，进行决策的高级官僚却非常缺乏国际法或外国的历史地理方面的知识。他们作为儒教官僚存在的理由在于以其道德教化民众，且以不屑于掌握这些琐碎的专门知识而自豪。在这种意义上，中国的官僚不是以专家而是以业余作为理想。对他们来说，关于国际法或外国的历史地理等方面的知识，如有必要，雇用一些专家作为私人顾问就可以了。

71 为什么丁韪良的努力会碰壁呢？他自己这样解释道：

亚洲东境诸小国悉隶中国藩属。其联属之故，或以同教，或以互市，而大半则出于畏威而怀德之诚。尊之如天帝，敬之若神明。以故中国居高临下，大莫与京。如古之罗马。然辄自称其一国为天下也……中国狃于所见，又安知宇宙间固有平行相等如泰西各国者哉！（《中国古世公法论略》）

即在丁韪良看来，问题的根源在于中国长期所处的国际环境。在东亚世界，中国与周边国家的文化差距过大，周边国家为了进而接受中国文化，所以使中国人觉得只有自己的文化在全世界具有普遍价值，从而养成了站在文明的高处而俯视周边的习惯。同时代的许多西方人都视这种中国人的中华意识为夜郎自大的野蛮精神的产物。但是丁韪良并不这样想。他认为中国是文明国，因为正好周边不存在可以与之比肩的文明，才形成了这样一种对世界的认识。这种对世界的认识，在中国所处的地理条件和历史进程中具有充分的意义。正因为如此，它作为顽固的先入之见支配着中国人的思想和行动，而不易被突破。

那么，丁韪良用什么理论才能说服中国人要中国也与其他国家一样应该受万国公法的制约呢？既然中国人确信中国为文明国，而且以此为自豪，那么只要中国为文明国，遵守万国公法乃是理所当然的事，这样来使中国人接受它，恐怕是最有说服力的了。从丁韪良编译的《公法会通》中可以找到一例。在《公法会通》的开头有"有化之国，既莫不有仁义之心，自当推此心施于政务。是以公法之道，惟赖教化隆盛之国以行之"一段话。对此，附有如下注释："教化之旨，既在尽性，则教化之隆，必出公法。盖公法即性法也。故教化隆盛之国必当躬行公法而力护之。"（《公法会通》卷一，第五章）一方面，万国公法是基于人的本性的法律规范；另一方面，普及根据人的本性而制定的礼仪秩序，乃是儒教教化的旨趣。而且因为遍行教化对儒教而言是文明的资格，根据这种理论，认为中国是文明国的中国人当然有遵守万国公法的义务。恭亲王为了攻击西方各国而去利用西方的万国公法；丁韪良从正好相反的立场出发，反其意而利用了对方的原则。

但是按照这样的说明果真能够说服中国人吗？关于这一时期中国人的态度特征，如果借用列文森的表现的话，就是说只要不能同时证明其既是"真的"（true）又是"自己的"（mine），就不能接受西方的东西。⑬"真的"意味着其按照普遍的价值标准而论是优越的；"自己的"意味着中国本身具备（或者已经具备），西方的东西仅仅被证明是优越的还不充分，只要不能同时证明其为中国文明本身所具备，中国人终究难以接受。

例如，洋务运动过程中，是否应该接受西方的自然科学成为问题了。西方自然科学的优越性，从其成果即机器的优秀上已经表现得十分明显，同时代标榜"文明开化"的日本已经开始接受，这似乎可以成为充分的理由。但是在中国的洋务运动中不存在"文明开化"的概念。他们依然认为，所有有价值的东西不可能不包含在中国文明自身之中。自然科学具有价值这一证明，就证明了它在中国文明中存在（或存在过）。那些认为有必要输入自然科学的人，主要援用《墨子》以论证自然科学的原型在古代中国存在过。这就是所谓的"附会论"。按照他们的主张，自然科学之源在中国，经过印度流入西方而形成了现在的情形。因此输入西方的自然科学，决不是模仿西方人的行为，只不过是取回中国本来存在的"自己的"东西而已。

接受万国公法也包含着同样的问题。为了使中国人接受万国公法，不只是停留于作为攻击西方各国手段的水平，而要达到让中国人自发地接受万国公法的约束的水平，这就必须证明万国公法既是"真的"又是"自己的"。

证明万国公法为"真的",将万国公法与自然法(性法)结合起来就可以了。如《公法会通》中有这样的记述:"公法虽出于泰西奉教诸国,而始行于西方,然不局于西方,亦不混于西教。盖公法本乎人性,宜于人类,与国法毫无违碍。"(卷一,第六章)或者说:"公法不可不遵者,皆出于自然之理耳。"(卷一,第三章)

另一方面,要证明万国公法为"自己的"东西就极为困难。因为如前所述,丁韪良认为中国被置于自身的文明环境中,"自称其一国为天下",不可能像西方各国那样将世界平等的关系理解为理所当然的存在。据丁韪良所见,不承认有与中国对等的存在是中国文明的基本属性。这样一来,要证明万国公法对中国文明而言是"自己的"东西,就不能不说是不可能的了。

这样,丁韪良就陷入了进退两难的境地。如果万国公法为 ⁷⁴ "真的"的话,"真的"万国公法对中国而言不是"自己的"东西,这无非是说中国文明存在着巨大的缺陷。这对中国人来说无论是从心理上还是从伦理上都是难以容许的。不仅如此,这也与丁韪良所主张的中国人只要确信中国为文明国就应该接受万国公法这一本来具有说服力的逻辑相矛盾。

摆脱这种两难境地的突破口在哪里呢?丁韪良注意到了中国的春秋战国时代。春秋战国时代,是由周王室所封的诸侯其自立性不断增强,而呈现出独立国家外观的时代。但是在丁韪良看来,其各国交际往来以对等的关系相处,不存在上下的区别这一点与西方各国的关系极为相似。而且据他的解释,春秋战国时代的各国不单单是事实上的对等,而且其中存在着制约相互关系的规范,即"礼",这包含着被视为战时国际法的东西。因此,如果现在试读春秋战国时代的历史,即使不能说存在着可以称为"万国公法本身"的东西,但是可以说存在其痕迹。基于这种"发现"而整理出来的,就是 1884 年同文馆刊行的《中国古世公法论略》。由书名就可以推测到,《中国古世公法论略》是企图将可以被视为万国公法的规范论证为规范春秋战国时代各国之间关系的东西的书籍。著此书,改变了丁韪良原来认为中国不存在万国公法的见解,但是与原来的见解并不矛盾。因为在丁韪良看来,万国公法是基于人的自然的"性法",如果具备一定的条件,不论古今东西,存在类似于万国公法的东西决非不可思议。秦汉之后统一了的中国傲然俯视周边的小国,万国公法就不存在了,但是可以说在内部诸国并存的春秋战国时代的中国,却具备促使万国公法自然发生的条件。因此丁韪良的论证方法,是将万国公法与中国的经书或史书相互对照,从文献上实证万国公法的某一项在春秋战国时代得到了实行的这种"附会"的方法。论证的目的是证明万国公法对中国来说是"自己的"东西。要而言之,《中国古世公法论略》如同洋务运动的推进者在输入西方的自然科学之际一样,是为了证明应该接受的西方的东西为中国文明所具备的附会论性的书籍。

尽管如此,《中国古世公法论略》的附会论与洋务运动推进者的附会论相比,至少有一点重要的区别。就是说,作为在中国古代万国公法实际存在的证据,丁韪良是视之以春秋战国时代由"礼"来规范各国关系这一点。但是这并非将经书推到问题的前面。即他认为若从礼来考虑,这是当时万国公法的根据,一半出自《周礼》。如这种表现所示,丁韪良试图与儒教经书进行附会。⑭洋务运动推进者们所试图的是与《墨子》进行附会。儒教经书与子书《墨子》,其价值轻重对中国人而言全然不同。儒教经书对他们来说是使中国文明成立的根本之所在。

丁韪良所作的与儒教经书的附会论,并非偶然的产物。他是有意识地与儒教经书相附会,而且是作为说服中国人的根据。因为既然万国公法与儒教经书相一致,就可以证明万国公法为"真的";既然万国公法在春秋战国时代就存在,就证明了万国公法是中国人"自己的"东西。既然证明了万国公法既是"真的"又是"自己的",那么中国人只要忠实于自身的基准,就不能不接受万国公法。

但是,丁韪良的这种说服逻辑对当时的中国人来说还是难以接受的。儒教是在周公旦所构筑的周代初期的封建理想社会秩序这一基本假说的基础上成立的。在当时中国人看来,春秋时代是这种理想秩序松弛、社会混乱加深的时代。正因为如此,孔子兴起儒家教团,提倡向周代的理想秩序回归。到战国时代,理想秩序完全崩溃,在力的统治横行的同时,与儒家相对的诸子百家之说四处蔓延,是一种无秩序的时代。中国历史上,关于周代的封建制与秦汉的郡县制相比哪个更加优越,从不同的角度展开过争论。但是没有人认为在封建制崩溃的过程中产生、同时由于郡县制的实现而终结的春秋战国时代是最好的时代。即使如丁韪良所言万国公法在春秋战国时代实际存在过,这也不过是说万国公法在中国历史上最坏的时代存在过。

这一时期,除了丁韪良,已经有不少中国人试图以春秋战国时代的中国去了解西方国际社会的性格。但是他们理解的方向,与丁韪良的解释几乎完全相反。与春秋战国时代的中国相对照,他们所强调的是,西方各国常常试图扩张自己的势力,国际社会的安定只有在各国间力的关系取得平衡时才有可能实现。他们正是将以尚"德"而非尚"力"作为统治原理的中华世界作为首善之区,而从这一角度来重新确认它要比西方国际社会优越。

《中国古世公法论略》的局限正是附会论本身的局限。将西方的东西与中国历史中存在的东西相附会的方法，不可避免地使中国人对后者的理解或评价就原原本本地投影到对前者的理解或评价上去。在将西方社会与春秋战国时代附会之际，中国人就会透过对春秋战国时代的理解或评价这一三棱镜来理解和评价西方国际社会的性格。给予春秋战国时代以否定的评价，从认为圣人君主所给予的理想秩序在周代初期实际存在的中国人的文明观来看是理所当然的。只要这种文明观本身不发生变化，想要摆脱先入之见去理解西方国际社会以及接受万国公法都是不可能的。在清末，迫使中国人对自己的文明观进行再探讨的关键在于是否将西方各国视为文明国的问题。承认在中国文明之外还有其他也可以称为"文明"的存在，这对于中国人来说，意味着推翻了原来的文明观的基本前提。点燃这个问题的导火线的是1870 年代后半期之后开始常驻西方各国的中国外交官。

三　外交官与万国公法

首任驻英公使郭嵩焘

第二次鸦片战争结束后，尽管允许条约缔结国在北京构筑公使馆并派遣常驻公使，但是中国方面向外国派遣常驻使节到1870 年代后半期才得以实现。因为中国官僚常驻他国，即使是对有册封关系的国家也没有先例。做没有先例的事情，国内的反对势力是根深蒂固的。1875 年在云南发生了英国公使馆书记官马嘉理被杀害事件，根据为了处理事件于次年缔结的《芝罘协定》，中国政府向英国政府派遣谢罪使节，其谢罪使节作为驻英公使的形式从而实现了公使常驻。根据总理衙门的意见，公使常驻，可以直接观察对方国家的状况，而且中国方面的要求也可以直接传达给对方政府，从这些方面看是有必要的。实际上，这时，教案问题、随着西方列强侵入亚洲而产生的朝贡国的归属问题，或华侨保护问题等等，这些产生于第二次鸦片战争之后、有必要与对方国家进行交涉的新悬案事件堆积如山。1877 年首先在英国和印度开设了公使馆，1878 年又在美国、日本、法国开设了公使馆。

因为应该在同文馆培养的人才还没有成材，任命公使只能派遣通过科举考试成为官僚的传统型的知识分子，他们作为外交官并没有受过专门的训练。因为他们是以钦差大臣（为了处理特别的问题，皇帝临时任命的大臣）的资格被派遣出去的，因此直属于皇帝，与总理衙门大臣是对等的关系。即他们是以来自皇帝的上谕的形式接受命令，至少从形式上看与从总理衙门接受命令无关。

派遣的首任驻英公使是郭嵩焘（1818—1891）。⑮他作为总理衙门的官吏，参与处理过马嘉理事件。公使按照规定要定期向总理衙门递交报告书，郭嵩焘以日记的形式递交的报告书，总理衙门未经本人许可就以《使西纪程》作为题目公开刊行了。《使西纪程》中关于万国公法有如下的记载：

> 近年英、法、俄、美、德诸大国角立争雄，创为万国公法，以信义相先，尤重邦交之谊，致情尽理，质有其文，视春秋列国殆远胜之。（《使西纪程》光绪二年十二月初六日）

如前所述，这一时代不少中国人将西方社会与春秋战国时代的中国相互对比来理解，对后者的印象投影到前者，视西方社会

为力的统治的横行之所在。相反,郭嵩焘在比较西方国际社会与
春秋战国时代的中国的基础上,认为前者优越于后者,并指出其
根据就是在西方国际社会中存在着万国公法,各国重视相互信赖
的关系的事实。问题是,是什么使郭嵩焘的认识发生了这样的转
变? 他所记载的都是片段的,只写出结论,不可能再回溯其推论
的过程。但是根据《使西纪程》前后的文章,我们可以探索出产生
这种对西方国际社会的新认识的理路。

参与解决马嘉理事件的郭嵩焘,关于万国公法的知识比同时
代的中国人要远远丰富,这是可想而知的。尽管如此,他的关于
万国公法的知识,对产生关于西方国际社会的新认识而言,即使
是必要条件,也不是充分条件。因为即使郭嵩焘具有万国公法方
面的丰富的知识,而没有像他这样的认识的中国人毋宁说是大多
数。他对西方国际社会的认识之所以可能发生转换,恐怕是基于
直接接触西方社会的体验而造成的文明观的转换。而象征着他
的文明观的转换的是"西洋立国二千年,政教修明,具有本末"
(《使西纪程》光绪二年十一月十八日)这一《使西纪程》中最有名
的一句话。

"本"与"末"是在洋务运动时期中国人的文章中频繁出现的
概念。"本"是指礼、道德或政治制度等(中国人看来)关乎文明的
本质的东西,"末"是指机械、技术等(中国人看来)属于文明末端
的东西。洋务运动是在以下两个假定的基础上成立的。第一,中
国在"本"上是优越的,只是在"末"上不足;第二,西方各国只是在
"末"上优越。洋务运动就是从西方输入中国不足的"末",为使中
国实现"本""末"兼备的状态的运动。在无关乎"本"的意义上,洋
务运动被认为不过是"末务"而已。如前所述,同文馆哪怕在学习
计划中输入西方的自然科学时,都引起了官僚层的激烈反对,这

就是当时中国的状况。洋务运动，就是在这种环境下如同走钢丝般地被运营着的。

　　然而郭嵩焘断定不是中国而是西方各国"本""末"兼备。所谓"本""末"兼备，无非是以中国的基准为参照认为西方各国为文明国。不应该将西方各国视为文明劣等的夷狄，而应该视为与中国同样的文明国。这就是身处异国的郭嵩焘发回的信息的主题。

　　承认西方各国为文明国，就产生了与原来对西方人的行为方式不同解释的可能性。此前中国人对西方人的行为方式的解释，要么是纯粹的利益追求，要么是好武，或者是好争等等，总而言之，被视为是非文明的。这与将西方各国视为非文明国的观点互为补充而得到加强。因为西方人的行为非文明所以西方各国是非文明国，因为西方各国是非文明国所以西方人有非文明的举止。在已经视西方各国为文明国的郭嵩焘的眼里，西方人的行为方式具有另外的意义。根据他的解释，西方人在发生纷争之际，"犹展转据理争辩，持重而后发"（《使西纪程》光绪二年十二月初六日）。而后在不得已的场合才行使武力，并非喜欢滥用武力。这样，与西方各国之间的纷争通过交涉本来不难解决，却常常导致战争，其原因之一端在于"以夷狄为大忌，以和为大辱"（《使西纪程》光绪二年十一月十八日）这种中国人的态度。就郭嵩焘所见，这种排外的华夷观是苦于周边少数民族入侵的宋代儒者的见解，并非儒教本身所具有的见解，更不适应于并非夷狄的西方各国。

　　要而言之，郭嵩焘对万国公法的高度评价与他的文明观的转换具有很深的关系。视西方各国为文明国，视西方人的行为为"据理"行事，这就使得万国公法作为文明诸国间交际的基本准则来把握成为可能。如果将万国公法视为这样的存在，自发地遵守

81　万国公法（郭嵩焘虽然未曾明言）对中国而言就应该是当然的义务。

纵令如此，公开刊行的《使西纪程》在士大夫之间引起了极大的反响。士大夫间的反响据调查都是否定性的。承认西方各国的政治或教化的周全、承认西方社会"本""末"兼备，这些都是颠覆洋务运动的基本前提、向士大夫阶层的禁忌挑战的过火的言论。相继有人提出弹劾郭嵩焘的奏折，非难他的流言也满天飞。有人批判郭嵩焘对英国献媚，也有人主张将《使西纪程》列为禁书。特别是对被称为"清议派"的官僚来说，从"儒教的原理主义"的立场猛烈批判那些向西方表示友好态度的人，是自己在官场出身的绝好机会。郭嵩焘是孤立无援的。1878 年归国的他感到自己处境的危险未赴北京，而是告病回乡，事实上退出了官场。时代尚不会袒护他。一变官场的这种气氛，必须等待甲午战争败北的冲击。

中国的薛福成

《使西纪程》事件之后十余年，出现了重新评价郭嵩焘的文章。文章是这样叙述的："昔郭筠仙侍郎每叹羡西洋国政民风之美，至为清议之士所牴排。余亦稍讶其言之过……此次来游欧洲，由巴黎至伦敦，始信侍郎之说。"（《出使英法义比四国日记》光绪十六年三月十三日）以自己对西方的亲身体验而写出再评价郭嵩焘的文章的人物，是驻英公使薛福成（1838—1894）。⑯

薛福成出生于江苏省，有举人的资格。马嘉理事件发生的1875 年，应新皇帝（光绪帝）于官界广泛征求意见之诏，提出《应诏陈言疏》而崭露头角，在李鸿章的麾下作为洋务的专家而十分

82　活跃。1889 年接受驻英国、法国、意大利、比利时公使的任命，次

年赴任。在亲身体验各国的政治制度和社会风俗的基础上，如前所述，在进行自我批评的同时，写出了重新评价郭嵩焘的文章。他在那里发现了什么呢？他滞欧期间留下许多文章，从质和量上都凌驾于《使西纪程》之上，这里想仅仅就与万国公法相关的问题进行讨论。

在可以称为薛福成的"成名作"的《应诏陈言疏》中，关于万国公法的记述已经值得注目。《应诏陈言疏》由《治平六策》和《海防密议十条》两大部分组成，后者含有"条约诸书宜颁发州县"一条即指的是此事。薛福成提案的旨趣就是，为了通过交涉解决各地发生的与外国的纠纷，当地的地方官必须具有明确的关于国际法或条约的知识，因此要大量印行《万国公法》或条约，将其颁发到地方行政最末端的州县。

恰值第二次鸦片战争之后，宣教师于内地布教得到了条约的允许，宣教师走出通商口岸展开了在全中国范围内的布教活动。迅速的渗入招致了反抗，各地杀害基督教教徒、烧毁教堂等反基督教暴动（教案）频繁发生。这时，由于发展成外交纠纷，即使是地方官直接接触外交问题的可能性也就越来越大。而且因为总理衙门发行《万国公法》只有 300 部，即使其后增印，也不可能普及到全国约 1 500 个州县的地方官手里。这样来看，薛福成的提案一看便是理所当然的事情。问题是，薛福成主张让地方官充分掌握万国公法的知识有助于解决外交纠纷的根据是什么？薛福成的议论值得注目的正在这里。

如前所述，写作《应诏陈言疏》约十年之前，恭亲王提出了请求允许刊行《万国公法》的上奏文，叙述了与西方各国进行交涉的 ⁸³ 中国人掌握万国公法的知识对中国方面有利的见解。就恭亲王所见，万国公法在交涉中是对方的武器，中国方面熟悉对方的武器，且拿过来加以利用，这应该对中国方面解决交涉有利。他的主张，不禁使人想起孙子的"知己知彼，百战不殆"的名言，其背后正是存在着这种算计的意识。

认为中国方面了解万国公法有助于解决外交交涉这一点上，薛福成的主张是对恭亲王的主张的延续。但是关于万国公法的性格及其在西方国际社会中所起的作用，二者的认识存在着微妙的不同。薛福成认为，西洋人之风气，极重视条约，如问题发展至战争的重大事态，"则以万国公法为归依"。其态度为"不信则不行，不约则不济"。其"俗"自有根据。就是说，按照薛福成的解释，西方人的社会习惯就是重视相互的信义与契约，这表现在外交交涉的时候，就形成了重视万国公法或条约的态度。在这种意义上，重视万国公法或条约这一西方人的态度就具有了文化的背景，而且这种文化背景即使在中国人看来也应该给予肯定的评价。这样，中国人无端地蔑视对方，"弄诡辩，曲法"这样来对待他们，会招致他们的不信，反而只会使事态恶化。既然对方重视信义，中国方面也应该以信义相待，以万国公法及条约作为信义的根据，对对方的要求，该接受的接受，该拒绝的便坚决拒绝。中国方面采取这样一贯的态度就会赢得对方的"敬慕"；相反，中国方面无原则地妥协和拒绝，结果只会招致对方的轻蔑或愤怒。总之，薛福成强调在外交交涉中重视信义，其结果也就是重视作为信义依据的万国公法了。

这一时期，即在讨论西方人的"俗"这一问题之际，许多中国人都有"西俗不知五伦"之类的说法。因为"不知五伦"，就意味着西方人在伦理方面是劣等的存在，这样的西方人也就不可能实行什么优越的政治或教化。这就是前述对《使西纪程》产生强烈反抗的原因。

以这种西方人在伦理方面是劣等的存在为前提，中国人之间产生了两种显著的态度。其一，是将对方视为毕竟是教化对象的态度，认为无论如何对西方人进行"教谕"是重要的。再者，既然对方在伦理上是劣等的，中国方面就没有必要采取伦理性的对应，即将对方视为被操纵的客体的态度，认为无论如何对西方人用"鞭与饴"来驱使操纵是重要的。这乍一看相互对应的两种态度，其实质是相同的，即都是拒绝将自己和对方放在同样的位置。

薛福成的态度与这两者都不同。因为在信义这一点上，他将对方和自己置于同列。薛福成认为，在外交交涉中中国方面缺乏信义的行为，实际上正是在伦理上贬损中国自身的行为。

尽管如此，对这一时期薛福成的认识进行过高的评价还必须谨慎。作为洋务运动期间的官僚，不能摆脱官场的气氛而完全自由，如与批判《使西纪程》引为同调所示，这一时期，他始终是在"中体西用"的框架内思考的。如在与《应诏陈言疏》几乎同时期写的文章中，他这样写道：

> 其炮械之精，轮舰之捷，又大非中国所能敌。中国所长，则在秉礼守义，三纲五常，犁然阒致。盖诸国之逮亦远焉。为今之计，莫若勤修政教，而辅之以自强之术。其要在夺彼所长，益吾之短，并审彼所短，用吾之长。（《赠陈主事序》）

这是典型的洋务运动时期官僚的文章，中国与西方各国相比，伦理上的优越性作为理所当然的前提。许多同时代人正是站在这样的前提下，将对方视为教化或操纵的客体。这样的话，问题是从同一前提出发，薛福成主张在与西方的交涉中重视信义与万国公法的这种独自的态度又是如何产生的？

就薛福成而言，既然中国在伦理上比西方各国优越，中国方面重视信义乃是理所当然的事。西方各国虽说在伦理上劣于中国，但并非完全是伦理之外的存在。至少在重视信义这一点上，它们明显地可以评价为伦理性的存在。既然如此，伦理方面应该优越于西方各国的中国，就应该以更加重视信义的态度去对待它们。因为信义是相互关系的伦理，在伦理上优越的一方应该率先遵守信义。而重视信义的象征无非就是遵守万国公法和条约。

这样，作为公使赴欧洲之前的薛福成就从"中体西用"的认识中导出了重视万国公法的态度。

欧洲的薛福成

薛福成在任期间最大的业绩要算是通过与英国外交部进行顽强的交涉，而使之承认为了保护华侨在英领亚洲各地驻扎中国领事。在这一交涉的过程中，薛福成常常援用万国公法，以使自己的主张正当化。虽然最初的领事馆由于郭嵩焘的外交努力已经于 1877 年在新加坡开设了，但是英国外交部以中国的内地开放尚不充分以及条约中没有中国驻扎领事的规定为根据，对扩大领事馆一事感到为难。对此薛福成认为，这件事与其按照条约，莫如更加应该按照万国公法来处理，从而主张按照万国公法中国方面有权驻扎领事。关于这次外交交涉，他后来这样回忆道：

> 近年以来，使臣出使各国，往往援据公法为辩论之资，虽有效有不效，西人之旧习已稍改矣。往岁余殚竭心力，与英廷议定设立香港领事馆，此可为风示他国张本，即可为隐抽昔日受亏条约张本。（《论中国在公法外之害》）

就是说对薛福成来说，援用万国公法与对方国家进行交涉，并不仅仅是以在交涉中获得成果为目的。毋宁说中国方面通过援用万国公法这一事实本身而使对方国改变对中国的认识，从长远来看，期待着能够对不平等条约的修正有所贡献。薛福成固执于领事问题的本来意思，一方面有对当时华侨保护这一具体问题的考虑，此外，更重要的是他认为领事问题是中国与西方各国不平等关系的具有象征性的论争之点。也就是说，在他看来，应允许西方各国派领事驻扎在中国各地，或保护本国的商人，或对地方官实施干涉行为，或恣意行使领事裁判权。对此，中国方面派遣领事本身就受到限制，华侨遭到迫害也不能得到领事的保护。这是不平等的，这也"与公法大相剌谬"（《论中国在公法外之害》）。

　　然而，中国所蒙受的不平等待遇决不限于领事问题。薛福成也不仅仅只注意到领事问题。他的最终问题，不是一项一项的不平等条款，而是中国完全被置于万国公法之外，被西方各国作为"公法外之国"来对待这一事实。他指出："西人辄谓中国为公法外之国，公法内应享之权利，阙然无予。"（《论中国在公法外之害》）但是与中国签订不平等条约其原因并不是"公法外之国"。"公法外之国"为原因，不平等条约是结果。⑰因此为了修正不平等条约，无论如何中国必须推翻"公法外之国"这一前提本身。

　　可以说这是历史的嘲弄。中国为"公法外之国"这一点，曾经是中国官僚们理所当然的认识。《万国公法》刊行之际，恭亲王强调的就是这一点。如果中国为"公法内之国"，中国理所当然要受万国公法的制约。这对他们来说难以接受。因为万国公法毕竟只不过是用对方的道具来攻击对方的武器。

　　薛福成与恭亲王都认为中国是"公法外之国"。但是认识的方向正好相反。对恭亲王来说，中国为"公法外之国"这是理所当然的；对薛福成来说，中国成为"公法外之国"这本来就不合适。因此在薛福成看来，中国成为"公法外之国"其原因之一端就在于恭亲王这样的官僚的先入之见。他这样论述道：

> 中国与西人立约之初，不知《万国公法》为何书。有时援公法以相诘责，秉钧者尝应之曰："我中国不愿入尔之公法，中西之俗，岂能强同；尔述公法，我实不知。"自是以后，西人辄谓中国为公法外之国，公法内应享之权利，阙然无予。（《论中国在公法外之害》）

至于这是薛福成在如何的交涉、如何的场面所发表的议论，完全没有提及。也许这是薛福成虚构出来的。当然他充分了解不平等条约是西方列强所强加的。在此基础上，才敢于写出这样真伪不明的话。这指出了使中国变成"公法外之国"的责任在于中国方面，强调克服产生这种认识的原因即中国人的先入之见的必要性。如果中国为"公法外之国"是不平等条约的原因，那么为了取消不平等条约，中国必须变成"公法内之国"。这样，中国成为"公法内之国"，这对中国人而言，不单单是对西方各国要求的课题，也是克服自己的先入之见这一针对自己的课题。驻外的中国公使，常常按照万国公法的主张行事，亲自表现出遵守万国公法的姿态，这无非是中国人向世界呼吁不断地克服先入之见的行为。

那么，应该克服的先入之见，具体而言是什么呢？薛福成所举出的例子是围绕"交涉"与"交际"的关系问题。薛福成常常指出在西方各国的外交中，"交涉"与"交际"有明确的区别。"交际"是指外交礼仪，"交涉"是指外交冲突。就薛福成所见，西方各国在"交际"场合极为慎重，有关政治的问题均不作为话题；而在"交涉"的场合，主张本国的利益而寸步不让（《出使奏疏》光绪十六年七月初六日）。这样参照在严格区别"交涉"与"交际"的基础上分别对待的西方各国的外交原则，过去中国的外交就明显地是混乱倒错的。像皇帝与外国使臣的谒见形式，本来应该属于"交际"的问题却成了"交涉"的重要争论之处；相反，对于像领事裁判权或关税自主权这些关系到本国的利益，本来应该成为"交涉"的争论之处的诸问题，却反而不关心了。也就是说，按照薛福成的评价，过去中国的外交，不该争的去争，不该让的却让。其结果，一方面诱发了西方各国行使武力，另一方面也变成甘受不平等条约之苦了。这种"交际"与"交涉"倒错的外交也是先入之见的产物。

当然，出现这种倒错的外交自有其历史背景。以册封、朝贡为基础的中国与周边各国的关系，无论如何都表现为中国皇帝与相应的国王之间的君臣关系，不论是册封还是朝贡，本质上是礼仪行为。礼仪是中国制定的。在中国所制定的礼仪行为的体系 *89* 中，给予周边地域统治者以相应的位置，通过让他们遵守礼仪而形成了以中国为中心、以皇帝为顶点的世界秩序。在这里，本来就不存在外交这样的观念。

发生了错乱的外交，表现在与西方各国的条约交涉上。中国皇帝与西方各国元首之间本来不存在君臣关系。尽管如此，中国方面固执于有关礼仪的问题，这无非也正是由于关系到中国文明的原则问题。具有完备的礼仪体系正是中国文明的象征，让夷狄以粗野的方式强制实行不完备的礼仪。这对承当文明命脉的中国知识分子来说，无论如何是难以容许的。西方各国应该没有完备的礼仪，他们的这一前提如果正确的话，他们将"交际"视为最大的论争之点就是理所当然的。

薛福成对这一前提作了明确的否定。他在日记中这样写道：

> 西洋各国驻华公使领事，无不任意挟制，遇事生风。余以外洋人性情刚躁，不讲礼仪之故。乃至欧洲，与各国外部交接，始知其应付各事，颇有一定准绳；周旋之间，彬彬有礼，亦尚能顾交谊，不肯显露恃强陵人之意，亦不显露矜智尚术之意。非特英法也，各国皆然；非特外部也，各员皆然。（《出使日记续刻》光绪十八年六月二十日）

就是说，薛福成赴任欧洲，发现欧洲各国礼仪完备，感到恍然大悟。郭嵩焘也曾经发现欧洲各国政教修明，但是，薛福成的发现比郭嵩焘的发现具有更加重要的意义。因为是否具有完备的礼仪，在中国人看来，是能否成为文明国的最大的条件。薛福成所见到的西方各国，毫无疑问是文明国。既然如此，将与他们"交际"的问题当成争论的问题来进行论争就是错误的，将"交际"看得比"交涉"更加重要就是错乱。

但是，薛福成的记述诱发了一个疑问。如果西方各国存在完备的礼仪，那么，如薛福成本人也承认的那样，其驻中国的外交官为什么举止粗野无礼呢？对于这一疑问，薛福成有他自己的答案。

> 且偶有一二洋使性情稍惫，不甚施挟制之术者，非特要事无一可商，且有以微事而受拒者。彼见夫善挟制者之多得所欲也，于是而相承趋于挟制之一途，即惫者亦渐化为黠，懦者亦渐变为悍矣。此风酿之者非一日，即改之者亦非一时。（《出使日记续刻》光绪十八年六月二十日）

就是说，对方希望诚实地"交涉"，中国方面却不以诚实相待；另一方面，对以武力恫吓者，就轻易地妥协以满足其要求。因为这样,在与中国政府相处时,与其作诚实的"交涉",不如用恫吓的方法远远能够取得有利的成果。这种看法在外交官之间广泛传播,加上这样的经验积累,其结果就产生了本国的外交官与驻中国的外交官的态度差异。在薛福成看来,符合礼节的本国外交官的态度才是西方外交的本来形态,而在中国的外交官的无礼举止之所以产生,其原因(至少其一端)在于中国政府外交观念的错乱。

薛福成之所以严格地追究中国方面自己的责任,是出于为了 *91* 促使西方各国对中国改变态度而首先有必要自己改变态度这样的考虑。中国方面要改变态度,首先有必要颠倒"交际"与"交涉"的先后次序。既然承认西方各国具有完备的礼仪,"交际"问题之争已经没有意义。中国方面由于轻视"交涉"而失去了许多权益。他对"交涉"的应有状态作了如下定义:"凡两国交涉之事,条约所及者,依约而行,条约所不及者,据理而断。"(《筹洋刍议·利权二》)"据理而断"具体而言就是根据万国公法来判断。即使是不平等条约,也应该尊重条约的相互约束,但是,基于万国公法可以主张的本来应该具有的"自主之权"则要寸步不让地主张,而决不因为武力的威胁而屈服。这就是薛福成所思考的中国外交的状态。中国方面如果一贯采取这种态度,长此以往就会使西方各国对中国的态度发生变化,中国就可以被作为"公法内之国"来看待。这是他所期待的。

这样,在对万国公法的重视方面,薛福成在清末外交官中的确是特殊的存在。但是,他并不是对万国公法无条件地信赖。他的欧洲体验,一方面使他的文明观发生了变化,另一方面也促使了他对万国公法产生了某种不信任感。薛福成虽然认为"衰弱之国,一启兵端,非特彼之仇敌,不得利益不止也。即名为相助之国,亦不得利益不止。识者于是叹公法之不足恃也"(《出使英法义比四国日记》光绪十六年四月十四日),但他所说的"衰弱之国",具体而言是指土耳其。中国人言及土耳其问题的增加,是这个时代的特征。土耳其与中国一样,是具有悠久的繁荣历史而又不断地急剧衰退的大帝国。对中国的前途感到不安的中国人,认为如果听任事态发展,等待中国的就是与土耳其一样的命运,土耳其成为他们倡导中国必须改革的反面教材。在薛福成那里,不管敌我,从强国不断地夺取土耳其的权益看,他痛切地意识到作为衰弱之国不能完全信赖万国公法的事实。因为列强共同蹂躏万国公法时,没有谁会来解救弱小之国的困境。

那么,万国公法就毫无意义了吗?万国公法只是在欧洲的大国之间的关系中作为法律规范具有实际效果,而对欧洲的衰弱之国或者非欧洲各国,万国公法就完全堕落成了强国统治的工具吗?薛福成不这样想。即使在欧洲,眼前就有比利时这样的弱小之国挟在大国之间,而作为出色的独立国一直存在着。在他看来,各个国家存在大小强弱的力的不均衡这是没有办法的事实,在这种力的不均衡之中,抑制强国肆意地行使武力,使弱小国家作为独立国能够得以存在,其根据只有万国公法。因此,对中国人来说必须要做的事情,不是徒兴万国公法不可信赖之叹,而是要剔除大国的压抑,培养中国具有足以享受万国公法的实力。换言之,就是使中国不要沦为"衰弱之国"。

作为将中国从"衰弱之国"拯救出来的方法,薛福成提到的是"变法自强"。"变法"意味着制度的改革,"变法自强"意味着通过制度的改革而使中国强大。洋务运动的官僚们,是以输入西方的机械、技术使中国自强作为政策目标;而对于现实地体验到西方各国的"富强",并认识到这种富强具有制度方面的根据的薛福成来说,已经认识到仅仅靠机械、技术的输入来作为自强的手段明显地还不充分,而且得出了为了自强进行教育制度的改革或输入议会制度等这些根本制度的改革是不可或缺的结论。变法论已经从1880年前后开始由王韬、郑观应等活跃于通商口岸的在野知识分子所主张,因此,薛福成并不是变法论的首倡者。尽管如此,在官僚阶层这也是极为先驱的主张。

93

在薛福成变法论的背景中,无疑有他的西洋体验。他常常言及西方各国的政治制度或教育制度的优越性。但是,他在主张实行变法时,并非用因为西方的制度优越所以应该输入中国的这种理论来使其变法正当化。他所用的理论是,西方的制度符合"三代以前的遗风",因为与"古意"一致,所以应该输入。所谓"三代以前"是指尧、舜的时代和夏、殷、周三个王朝的初期,总之,是指中国由圣人君主统治、被儒教视为理想的黄金时代的这一时期。就是说根据薛福成的理论,西方的制度其本身并没有价值,因为碰巧与中国理想的黄金时代的精神一致而具有了价值;输入西方的制度,并不是模仿西方的制度,而是使本来是中国的制度——"自己的"——得以复活。

总之,薛福成的变法论的理论构造贯穿着典型的附会论的想法。如前所述,不论是以输入西方的机械、技术为目标的洋务运动的推进者,还是企图巩固万国公法的丁韪良,都是以附会论作为正当化的理论。但是,即使同样是附会论,洋务派的附会论与变法论中的附会论,其重点完全不同。将西方的机械、技术(在中国人看来机械、技术不过是文明的末梢)与《墨子》(在中国人看来《墨子》不过是与儒家对立的诸子百家的书)进行附会,这与中国在文明上优越于西方各国的前提并不矛盾。但是,将西方的政治制度与教育制度(在中国人看来政治制度及教育制度是文明的本质)同"三代以前的遗风"（在中国人看来"三代以前"是指最文明的时代）相附会，这与中国在文明上优越于西方各国的前提已经不能两立了。这里包含着这样两种认识，即西方各国是文明国的认识以及中国文明至少在现状中存在着重大问题的认识——是否明确指出存在的问题到什么程度且另当别论。

94

一旦承认西方各国为文明国，如何说明中国文明与西方文明的关系就成为不可避免的问题。对于认为没有可以与中国文明相媲美的其他文明存在的中国人来说，这是一个前所未有的难题。薛福成对此是如何回答的呢？

薛福成企图根据文明发生的时间差的观念来回答这一问题。他并不采取文化多元主义的立场。因为如果中国文明与西方文明本身就是异质的文明的话，附会本身就不能成立。在薛福成看来，文明毕竟是基于单一尺度的具有普遍性的东西，中国与西方各国之间之所以存在文明的具体状态的不同，这是因为在各自的国家文明发生的时期不同。

具体而言，首先，中国在世界上是最先实行教化之国，这是薛福成的大前提。然后他将迟于中国踏上文明轨道的其他各国的文明成熟程度，按照置之于中国历史中以视其相当于中国的什么时代这种形式来说明。薛福成认为，在西方各国中最早达至文明之境的法国与意大利的现状相当于中国的唐宋时期，英国与德国相当于两汉时期（前汉与后汉），俄国相当于商周时期（殷与周），美国相当于虞夏（舜与夏王朝）时代，等等。这里，薛福成所强调的是，越是文明的历史短的国家，其元气就越旺盛，人心风俗也越质朴，而且制度也更加简单。从中国这样文明已经成熟的国家看来，它们也许显得稍微有些粗野而缺乏锤炼，但是同时，它们现在保留了中国在文明成熟的过程中失去的许多东西。

尽管如此,薛福成的说明的确也还值得商榷。这是因为他没有深入地考察文明的历史变化问题。完备的文明只存在于"三代"那样遥远的上古,然后就日渐衰落了吗? 如果这样的话,世界上最早开辟的中国文明也就有成为世界上最衰落的文明的可能性。同时,由于上古文明存在着某些不完备之处,那么这种文明在历史的过程中就能够走向完备吗? 如果这样的话,这就会与将圣人君主统治的"三代"视为理想秩序的实现的儒教原理发生根本的矛盾。或者说,与其考虑上古的中国文明与现在的中国文明哪一个更完备,勿宁说更应该思考两者之间是否具有质的差异。如果这样的话,就必须从根本上探讨中国人对文明的普遍性的确信。

对于这些问题,薛福成还没有作出解答。对这些问题如果深入思考就极有可能触及当时士大夫阶层的禁忌。或许薛福成是恐怕再次出现如同围绕《使西纪程》那样的事态重演而慎重地避免了对问题作深入的探讨。中国人公然言及这些问题,是甲午战争失败之后的事。因为甲午战争失败的冲击,言论约束力这一士大夫阶层的禁忌大幅度地衰退,就像严复所形容的"士大夫分党"那样,产生了富于多样性与党派性的言论状况。

四 变法运动与万国公法

甲午战争失败的冲击与万国公法

从英国归国的薛福成于 1894 年 8 月去世了。就在这个月,围绕朝鲜问题的甲午战争爆发了,次年 4 月,中国失败。这次失败给同时代的中国人以很大的冲击。就限于本章的主题而论,作为冲击的原因有以下三个重要问题。

第一,败给日本本身的冲击。江户时代的日本,与中国虽然不是册封、朝贡的关系,在中国看来只是仅仅允许贸易的"互市国",但是从文明的观点来看,日本不过是一岛夷。日本在明治新政府的领导下采用激进的富国强兵政策,且势力扩大到朝鲜和琉球,从而成为中国"海防"政策上值得警戒的对象。尽管中国也进行了北洋舰队的建设,但是对日本近代化政策本身,中国人是持批判态度的,而且并不掩饰其轻蔑的心态。在"中体西用"的前提下,限于以引进机械、技术而图中国自强的中国人看来,日本人标榜"文明开化"而舍弃旧的制度和文化、致力于全面输入西方新的制度和文化的做法,显然是过激了。总之,大方的中国人认为,因为日本没有值得保守的伟大文明才会有这种轻率之举。彻底败给了日本,可见此前中国的洋务政策或中国人的文明观存在着根本的缺陷。

第二,战败的结果使中国政府不得不承认朝鲜为"独立国"。朝鲜从西汉时代开始就接受中国皇帝的册封,对中国来说是重要的朝贡国。但是19世纪后半期以来,中国周边的朝贡国相继成为列强的殖民地,特别是通过中法战争,越南被划入法国的势力范围之后,朝鲜成为最后剩下的朝贡国了。中国政府承认朝鲜作为独立国,这就等于说承认中国与朝鲜之间已经不存在册封、朝贡的关系了。鸦片战争之后,中国政府还可以同时保持与西方各国条约的关系和周边各国的册封、朝贡关系,以便区别对待,到现在这已经不可能了。

第三,失败的结果使中国被迫签订了极为苛刻且屈辱的讲和条约(《马关条约》)。中国无条件地割让台湾与澎湖列岛及支付二亿三千万两白银,其金额几乎相当于中国政府三年的国库收入。

战败的冲击,在提高了中国人的危机感的同时,也起到了缓 ⁹⁷
和此前士大夫阶层存在的思想或言论的自我约束的效果。这也
成为甲午战争之后中国产生各种思想活动的契机。像后面要提
到的,严复对西方思想的介绍、康有为对儒教进行根本性的再解
释等,都是从战败的冲击中诞生或传播开来的。变法运动的开始
也是由战败所触发的。如同关于薛福成的论述中提到的那样,在
甲午战争之前,就开始有一部分"西方通"的知识分子提出了为了
实现自强必须进行根本性的制度改革这种变法论的主张。甲午
战争后,变法论特别深入到没有西方知识的知识分子之间,而且
公然展开了要求实行变法的运动。

变法运动的起源是1895年春发生的"公车上书"事件。这一
事件指的是,为了接受科举的最终考试而聚集到北京的600名已
经具有举人资格的考生,得知《马关条约》的屈辱条款而向皇帝提
出"拒和""迁都""变法"三项主要内容的意见书。他们提出了拒
绝同日本的屈辱讲和、迁移首都继续战斗、实行根本的制度改革
以强化中国这些方案,但是在严禁士大夫结社活动的时代中,他
们这些可以称为"高级官僚胚胎"的年轻知识分子公然举行的这
种运动,震撼了北京的官僚界。值得注目的是,在他们的意见书
中,拒绝讲和与政治改革是联成一体的。从公车上书事件中所见
的主战论与改革论的关系,同总理衙门的设立与导致翻译《万国
公法》的第二次鸦片战争时的情况,正好相反。

第二次鸦片战争中,官员中的主战论与主和论的矛盾对立十
分激烈。主战论者挥舞华夷观的原理,以不可与夷狄妥协为理由
拒绝讲和。而主和论者对西方各国的强大具有非常现实的认识,
是从即使继续战争下去也没有胜利的希望来判断而主张讲和的。

98 这些主和论者主宰了第二次鸦片战争之后的政局,在与西方各国展开妥协外交的同时,企图输入他们认为西方各国之所以强大的机械、技术。就是说,在第二次鸦片战争中,主和论与改革论是结合在一起的。

使这种结合发生变化的原因之一,在于第二次鸦片战争时期的主战论与甲午战争时期的主战论具有不同的性格。第二次鸦片战争时期的主战论最为关心的是保持“天朝的定制”。他们想避免由于夷狄的侵入而动摇稳定的政治、文化秩序。而甲午战争时期的主战论最为关心的是“保国”——中国这一国家存亡的问题。他们所希望的正是通过改革传统的政治、文化制度而摆脱列强的侵略。对于西方列强的强大,他们就是与在第二次鸦片战争中的主和论者相比也具有更加现实的认识。在他们看来,并不仅仅是由于给日本多大利益这一问题本身,更重要的是在不远的将来这可能会成为西方列强对中国进行侵略的诱因,因此必须拒绝讲和。

结果不幸而被他们言中了。列强目击了由于甲午战争失败而暴露出中国的衰弱,而进一步扩大了对中国的侵略。甲午战争的结果,改订了与日本的通商关系,日本在通商口岸获得了设立工厂与从事制造业的权利。这种权利由于适应片面的最惠国待遇条约,其他条约缔结国也便自动地获得了此权利。由此,对西方列强来说中国这一西方的商品贩卖市场而一变成为资本投资市场。西方列强为了形成垄断的资本投资市场而企图在中国各地获得自己的势力范围。1897 年冬开始的划分势力范围的竞赛,到 1898 年夏仅仅半年的时间内,就将中国分割完了。在中国形成了所谓的被“瓜分”状态。

在从甲午战争到瓜分势力范围的国际关系下,出现了对万国公法的否定性的见解并不是不可思议的。例如在拒绝讲和的言论中，也有指出将日本没有占领的台湾割让给日本是违反万国公法这种参照万国公法来指出讲和条约是不当的之议论。或者，抓住由于日清通商条约改订而使日本获得了其他列强同样的不平等特权，因此出现了现在日本也将中国置于"公法之外"的议论。⑱与甲午战争之前相比在武力统治更加明显地横行的环境下，万国公法终究不过是强国统治弱国的工具这一悲观的见解得以蔓延的条件已经具备得有过之而无不及了。

尽管如此，我们在变法派知识分子所写的文章中还是可以发现对万国公法给予肯定的评价的特殊文章。

> 西人之果鲁西亚士虎哥等，以匹夫而创为公法学，万国遵之。盖《春秋》一书，实孔子所定之万世公法也……西人政治家必事事推原于公理、公法之学，以为行政之本。今《春秋》者乃公理、公法之折中也，学者必先通《春秋》，则可语之致用矣。（《翼教丛编》卷四）

此文据说为梁启超（1873—1929）代湖南学政徐仁铸所作的《犹轩今语》的一节。将格劳秀斯（Grotius, Hugo, 1583—1645）与孔子相类比，给儒教经书之一的《春秋》以"万世公法"的评价，这是甲午战争之前未曾见过的。

梁启超，无须赘言，与其师康有为（1858—1927）一起是变法运动的核心人物。在如前所述的公车上书事件中，意见书就是康有为起草的，梁启超则为考生署名而四处奔走。此后，他们于北京和上海组织了寻求变法的知识分子结社"强学会"，这被视为近代中国政党活动的源流之一。加上他们刊行《强学报》《时务报》等杂志，致力于普及自己的改革思想，这也是前所未有的崭新的

99

运动形式。在拥立幼主光绪帝、以明治维新为榜样而实行的 1898 年的戊戌变法中,康有为作为策划者与理论家而参与这一运动,梁启超则是康有为的得力助手。由于西太后的政变使运动受挫,两人亡命于日本。

甲午战争后虽然不少中国人倡导变法论,但是以康有为为中心的这样积极地有组织地展开活动,并且像后面要提到的那样,以极其出色的儒教解释作为变法论的依据的人,与别的变法论者相比具有显著的不同。以下我们称以康有为为中心的一派变法活动家为"变法派"。眼下的问题是,将格劳秀斯与孔子相类比、给儒教经书之一的《春秋》以"万世公法"的评价这样的想法为什么会出现在变法派的文章中?

变法派的理论结构

如前所述,从甲午战争以前开始就存在着变法论。康有为等甲午战争之后诞生的变法派的议论与战前的变法派有什么不同呢?

从变法派所提出的改革方案,例如开设议会、改革科举等各种具体项目来看,决非什么独创性的见解。强烈地意识到对外危机的知识分子,从中法战争前后开始已经主张过要进行这些方面的改革。现在被称为"初期变法论者"的那些人,大多数是为生活所迫而不得不断念于科举考试到上海等通商口岸讨生活的所谓西洋通的在野知识分子(也叫"条约港知识分子")。例如从买办起家到经营洋务企业的郑观应,他的《盛世危言》就几乎囊括了后来的改革派所提到的所有改革方案。变法派的改革方案与已有的议论不同的是,以《盛世危言》为典型的初期变法论者的议论体裁罗列许多改革项目,变法派则是将每一个改革项目视为不可分

割的全体改革计划中的一部分。变法派为了实行这种基于全体
计划的变革——康有为称之为"全变",强烈地意识到必须对原来　*101*
的使变革正当化的原理本身进行变革。他们不仅仅停留于单纯
的制度变革,而且要对使变革正当化的原理本身进行变革。这正
是他们的独创性所在。

变法派为什么要将各个改革项目建成密不可分的关系呢?
换言之,他们将各个改革项目联系起来的理论框架是什么呢? 与
本章主题相关的重要之点有以下四个方面。

第一,变法派认为,以西方各国的入侵为契机,中国所处的国
际环境已经发生了明显的体系转换。借用康有为的话来说,这种
转换是不可逆转地从"一统垂裳"的世界转换为"列国并立"(或者
说"敌国并立"。"敌国"的意思是对等的国家)的世界。所谓"一
统垂裳"存在着秩序的向心点(具体而言就是中国的皇帝),就是
说其他构成成员纯粹是以与此向心点的关系而决定其地位的秩
序状态。"列国并立"则意味着各国家之间是一种横向并列的关
系、一种多元共存的状态。

如前所述,即使在由于鸦片战争而与英国缔结条约关系之
后,士大夫阶层之间将册封、朝贡关系视为正则,而将强加的条约
关系视为例外的这种见解还是占有支配地位。士大夫之间意识
到与西方各国之间进入条约关系,对中国而言这是一种不可逆转
的变化,这种认识大概是在第二次鸦片战争之后才产生的。洋务
运动的倡导者们以此乃"秦汉以来之变局""两千年以来之变局"
来形容这种变化。中国为了对付这种大规模的变化,非自强不
可。他们企图以此作为洋务运动正当化的理由。而试图给予这
种大规模变化的方向赋予历史性的意义的,要更加晚近一些,是
由 1880 年代以后被称为"初期变法派"的人们来进行的。例如,

郑观应认为中国在秦汉时代经历过从"封建之天下"到"郡县之天下"的大转换,而现今则直面从"郡县之天下"到"华夷联属之天下"的大转换(《易言》);前面提到的薛福成也指出,现今所面临的是与秦汉时代同样的大规模的变化,即从"华夷隔绝之天下"到"中外联属之天下"的转换(《筹洋刍议·变法》)。

郑观应或薛福成想要弄清的是,他们所面临的变化在中国历史的发展进程中占有什么位置、具有什么意义的问题。薛福成所说的"中外联属",毕竟只是从中国人的视角来看中国与外国之间的不可分割的关系。对此,变法派所说的从"一统垂裳"的世界转换为"列国并立"的世界,这里思考的是国际秩序状态本身的问题。在他们看来,所谓"一统垂裳"的世界,在世界被地域所隔断的阶段,事实上存在一个东亚世界,在这里中国是国际秩序的中心;而在世界不断被全球一体化的现今,以前的那种国际秩序已经没有存在的余地了。

重要的是,变法派的人们明确地自觉到中国现在已经只不过是"列国并立"的世界中的一个构成单位而已。"列国并立"的世界秩序,是没有统合的中心的多元性的秩序,中国与其他各国一样,只不过是以一个国家的形式参与这一秩序。确保中国这一个国家在"列国并立"的世界中的生存和发展,是变法派改革计划的目标。因此,必须对以"一统垂裳"的世界观为前提而建立的中国的各种制度进行全面的改革。改革,的确不得不是"全变"。

第二,变法派极为关心国家这一他们所谋求生存和发展的对象的状况问题。借用梁启超《新民说》中的表现,在他看来中国人处于"知有天下而不知有国家""知有朝廷而不知有国家""知有一己而不知有国家"的状态。在大部分民众不关心国家的情况下,说什么图存图强,不过是画饼充饥。民众不关心国家,并不是因为民众无知怠慢,原因在于民众远离政治。在中国,国家政治为科举合格的官僚(士大夫)所垄断,士大夫与民众的关系是作为以"劳心者"与"劳力者"的关系来进行价值区分,民众不是国政的主体,始终不过是教化的对象而已。在这种状态下,民众不可能具有将自己的命运与国家的命运联成不可分割的一体的认识。相反,不管国家如何变化,只是确保自己的安泰,这成为民众一般的态度。

因此,中国在"列国并立的世界"中图存图强这一变法派的课题,必然发展到变革中国这个国家的现实状况这一课题上来。因为只要民众没有国家意识,就不可能改变国家的存在状况而实现国家的生存和发展。这种变革的方向,用今天的概念来说就是建设"国民国家"。在变法派的人们看来,不论是欧洲列强还是甲午战争中胜利了的日本,"列国并立"的世界中的强国,都是因为实现了国民国家才成为强国。军事力量的优越即使是成为强国的必要条件,但并不是充分条件。因此,为了将中国改造成为国民国家,一方面有必要实行开设议会或改革科举等政治制度的大改革;另一方面,为了赋予民众以与国民相称的能力,有必要进行教育制度的大改革。改革,的确不得不是"全变"。

第三,变法派理论框架的特色之一是他们的文明观。变法派的文明观的特色在于从文明的条件中彻底排除了人种、民族这些实体性的方面。[19] 在他们看来,文明与野蛮的区别与人种或民族的区别完全是不同层次上的问题,不可能某一民族永远是文明或永远是野蛮的。换言之,提出某一民族是文明的或野蛮的这一问题时,应具体考察什么时代的哪一侧面,这是具有决定性意义的重要问题。如梁启超在一篇主张将法律学输入中国为变法的重要一环的文章中,言及西方人的文明性时这样说道:

104

> 泰西自希腊罗马间,治法家之学者继轨并作,赓续不衰。百年以来,斯义益畅,乃至以十数布衣,主持天下之是非,使数十百暴主,戢戢受绳墨,不敢恣所欲,而举国君民上下,权限划然,部寺省署,议事办事章程日讲日密,使世界渐进于"文明大同"之域。(《论中国宜讲求法律之学》)

依梁启超所见,西方各国为文明国。如前所述,薛福成也承认西方各国是文明国。但是其承认的方式,梁启超与薛福成之间非常不同。

对薛福成而言,西方各国的社会、文化体系,就是说作为总体而言文明与否还是问题。他的方法可以说是由想象中的论争对手而规定的。其想象中的论争对手就是指要弹劾郭嵩焘的《使西纪程》的保守派官僚。薛福成的目标是要修正他们的见解。站在"中体西用"立场上的他们,认为西方总体上是非文明的,输入非文明的西方的制度而改变中国文明,就是"以夷变夏"(《孟子》),因此必须无条件地采取反对的立场。为了改变保守官僚的这种认识,薛福成认为有必要以"政教修明"的说法来强调西方各国的社会、文化体系从总体上说是文明的。对此,梁启超的方法要限定得多。在引文中,他所论及的对象是"百年以来"的西方各国,他所称赞的也是限于法律统治的周密,即使是君主也必须服从法律的统治,而且官民之间权限明确这些侧面。

梁启超对确认文明的方法采取限定性的态度,这毫不意味着与薛福成相比,他在视西方各国为文明国这一方面持消极的态度。之所以如此,是因为为了论证西方各国为文明国,其证据之明确,在被限定的范围内,无论如何保守的官僚都没有反驳的余地。而且,梁启超对确认文明的方法采取限定性的态度,这也与他对确认文明的基准十分敏感有深刻的关系。对他来说，在思考一个国家是否文明之际，最重要的是确认的基准。前面所引用的他的文章的背后有"一国乃民之集合而成""民之积"之说。既然如此，就存在着抑制统治者的恣意地行使权力，而且能够反映民意的政治体制才是所希望的，即文明的政治体制的这种认识基准。与这种基准对照，法律的统治在"百年以来"的西方各国的确立，就受到了极高的评价。

这一确认文明的基准是普遍性的基准，对西方各国和中国都同样适用。于是梁启超试图用与确认西方各国文明同样的基准来认识中国，这里存在着他固执于基准问题的理由。他这样说道：

> 有礼义者谓之中国，无礼义者谓之夷狄。礼者何？公理而已。义者何？权限而已。今吾中国聚四万万不明公理不讲权限之人，以与西国相处。即使高城深城，坚革多粟，亦不过如猛虎之遇猎人，犹无幸焉矣。乃以如此之国势、如此之政体、如此之人心风俗，犹嚣嚣然自居于中国而夷狄人。无怪乎西人以我为三等野番之国，谓天地间不容有此等人也。故今日非发明法律之学，不足以自存矣。（《论中国宜讲求法律之学》）

就是说从这样的基准来看，中国的现状难以视为文明的状态——直截了当地说是野蛮的状态。这里虽然有烦琐的法律，但是由于没有确立法律统治的原理（公理），统治者虽然可以用法律来统治民众，但是统治者自身不受法律的约束。而且君民之间权限的分配不明确，由于君主和民众各自能够做什么、不能做什么的规矩没有确定，即使在事实上具有界限，按照统治者的意志也可以随

106

意变更。在梁启超看来，如果用这一基准来对照，不是西方各国，而毋宁说夷狄正是中国。薛福成虽然承认西方各国为文明国，但是他强调的是西方各国与中国一样是文明国。梁启超也承认西方各国是文明国，他强调的却是西方各国远远比中国文明。如果说薛福成的文明观的特征在于对西方认识的转换，那么梁启超（及变法派）的文明观的特征便是以中国认识的转换为特征。

但是梁启超认为即使与西方各国相比中国是野蛮的，不过与苗族等少数民族或"非洲之黑奴"相比，中国是文明的，而这些种族与禽兽相比又是文明的。另一方面，西方各国虽说是文明国，但是西方各国实现法律的统治最多也是"百年以来"的事，而且尚未完全实现。"今泰西诸国之自谓为文明，庸讵知数百年后，不见为野番之尤哉！"（《论中国宜讲求法律之学》）因此在梁启超看来，文明与野蛮的关系常常是相对的，而且其相对的位置关系也会在时间之流中发生变化。不变的是文明的基准，而完全符合此基准的国家，现在的世界上还不存在。由此，文明的问题被重新理解为"文明化"的问题，这正是变法派的独特视角。

在变法派看来，文明是分阶段而发展的。康有为用"三世进化"之说来将其模式化。"三世"是指"据乱世""升平世""太平世"。"据乱世"是指人类还处于野蛮状态的世界，世界分为各个国家，武力纷争不断。因为各自国家的存亡被置于最优先地位，为了巩固国家秩序，上下身份秩序十分森严，具有权力集中于君主的倾向。在"升平世"阶段，世界分为进入文明的地区和尚为野蛮的地区。在进入文明的地区，以武力解决纷争的事情减少，各国之间实现了武装和平的状态。在各国内部，民众的知识水平和道德水平也不断提高，在民众的政治参与机会增加的同时，君主的权力也得到了限制。最后到达"太平世"，那时全世界被文明

107

化，在各国之间实现了完全的和平的同时，各国内部的君主权力本身也被否定而实现了民主制。在康有为看来，世界就是不断地经过这三个阶段的过程而向文明"进化"，其"进化"的极至就是他所设想的乌托邦的"大同"世界。在"大同"世界，世界完全被世界政府所统一，国家本身消亡了。而且像男女差别、身份差别等所有的差别都将消灭而实现了完全的社会平等，因为社会上纠纷本身消亡了，因此在那里实现了绝对的和平。

这种"三世进化"的过程是不均等的发展过程。文明化的程度因世界各地而异。康有为认为，世界的现状，就国际关系而言，从各国间武力纷争不断这一点看现在还具有浓厚的"据乱世"的性格；就国内政治而言，部分西方国家已经到达了"太平世"的门口；中国与这些国家相比在"三世进化"的过程中明显落后了。他所谓的变法就是要改革这种处于落后状态的中国从而使之重新步入文明化的轨道。因此，改革不能不是"全变"。

第四，变法派的人们认为这一文明化的过程就是实现儒教本 108 来的理念的过程。其背后存在着对儒教经书的根本性的再解释。

儒教是由人们所共有的只有儒教经书（"四书五经"）中才有真理这一信念而成立的思想体系。既然真理存在于经书中，学者的任务就是正确地解释经书，由此而发现被埋没在经书中的真理。因此，儒教史本质上就是经书解释史，学者通过给经书作注或疏的形式将自己的见解公之于世。经书解释史上，出现过很多具有独创性的思想家，但是他们并不夸耀自己的独创性。他们所引以为自豪的是由于自己对经书的正确解释，而重新发现了孔孟所知道但是为后来的学者所迷失了的经书中的真理。

康有为对经书的再解释，从广义上说，也可以归于这种持续了两千年之久的经书解释史的进程中。但是他的经书解释方法在以下两点上表现出了前所未有的独特性。

第一，他视古文经书为伪书（伪经）。古文经书发现于西汉末年，是用古代文字所写的经书，东汉之后的学者在解释经书之际被用来作为文本。古文经书的可靠性早就成为清朝考据学者的问题。清初的阎若璩用严密的文献实证学的方法证明了现行的《古文尚书》（《书经》的古文本）是汉代以后被制作出来的——因而是后世的伪作。但是康有为不是以特定的古文经书的真伪为问题，而是由于认为古文经书的成立过程本身有问题，因此断定所有的古文经书都是伪书。就是说，康有为认为，古文经书是西汉末年在朝廷担任图书整理工作的学者刘歆，为了使王莽的篡夺王权正当化而捏造的伪经，不是古文经书的一部分，而是所有的古文经书都不足为据。古文经书本身不足为据了，那么原来那些依据古文经书而作的经书解释，也就自然不足为据了。这样康有为对原来的经书解释就可以完全自由地裁量了。

第二，康有为主张只有今文经书才是可靠的经书文本。今文经书是秦始皇焚书坑儒之后，西汉初期编纂的文本，由于是用当时的文字写的所以有"今文"之名。今文经书在西汉被广泛地使用之后，到东汉之后就长久地被遗忘了。直到18世纪后半期，受到庄存与等常州学派的学者注目，19世纪中叶，成为《海国图志》的作者魏源等重视经世的革新官僚的思想根据。但是康有为对今文经书的评价，与这些先驱者大异其趣。康有为关注的是今文经书的成立问题。像《论语》的"述而不作"那样，孔子在儒教经书的成立过程中，不过是祖述者或编纂者而已，在康有为以前这是通常性的理解。就是说经书是生于周代封建制度开始弛缓的春秋时代的孔子，感叹理想秩序的衰退而收集圣人君主统治时代的记录加以编纂而成的。

康有为否定了这一通说。按照他的理解，经书不过是孔子"托古改制之书"。"托古"是假托古代，"改制"是政治变革。就是说，康有为认为经书不是古代的记录，而是采用古代记录的体裁记述孔子自己的政治变革理念的书籍。孔子不是经书的编纂者而是作者。这样的话，儒教本身就是孔子创作出来的，极而言之，就是以孔子为"教祖"的教学体系（孔教），而经书解释不过是解读经书中孔子的变革理念而已。康有为认为，理解孔子变革理念的突破口，要从今文经书，特别是《春秋公羊传》里去寻求。他主张这才是处于孔子变革理念的核心位置的思想。

如前所述，变法派对于识别文明与野蛮采取了明显的机能主义态度，毫不犹豫地承认中国与西方各国相比在文明化上落后的事实。但是另一方面，对于识别文明与野蛮、表示文明化的方向或程度的基准本身不很明确。他们将这一基准归结于孔子的理念。一方面，它是"公理"，是"真的"；另一方面，无疑是"自己的"。使中国步入文明化的轨道，决非模仿西方（不管从外形上看多么像是这样），而不过是实现儒教经书中所记载的孔子的理念而已。 *110*

孔子是中国人。在中国，孔子的理念的实现之所以迟于西方各国，在康有为看来主要原因一方面是荀子学派歪曲地解释儒教，使发生于孔子而传达到孟子的真儒教陷入了绝路；另一方面是刘歆捏造的伪古文经书束缚了汉代以后的学者。儒教尽管诞生于中国，真正的儒教却在中国迷失了两千年以上。变法，就是要将中国人从这两千年间思想的黑暗状态中拯救出来，而这种一扫两千年的迷妄，当然就不能不是"全变"。

以上就是变法派的理论框架的概要。那么，已经论述过的变法派的万国公法观，即将孔子与《春秋》的关系同格劳秀斯与万国公法的关系进行类比，且给予《春秋》以"万世公法"的评价，与这一理论框架又是什么关系呢?

孔子与格劳秀斯

变法派的人们将孔子与《春秋》的关系同格劳秀斯与万国公法的关系进行类比,这是在多种思想背景下产生的。如果将其加以整理,可以归纳成以下三点:

第一个问题是关于变法派对国际秩序的认识。

111　　如前所述,在变法派的改革论中,运用了"一统垂裳"与"列国并立"的概念。"一统垂裳"意味着存在一个秩序的向心点,就是说其他构成成员纯粹是以与此向心点的关系而决定其地位的秩序状态。"列国并立"则意味着各国家之间是一种横向并列的关系、一种多元共存的状态。变法派自觉到由于西方的侵入,中国的国际环境由"一统垂裳"向"列国并立"的体系转换,因而将以"一统垂裳"为前提而建立的制度转换成适合于"列国并立"的制度就成了变法的课题。

变法派的改革论中,运用"一统垂裳"与"列国并立"的概念时,"一统垂裳"是作为象征以中国皇帝为顶点的中华国际秩序的概念,"列国并立"则是作为象征各国由条约而结成的欧洲国际秩序的概念来分别使用的。但是,欧洲并非一贯是"列国并立"的,"列国并立"也不仅仅是在欧洲才有的现象。同样,"一统垂裳"也是如此。这样的话,将"一统垂裳"与"列国并立"的范畴从中华国际秩序与欧洲国际秩序的比较对照这一思路中剥离出来,作为表示国际秩序的更为一般性的两个基本类型来使用,不仅是可能的,而且是有意义的。因此,变法派的人们不仅仅是用"一统垂裳"与"列国并立"的概念来说明中国所处的国际环境的现状,而且也运用它们来分析过去的国际关系、构想未来的世界秩序。

在分析过去的国际关系时,变法派的人们无论如何要在中国的过去找出"列国并立"来。不用说这就是春秋战国时代。按照他们的解释,秦朝统一中国是"一统垂裳"在中国成立的开始,此前的春秋战国时代的中国与近代欧洲一样属于"列国并立"的秩序类型。康有为这样说道:

> 各国平等联盟者,如春秋之晋、楚,权力相等,订盟弭兵 *112* 而诸小国从之。若希腊各国之盟,近世欧洲维也纳盟后诸约,及俄、法之同盟,德、奥、意之同盟,是也。其(春秋时的)政体主权各在其国,并无中央政府,但遣使订约,以约章为范围,即今在者荷兰万国弭兵之会是也。(《大同书·乙部·去国界合大地》)

就是说在康有为看来,至少中国的春秋时代不完全是力的横行的无秩序的时代,而是具有自立主权的各国在互相对等的立场上缔结盟约,而且由于相互遵守盟约还存在着秩序化的契机的时代。强国主导缔结的缩减军备或限制战争盟约,使并立的各国之间也尚且存在和平的可能性。他认为其中存在着与近代欧洲国际关系相类似的方面。春秋时代各国采取这样的行动,是由于各国都具有规范意识,虽然没有明文化,但是存在着可以与万国公法相比拟的方面。康有为力图证明这是《春秋》所记载的事实。

这种方法与丁韪良在《中国古世公法论略》中所运用的附会论相类似。或许是读丁韪良的著作得到了某种启示。但是不管其理论在表面上多么相似,两者的理论前提是不同的。因为"一统垂裳"与"列国并立"两种基本的秩序类型,丁韪良明显地喜欢"列国并立"的秩序,而康有为则明显地喜欢"一统垂裳"的秩序。康有为喜欢"一统垂裳"的理由是因为他认为"列国并立"是不稳定的。在他看来，"列国并立"尽管不是无秩序，但是要达到永远的安定是困难的。这已经为中国历史所证明。康有为认为，承认盟约意义的春秋时代各国的"列国并立"，如果任其自然的话并不安定，最终还是以晋之三分为契机而进入了下克上或武力横行的战国时代，各国间的战争与合并成为常态而弱小国家被消灭，剩下的几个大国也最终由秦所合并，而归结到统一的"一统垂裳"的状态。因此，由于强行焚书坑儒而遭到儒家谴责的秦始皇，在康有为看来，就其统一中国、平息战乱、使人民摆脱了战争之苦这些方面而言，应该作为历史的功臣给予高度的评价。要而言之，康有为认为"列国并立"在本质上是一种不安定的秩序，经过一定的历史阶段之后应该归结到"一统垂裳"的秩序。⑳

　　这种想法同样影响了康有为对其所面临的 19 世纪"列国并立"的现实的看法。中国也作为一个构成成员的"列国并立"在康有为看来也是不安定的秩序。如前所述，他在"三世进化"的极致上构想了一个乌托邦的"大同"世界。在康有为看来，"大同"世界不单单是梦，不是专门为批判现实社会而作出的理论性的构想，而是人类在将来一定会要达到的目标。在这一"大同"之中，国家消亡了，世界统一于世界公政府之下。就是说，"大同"是消解了"列国并立"而创造出来的新的世界规模的"一统垂裳"。因此，康有为对万国公法最终关心的，不是它如何维持"列国并立"的问题，而是它在实现"大同"世界的过程中有什么意义、起什么作用的问题。㉑

　　如前所述，"大同"世界是经过"据乱世""升平世""太平世"的"三世进化"的诸阶段而出现的。在康有为看来，如果从"大同"世界这一目标反观"据乱世""升平世""太平世"这三个阶段，就可能分别赋予"大同的始基""大同的渐行""大同的成就"的意义。就是说在国家分离争斗的"据乱世"就已经存在着"大同"的萌芽,这种萌芽不断地成长扩大以至于"大同",这就是康有为的想法。概括地说,他的构想就是,首先在"大同的始基"的"据乱世",在以主权国家的存在为前提的基础上,由各国的代表设立"公议会"。至"大同的渐行"的"升平世",开始创立"公政府",与其权力扩大成反比例,各国的主权受到制约。而在"大同的成就"的"太平世",主权国家本身消失,世界成为单一的"公国"。

康有为认为万国公法在"大同"世界的成立过程中应该具有以下的贡献。首先,在"大同的始基"阶段,"公议会"的立法权限不限于各国的内政。立法的对象虽然为国际法即"公法"(万国公法)所限定,由"公议会"所立法的"公法"要高于各国的国内法,但是,各国无权强制"公议会"服从"公法",而且各国可以任意缔结个别的条约或同盟。

在"大同的渐行"阶段,"公政府"所制定的法律——康有为称之为"全地公法"或"万国公法"——适用于全世界。这种"全地公法"要优于各国的国内法,不容许有与"全地公法"相抵触的国内法存在,公政府具有强制各国修改或废除与"全地公法"相抵触的国内法的权限。国际关系一律以"全地公法"为准则,已经不承认根据个别条约来处理国家间的关系,而且对个别条约或同盟的存在也不承认。各国政府有破坏"文明"或"公共之安乐",或违反"全地公法"的具体行动时,即使诉之于武力也要制止各国政府的这种行为,必要的时候,甚至具有行使改革或废除各国政府本身的权力。

在最后的"大同的成就"阶段,因为个别的国家本身都已经不存在了,国内法甚至"万国公法"的概念都已经消失,"公政府"所制定的"公法律"是唯一通行的普遍的世界法。

这样，在康有为的构想中，万国公法对实现"大同"世界常常具有推动作用。因此万国公法实行的强度与广度是测定"大同"世界实现程度的尺度。"三世进化"的理想这一康有为思想的基础，在《春秋》中增添了孔子独创性的理念。另一方面，万国公法是由格劳秀斯创立的（当时读《万国公法》的中国人这样认为）。因此，对康有为等变法派来说，认为两者具有紧密关系是理所当然的事。

第二个问题是对《春秋》或万国公法的理念性的评价方式。

如前所述，康有为等变法派人士一方面将《春秋》或万国公法所记载的理念的现实化的过程当作"大同"世界实现的过程来理解；另一方面，又强烈地主张不管《春秋》或万国公法所记载的理念是否被实现，这一理念本身都应当受到尊重。产生这种重视理念性的主张的背后，存在着变法派独自的经书解释方法。

前面已经提到，康有为提倡"托古改制"之说，这种学说从根本上颠覆了此前的儒教前提。康有为以前的儒者尽管围绕经书解释有种种对立，但是都以理想社会在现世实现是可能的，而且理想社会在中国上古实际存在过为共同的前提。导致理想社会实现的是从尧、舜开始到周公旦结束、兼备道德性与王的地位即体现内圣外王的圣人君主，孔子所从事的工作是收集理想社会的记录而编纂成经书。因此经书在本质上是记载"事实"的书籍，经书权威的终极根据就在于其所记载的"事实"本身——这是圣人君主所创造出来的理想社会的"事实"——的价值。

对此，康有为承认理想社会有在现世实现的可能，但是否定了理想社会在中国上古存在过。理想社会不是存在于上古而是存在于未来。按照康有为的解释，经书所记载的上古的理想社会实际上并未存在过。孔子假托上古的史实，采用宛如理想社会在上古存在过的体裁,将应该在未来社会实现的理想记述在经书中。因此,对康有为而言,经书本质上记载的是"虚构"的事实,经书权威的终极根据在于作者的理念——创造"虚构"的作者的理念。因此康有为最大的课题就是正确地把握经书的作者即孔子的理念。而他认为最大的突破口就是《春秋》。

《春秋》这部经书具有特别的性格。这是以编年体的方式记述孔子出生的鲁国从公元前 8 世纪末至公元前 5 世纪初二百数十年间的历史。这是将所发生的事件按照年表一样的方式记述的枯燥无味的书籍,因为春秋时代各国都编有这样的史书,本来的《春秋》——没有经过孔子的加工,被称为"不修《春秋》"——中并不存在作为经书的相应的特别的意义。《春秋》作为经书被尊重是因为人们相信"不修《春秋》"中加入了孔子的笔法。孔子通过改变"不修《春秋》"的字句而表示了他对所记载的事件的评价。孔子的理念表现在对具体事件的评论上,因为这些评价反映在遣词造句上,所以,通过对字句的探讨就有可能弄清孔子的理念。

在解读《春秋》中孔子的理念时,康有为采用了《公羊传》。"传"是对原始儒家经书的评论,后来学者视经传为不可分,将传作为与经书有同样的价值的存在来看待。《春秋》这一经书,有古文经书系统的《左氏传》、今文经书系统的《公羊传》及《榖梁传》,其中《公羊传》为以董仲舒为首的西汉学者所尊重,东汉何休作了注释(《春秋公羊解诂》),此后就废弃了。而另一方面,东汉之后《左氏传》占了优势,以至于《春秋》专门由《左氏传》来解释。但是如前所述,康有为认为古文经书一律为伪书,对《春秋》的正确解释只有根据《公羊传》。只有《公羊传》才是探明孔子理念的关键。

《公羊传》及何休的注——特别是何休的注——可以说对《春秋》进行了神秘性的解释。"三世进化"也是其中一例。孔子在修改《春秋》之际,将所记载的二百数十年的历史分为三个时期,随着时代的发展,或故意少记载战乱的事实,或增加夷狄进化为华夏的事实。这是表示历史按照"据乱世""升平世""太平世"三个阶段不断发展,国家间的对立或华夷间的差别消失而至于大一统的状态是孔子的理想。康有为继承了这种解释,并且将其扩展成为全球规模的、适用于全人类的普世性的理论。

按照康有为的理解,在《春秋》所记载的看上去枯燥无味的事实罗列的背后,延伸着一种被高度地构想出来的意义世界。而占据这种意义世界的核心的"三世进化"的理念,其性质不是在整理事实时力图追认上去的,毋宁说与事实是正相对立的。因为在孔子出生的春秋时代,随着时代的发展,社会混乱不断加深,到战国时代成为所谓衰退乃至堕落的时代。在这样的时代环境中,孔子敢于提出"三世进化"的理念,这是对时代潮流的自觉的反动。这就必须将传记的眼光从自己所处的时代潮流中移开,从而揭示出了人类历史所应有的发展图景。乍一看是记载事实的《春秋》,实际上,其本质是孔子所"虚构"出来的书。正是由于它是"虚构"的,才可能不拘泥于事实,而具有超越春秋时代的中国这一特定的场所和时间的普遍适用性。

相信经书是理想社会的记录的中国学者或政治家,每当在中国面临困难时,认为只有向理想社会"复古"才是解决问题的关键,这至少是他们作为理所当然的原则来主张的。即使到清末这一原则仍然在发挥作用。当时许多主张变法论的,比如在提倡输入议会制之际,就拿议会制在上古的理想社会中实际存在过来进行附会,采用应该复活中国本来的制度这一正当化的逻辑。但是对否定在上古社会存在过理想社会这一前提的康有为来说,这就成了完全没有意义的工作。他认为,学习经书就意味着要将经书的作者孔子的理念在不同的时代环境下复活。孔子的理念是以在力的支配横行的时代否定力的支配为理想,而且揭示了一条达到完全消除力的支配的历史发展过程。在康有为看来,这作为全人类都适用的永远的方针,就是"万世之公法"。

康有为认为,格劳秀斯以来的万国公法的精神正反映了孔子的这一理念。在他看来,万国公法是伴随着欧洲中世普遍秩序的解体,以武力为背景而形成的各国之间的在由单纯的事实上的力的关系转换为一种规范性的关系的过程中所创造出来的国际社会的新秩序的理性活动的产物。换言之,在武力支配横行之际,树立各国应该做什么不应该做什么的规范体系、为从无秩序到秩序转换制定方向这一点上,康有为发现了万国公法的意义。万国公法具体体现了孔子的理念。万国公法是由格劳秀斯等西方人制定的,孔子的理念适用于全人类,西方人的工作具体体现了孔子的理念,这正好证明了孔子理念的普遍性。

万国公法在现实中,常常由于力的支配而被无视,甚至被蹂躏,这无损于万国公法的意义。这与孔子之教在孔子所生活的时代未被直接接受的情况一样。康有为认为"万世之公法"的《春秋》或万国公法的意义,在于总结性地提示人类社会应有的秩序理念,这种意义与作为社会规范的手段的有用性是属于不同层次 ¹¹⁹ 的问题。

第三个问题是强调孔子与格劳秀斯社会地位的共同性。

如"西人果鲁士西亚、虎哥皆以布衣而著万国公法,天下遵之"(梁启超《读春秋界说》)所示,康有为等变法派在言及格劳秀斯等国际法学者时,一般都强调了其无位无官的身份。这是因为想到孔子的生涯中大部分也是无位无官的情况。像孔子那样对历史加以批判,而提示应有的理想秩序,这种工作本来是"天子之事"，王者应该做的工作。可是，孔子尽管没有王的地位，却做了这样的工作。因此康有为称孔子的这种工作为"素王改制"。在变法派看来，孔子与格劳秀斯等尽管本来是无位无官的一介平民，却向人类提出应有的理想秩序，在这一点上他们是相通的。

康有为强调孔子或格劳秀斯等的平民身份，是为了强调他们的理想为社会所接受，甚至可以规范权力，这与他们的地位、身份或权力毫无关系。他们尽管毫无地位、身份或权力，但是他们的言论可以变革社会，甚至使有地位、身份或权力的人听从他们的言说。在康有为看来，这是正确的理念终究具有可以改变历史的方向的力量的最好证据。

以上就是康有为等变法派对万国公法评价的框架。这是以
120 "三世进化"与"大同"为基轴、通过他们的世界构想的三棱镜而作出的评价，因为万国公法与其世界构想相适合，所以才给予万国公法以肯定性的高度评价。

康有为将儒教进行了根本性的重新解读。这尽管得到了少数的热情的追随者，但是遭到了习惯于通常的儒教解释占压倒性多数的同时代人的反对。尽管如此，他的言说也毕竟是局限在儒教的范围内。他确信自己的经书解释才是正确的儒教解释，对只有自己才是真正的儒者深信不疑。以"三世进化"与"大同"为基轴的世界构想毕竟是以他的经书解释为基础而成立的。他在运用儒教的范畴的同时提出了一个与儒教传统的世界图景完全不同的新的世界图景。他所做的工作，不是像张之洞的《劝学篇》（1898年）所做的那种修补传统世界图景的破绽的工作，也不是分析由于西方各国的侵入中国发生了如何的变化的工作。而是基于对经书的根本性的再解释，在理念的层面上弄清对包括中国和西方各国在内的世界将向什么方向变化这一问题。这或许可

以说是儒教面对西方文明的不断追逼而进行的最后的抵抗乃至反击吧！

康有为承认西方各国为文明国，相反也承认中国文明的现状存在深刻的问题，与西方各国相比在文明化方面落后的事实。与像张之洞那样，在甲午战争之后确信中国文明的优越性、依然提倡"中体西用"的中国知识分子相比，康有为的文明观是极为灵活的了。他所一贯坚持的是文明是普遍的、测定文明化程度的尺度是唯一的这样的信念。这一测定的尺度就是"三世进化"论，而文明化在全球完成的状态就是"大同"世界。不论是中国文明还是西方文明，所有的文明都是在"三世进化"的阶梯上朝着实现"大同"的目标不断前进。之所以存在各种各样的文明形态，不过是其各自所处在"三世进化"的不同阶梯的位置差距而造成的。这种差距是相对的，即使是现在看来最先进的西方文明，从终极的目标来看也还是不完备的。因此，对康有为而言，孔子所提示的这种尺度和目标是最为重要的。西方各国在文明化的程度上虽然进展较快，可以说他们只不过始终是在孔子所预见的"三世进化"的轨道上发展着，但测定文明化程度的基准本身，毕竟还是"自己的"。

康有为没有采取像议会制是在中国上古理想社会中实际存在过这种在其同时代的其他中国人中流行一时的附会论的立场。但是，从另一方面看，也许康有为的学说才是最大和最激进的附会论。人类文明化的尺度最终在于孔子倡导的"三世进化"，而像民主化、平等化或科学发展等这些来自西方的诸价值——康有为主张这些终究是来自孔子——大都被纳入其"三世进化"的内容之中。因此随着对西方思想接受的真正深入，不可避免地会有人觉得康有为的这种附会方法的烦琐。康有为所运用的方法，是将

121

所有的"真的"转化为作为孔子已经述说过的"自己的"的方法。就是说在康有为的方法中,"真的"与"自己的"之间用等号联结起来了。但是不管对经书怎样进行再解释和大量的熟读,总会有在经书中不能发现适当的附会材料的时候。如果不能证明它是"自己的",那么还能不能说它还是"真的"?批判者提出了这样的问题。这一问题实际上是以真理与孔子之言应该谁为优先的形式提出来的。

首先提出这一问题的是康有为的大弟子梁启超。梁启超的主要理论武器是社会进化论,他将社会进化论视为真理(公例)。而他所信奉的社会进化论在某一根本点上与其师康有为的"三世进化"说是对立的。

"三世进化"说与社会进化论

如前所述,甲午战争失败的冲击大大地改变了中国的学术思想氛围。介绍和接受西方思想也是甲午战争失败之后才出现的现象。

将西方的思想著作完整地翻译成中文而不是部分地概括、以体系的形式介绍到中国的首推严复。由于家庭的贫困而绝望于科举考试的他,进入作为洋务运动一环而设立的福州船政学堂,步入了海军军人之道,1877—1879 年为进修航海术赴英国留学,目睹了维多利亚王朝后期英国的"富强"。与在"文明开化"的口号下将所有领域的留学生都派往海外的日本相比,采取"中体西用"立场的中国,派遣的留学生人数很少,而且局限在技术领域。因此,严复的见闻本身就是非常少有的体验,进而从西方人的价值观和意识中寻求西方"富强"的根源,而且着眼于产生这种价值观和意识的思想作用。在这一点上,他的西方体验,在同时代的中国人中属于例外。

严复回国后,虽然做了天津北洋水师学堂的校长,但是一直
没有得到发挥自己见识的机会,很不得志。在甲午战争失败之
后,开始大量发表文章,其中包括对洋务路线进行根本性批判的
《原强》等一系列文章。开始翻译的是赫胥黎的《进化与伦理》
(T. H. Huxley, *Evolution and Ethics*, 1894)。《进化与伦理》一
书的中译本以《天演论》的题目于 1898 年刊行,在知识分子之间
引起了今天用所谓的"天演论热"来形容的大反响。此后,严复还
翻译刊行了亚当·斯密的《国富论》(即《原富》)、孟德斯鸠的《法
的精神》(即《法意》)、约翰·穆勒的《自由论》(即《群己权界论》)
等七部著作,但是都没有获得可与《天演论》匹敌的反响。就像从
书名便可以很容易地推测到的那样,因为《天演论》是以社会进化
论为主题的书籍,社会进化论便成为在近代中国被系统地介绍的
最初的西方思想,同时也是被接受的反响最大的思想。

社会进化论——其本身就是不同的论者之间存在着很大的
偏差的思想,如果敢于无视这一点的话——不是将社会(或国家)
作为人类人为地创造出来的对象,而是认为它本身就具有生命,
是自然地成长的有机体(生命体),而立足于在生物有机体中可以
类推适用进化的法则这一前提的思想。这种社会进化论,在甲午
战争之后的中国出现了可以说是爆发性热潮,我认为至少有以下
三点理由。

第一,社会进化论为说明当时中国所处的国际环境提供了最
有说服力的理论框架。就是说,国际社会是各国家(或各民族)之
间进行日常性的"生存竞争"的场所。这里贯彻着"优胜劣败"这
一冷酷的法则。因为只有"优者"才能生存,所以各国都在为了使
自己成为"优者"而夜以继日地奋发努力。中国所处的就是这样

123

一个强力竞争的社会,这对于在东亚世界中一直享受独尊优势的中国来说,还是头一次体验到。

第二,社会进化论为说明当时中国进行紧急且根本性的改革的必要性和正当性提供了最适当的理论框架。鸦片战争以来,中国与西方各国的战争不断失败,这绝不是偶然的。这是由于中国是"劣者";中国成为"劣者",是长期的历史过程中积蓄的各种因素的复合而造成的、有关社会有机体的构造本身的现象。因此,要使中国在竞争的社会中得以生存,就必须模仿西方各国紧急进行根本的改革以使中国至少尽快向"优者"接近。

124
第三,社会进化论以法则的权威预告了如果怠于改革,中国将会是什么命运。甲午战争之后,列强急速进行的划分势力范围的竞争,决不是一过即停的现象。这正说明中国面临着被"淘汰"的危险,只要中国不赶紧进行必要的改革,而仍然处于"劣者"的状态,中国就会被"淘汰"消失,这是按照"优胜劣败"的法则可以预想的必然结果。

社会进化论在这些方面,向当时抱有危机感的许多中国人系统地说明了危机产生的原因及解决危机的方向。对于他们来说,这种解释是容易接受的,因此,社会进化论就迅速流行开来。决不是因为中国人憧憬新奇的理论。

对普及社会进化论最有贡献的,不是严复,而是梁启超。1898 年秋,西太后的政变使戊戌变法受挫之后,他亡命日本,在横滨开展活动。他的活动虽然非常复杂,但其中最注目的是言论活动,刊行《清议报》(1898 年创刊)和《新民丛报》(1902 年创刊)等杂志,这几乎是他一手操办的。这一时期在梁启超执笔的大量论文的背后,有从日本获得的新知识。他以自己命名的"和文汉读法"找日本人的著作阅读,从而吸收了大量的西方思想的知识。

在日本所接触到的种种新理论中，令梁启超最为醉心的是社会进化论。他把它作为意味着普遍性的经验法则的"公例"来接受，在前面提到的杂志上努力进行介绍和宣传。这些杂志被带回中国，给予许多年轻人以豁然开朗般的新鲜感。

梁启超的论文比严复的《天演论》更具影响力的原因之一，在于梁启超的论文是用极为平易的中文写成的。严复的《天演论》是用高格调的、古雅而又难解的"桐城派"古文写成的，在严复看来，这是理所当然的。严复所做的是将存在于西方文明的基础中的道理介绍给中国的知识分子，这就要求传达这种道理的文章具有适当的形式。因为如果不以这种形式去写，就不能说服具有古典教养的中国知识分子。与此相对照，梁启超的目标在于向能够识字的中国民众提供新知识，以提高他们的知识水平（民智）。为了达到这一目的，只有少数具有古典教养的知识分子才能够阅读的文章形式就不行了。他开创了一种被称为"新民体"的接近口语的在当时最为简单的文体，用这种文体来记述其思想，这样两者的影响力当然就有差别了。

严复将《天演论》从用英文写的原著中全部译出，他的目标是将标志着西方文明的方向性的理论（他相信是如此），逐字逐句地替换成古典汉语，翻译工作本身也是高度的思想创作活动。对此，梁启超所做的，只是概括地介绍加藤弘之、有贺长雄等日本学者的学说，甚至词语都是借用他们的。梁启超认为重要的，与其说是介绍社会进化论的理论本身，毋宁说是应用社会进化论来分析中国所存在的各种问题。梁启超的影响力压倒了《天演论》，其结果，梁启超大胆地采用的"进化""生存竞争""优胜劣败"等这些日本式的汉语，代替了严复苦心创作的"天演""物竞""生存"等译语。梁启超以社会进化论为武器对世界及中国历史所作的分析，

125

为许多中国人所共享,可以说成了时代的常识。

问题在于康有为的"三世进化"说与梁启超的社会进化论的关系。16岁就通过了科举的第二阶段考试即乡试而成为举人的梁启超,是顺利步入精英行列的大秀才。但是1890年秋遇到康有为后,感觉到强烈的"回心体验",此后就成为康有为的热烈的追随者。梁启超深深地倾倒于康有为的"三世进化"说,这种情形即使是在他接触到社会进化论之后的一段时期里也没有改变,如他在日本的讲演中,强调孔子真正的立场与日本人的理解不同,不是"保守主义"而是"进化主义"时,这样说道:

> 春秋之立法也,有三世。一曰据乱世,二曰升平世,三曰太平世。其意言世界初起,必起于据乱,渐进而为升平,又渐进而为太平。今胜于古,后胜于今,此西人打捞乌盈(达尔文)、士啤生(斯宾塞)氏等所倡进化之说也。支那向来旧说皆谓文明世界在于古时,其象为已过,春秋三世之说,谓文明世界在于他日,其象为未来。谓文明已过,则保守之心生,谓文明为未来,则进步之心生。(《论支那宗教改革》)

梁启超认为"三世进化"说与社会进化论在设想完备的文明形态存在于未来、将进化理解为朝着其完备的文明发展这些方面是相同的。就是说,他曾经信奉的"三世进化"说与他现在信奉的社会进化论,以同具文明化的观念为根据而用等号联结起来了。但是,康有为倡导的"三世进化"说与梁启超信奉的社会进化论,不仅在立论的前提上不同,而且在一些重要方面是完全相反的。

康有为所憧憬的秩序无非是全人类从痛苦中解放出来的状态。在他看来,人类所遭受的痛苦,大部分是来源于贫富或名誉等社会诸价值分配不均,或者由于这种分配不均所导致的纷争。

分配不均是从国籍、身份、性别、职业等差别产生的，企图用暴力去改变分配不均时，纷争就发展成为战争。因此，康有为所构想的"大同"世界，是消灭了包括国家或家庭在内的所有特殊主义的集团而使人类无差别地平等化、消灭了差别和纷争的世界。康有 *127* 为认为实现这样的"大同"世界就是文明化，文明化是人类的终极目标。

对此，梁启超的解释则不同。他认为文明无论如何是由竞争而形成的。国际社会是生存竞争的场所、适者生存的场所。在这里，为了生存，各国日夜奋发努力以寻求发展增进本国的能力。支配这一生存竞争的场所的是优胜劣败的法则，各国的努力最终由这一法则来判定。优者生存下来并更加繁荣，劣者则被淘汰消灭，文明因此而得到发展。就是说，在梁启超看来，文明化不是实现某一目的的过程，而是作为生存竞争的结果而产生的过程。

梁启超所关心的与其说是为了人类而构想"大同"世界，不如说是为了中国人而构想使中国得以生存的必要的改革方案。在政治领域，他的改革方案的核心在于使中国从专制体制转换为立宪君主制。在使这一改革方案正当化之际，他几乎不关心专制体制与立宪君主制的抽象性的是非问题。他强调的是，从专制体制转换为立宪君主制才是政治进化的必然性的展开。因此，在他看来，这种从专制体制到立宪君主制的政治进化过程，在双重意义上是由实力的契机所证明的过程。第一，这一过程是由于民智、民德、民力的发达而积蓄实力的民众，迫使专制君主让步而实现的过程。第二，这一过程的必然性，由在国际性的生存竞争场合，上下一体的立宪君主制国家与上下隔绝的专制体制的国家相比，前者在调动国家的综合实力方面要远远优越，也符合优胜劣败的法则所证明。康有为认为力的支配的最小化是文明化的过程；而在梁启超看来，文明化的过程是由力的契机所证明的过程。

128　　主张力的支配的最小化就是文明化的过程的康有为，认为与力的支配横行的"列国并立"的竞争秩序相比，整然统一的"一统垂裳"的规范秩序才是人类所憧憬的秩序。如前所述，康有为所构想的"大同"世界，是试图再现全球规模的"一统垂裳"的秩序，在那里，竞争在原则上是被禁止的。而在认为毕竟只有竞争秩序才是自然而且正常的秩序的梁启超看来，康有为的构想是不自然的，反映了一种异常的状态。他这样说道：

> 夫竞争者，文明之母也。竞争一日停，则文明之进步立止。由一人之竞争而为一家，由一家而为一乡族，由一乡族而为一国。一国者，团体之最大圈，而竞争之最高潮也。若曰并国界而破之，无论其事之不可成；既成矣，而竞争绝，毋乃文明亦与之俱绝乎！况人之性非能终无竞争者也。然则大同以后，不转瞬而必复以他事起竞争于天国中。而彼时则已返为部民之竞争，而非复国民之竞争，是率天下人而复归于野蛮也。（《新民说·论国家思想》）

就是说，在梁启超看来，康有为是试图人为地停止本来应该是自然的竞争，既然认为竞争与文明是不可分的关系，那么人为地停止竞争的结果，就不是走向人类的文明化，而是向野蛮退步。

　　二者在对"大同"世界的评价上的对立，同样也表现在对中国
129　史的评价上。在认为文明化的目的就是要使人类从痛苦中解放出来的康有为看来，中国的战国时代，在各国战争不断使民众日夜遭受涂炭之苦这一点上，是中国史上最黑暗的时代。与此相

比，认为对由于焚书坑儒而臭名昭著的秦始皇，因其统一中国使国内和平化，而将民众从战火的痛苦中解放出来这一点上，应该给予肯定性的高度评价。另一方面，在认为只有竞争才是产生文明的原动力的梁启超看来，战国时代正是竞争在人类生活的一切领域常态化、中国历史上最具活力的时代。他认为，在战国时代文明得到了最好的发展，技术或社会制度的发展自不待言，就是思想也是在战国时代最为发达。不用说，儒教的发展就是由于在战国时代通过与诸子百家的思想竞争使自身得到锻炼而成为可能。战国时代，不是像原来的历史学家，包括康有为所想象的那样，是混乱、分裂、无秩序、堕落的时代，而是充满了竞争与进化的中国史上最光辉的时代。将战国时代视为混乱的时代，是由于观察者将"一统垂裳"视为正常的这种先入之见歪曲了历史。这种先入之见秦汉以来支配了中国两千年，正是由于中断了竞争，因而妨碍了中国的社会进化，是造成今日中国结构性的贫弱与停滞的元凶。

扭转对战国时代的评价乃是产生于对康有为的深刻批判。梁启超认为，在战国时代，中国的思想界呈现出最活跃的状况，出现"我中国学界之光明，人物之伟大莫盛于战国"（《保教非所以尊孔论》）这种状况，是由于各种各样的思想自由竞争，即事实上存在"思想之自由"。这种"思想之自由"到汉代之后由于儒教定于一尊而迅速消失，中国的思想界从而陷入了窒息状态。在西方传来的"新学新理"的冲击下，中国人好不容易要从这种窒息状态解放出来的今天，康有为企图将所有的"新学新理"附会到"孔教"上，并且要将"孔教"作为国教来强加给中国人，这无非是要使中国思想界再次陷入窒息状态。康有为从孔教是否为正确的思想这一问题出发，认为既然是正确的思想，用孔教来引导中国人就 *130*

是理所当然的事。但是梁启超认为，真正的问题不是孔教是否是正确的思想，而是即使孔教是正确的思想，正确的思想统制中国人的思想世界是否是正确的问题。

　　站在这一前提上的梁启超，对康有为所依据的方法提出了根本性的疑问。如前所述，康有为的思想体系是成立在将从西方获得的"新学新理"（"真的"）完全作为孔子述说过的（"自己的"）东西的附会论之上的。这种附会论也许的确使得输入"新学新理"变得容易，但是生于两千年前的孔子，就完全预知了现在的"新学新理"，这根本就不可能，既然如此，就必然会遇到附会的局限性。此时，梁启超所提出的问题，是"新学新理"与孔子应该何者优先的问题。他说：

> 若必一一而比附之纳入之，然则非以此新学新理厘然有当于吾心而从之也，不过以其暗合于我孔子而从之耳。是所爱者仍在孔子，非在真理也。万一遍索之于四书、六经，而终无可比附者，则将明知为铁案不易之真理，而亦不敢从矣；万一吾所比附者，有人从而剔之曰孔子不如是，斯亦不敢不弃之矣。若是乎真理之终不能饷遗我国民也。（《保教非所以尊孔论》）

　　梁启超所强调的是真理具有固有的价值，不管它是否与孔子的言说一致，真理本身就是应该最优先接受。梁启超1902年写的这篇论文，在中国近代思想展开的过程中，具有转折性的意义。因为从洋务派到变法派所坚持追求的"真的"与"自己的"相一致的大原则，至此被自觉地否定掉了。在梁启超看来，先要证明是"自己的"才接受"真的"，这从表面上看来似乎是革新的行为，而在其精神的根底上实际上是蕴存着"思想界之奴性"的行为。只有打破"思想界之奴性",才是真正的革新行为,这对中国人来说才是最为急需的(《保教非所以尊孔论》)。

然而,梁启超对战国时代的肯定性的再评价,与前述《中国古世公法论略》中的丁韪良的见解有相通之处。他们将"一统垂裳"的秩序视为异常乃至例外的事态,各个国家多元地构成的"列国并立"的秩序才是国际秩序的正常状态。但是对丁韪良来说,并立的各国按照万国公法的规范建立共存的关系是自然的。因为对他来说,万国公法是基于自然法而成立的。与自然状态中每个人作为自然权的主体都是对等的一样,在国际社会各个国家作为主权的主体也是对等的。这种关系虽然为万国公法所规定,丁韪良认为也是应该具有的秩序模式。对此,梁启超认为并立的各国处于竞争的关系是自然的。因为在他看来,生存竞争是基于自然法则的必然性现象。人类在其社会进化的各个阶段,与在家族、部族等所有的社会集团层次不断扩展竞争一样,在国家这一最高阶段,发生竞争也是不可避免的。

这并不是在竞争与战争之间画等号。尽管如此,如"诸优国一旦发生战争,劣国的命运将为之一变……战争是竞争力的积极表现"(《论民族竞争之大势》)所说,并没有将战争从竞争的范围 ₁₃₂ 排除出去。对梁启超而言,战争终究是竞争的极限形态。这样,既然竞争是具有法则性的必然性而产生的现象,根除战争大概就不可能了。虽然可以从伦理上非难战争,但是并不能因此而防止战争的发生。而贯穿于竞争或战争中的是"优胜劣败""弱肉强食"的力的原理。力量上的劣者,想依靠力量之外的什么东西,如万国公法,从根本上说都是无力的。从鸦片战争到甲午战争,所有的战争中国都失败了,最终导致中国被瓜分的危机,其原因就在于沉浸在"一统垂裳"的幻想中而中断了竞争的中国为"劣者"

"弱者"。这尽管是中国人难以接受的事情,但是如果对照"优胜劣败"的法则,这只是发生了应该发生的事情。既然如此,为了保证中国在"列国并立"的国际竞争社会中得以生存,就必须进行根本性的改革,以积累适应竞争的力量。

薛福成曾经同样有中国是"弱者"的自我认识,他认为为了使"弱者"的中国在国际社会中生存下去,尽管存在着不平等条约,还是有必要自觉地遵守万国公法。"藉公法自存"这一表现象征着他的立场。现在,梁启超立于同样的自我认识,认为为了使"弱者"的中国在国际的生存竞争中生存下去而避免被淘汰,中国必须成为"强者"。"争竞自存"这一表现象征着他的立场。在从"藉公法自存"到"争竞自存"的转化中,对万国公法的关心迅速地消失了。1900 年之后的梁启超的大部分著作中,几乎没有了关于万国公法的记述。

但是,清末中国人对万国公法的关心并没有就此中断。毋宁说正好相反。清朝的最后时期,在以打倒清朝体制为目标而出现的年轻的革命派知识分子的言论中,我们可以发现他们对国际法的强烈关注——从与原来不同的立场出发的,而且表现出远比原来更为强烈的关注。

众所周知,在梁启超与革命派之间展开了使近代中国思想史生彩的宏大的言论战。论争的焦点是革命作为变革中国的手段是否适当的问题。论争涉猎广泛,在论争的过程中,出现了种种分歧。如何认识中国所处的国际环境也是分歧点之一。围绕对国际法的评价,两者表现出了不同的立场。关于革命派知识分子是如何认识和评价国际法的,以及这与文明观的变化有什么关系,这些想在下一节来探讨。

133

五　中国革命与万国公法

"文明之革命"与"文明之排外"

近代中国革命运动的肇始,一般认为是孙文的兴中会的成立 (1894 年)。但是初期兴中会的活动由于是接受华侨的援助,规模很小,无论是政治上的影响力还是思想上的影响力都极为有限。革命运动开始在一定程度上在中国人中间展开是义和团事件(1900 年)之后的事。支持义和团而向列强宣战最终招致了巨额赔款的清政府的失政,成为导火线。担心只要清政府掌握政权,事态就更加恶化,列强的瓜分势力范围就更加凶猛从而中国将被殖民地化。中国人难道就不会像非洲人一样被奴隶化吗?对这一时期的中国人而言,这是颇具现实性的恐怖。为了防止这种事态的发生,为了确保中国人的生存与安全,认为首先需要打倒清政府的中国人不断增加了。由于清朝是满族统治的异民族王朝,也增加了他们对清朝的反感。

尽管如此,在 20 世纪初,改革派(变法派)与革命派的界线还 134 很暧昧。改革派的理论指导者梁启超,这一时期强调在建设之前 "破坏"的必要性;而另一方面,革命派还没有做好与从世界解释到具体政策具有首尾一贯的体系性思想的改革派相对抗的思想准备。新的革命运动的主力是不断增加的中国留日学生,但是他们大多数人深受梁启超的文章的影响,从梁启超的理论脱胎换骨而构筑起革命的理论还需要一定的时间。

出现明确地批判改革派而鼓吹革命理念的文章是在 1903 年前后。邹容的《革命军》(1903 年)、章炳麟的《驳康有为论革命书》(1903 年)、陈天华的《猛回头》(1903 年)与《警世钟》(1904 年)是这方面的代表作。这些文章都明确地论述了为什么不能改革而必须革命以及由革命所要实现的目标。由于这些文章,革命路线与改革路线之间划开了一条决定性的界线,从而成了几年之后两者全面对决的导火线。

执笔者中,邹容(1885—1905)与陈天华(1875—1905)为留日学生。㉒他们为了表示自己的新的立场都使用"文明"这一概念作为关键概念,这是意味深长的事实。例如在邹容的《革命军》中出现了"文明之革命"这一概念,其旨趣如下。

什么是革命? 这对邹容来说是具有决定性的重要问题,他从两个层面来考察革命这一现象的性格。

第一,从自然现象的层次来理解革命。通过梁启超而接受了社会进化论的洗礼的邹容,视社会为一有机体。如果国家是有机体,作为有机体的国家所发生的现象,按照生物有机体所发生的现象进行类推的话,也可以得到某种程度的说明。在邹容看来,如果最广义地理解革命,那就是新事物代替旧事物的现象,这与生物体内的新陈代谢现象在本质上是类似的。新陈代谢是生物有机体的生存不可缺少的现象,否则有机体就会衰老以至于死亡。这是"天演之公例"。国家也是一个有机体,既然如此,作为社会的新陈代谢的革命,也是保证作为有机体的国家的生存的必不可少的生理现象,因此革命不是异常的,而是正常的社会现象。

第二,从社会现象的层面来理解革命。革命这种社会现象之所以不能完全用生物有机体中的新陈代谢这一自然现象的类推来说明,是因为它与人类的目的意识性有深刻的关系。即便革命的发生同新陈代谢一样具有必然性,而革命的方向却是可以随着目的意识的变化而变化的。考察作为社会现象的革命时,就必须注意革命者的目的意识状况。根据不同的目的意识状况，邹容将革命区分为"文明之革命"与"野蛮之革命"两种类型。

"文明之革命"的模范是名誉革命（英国）、美国革命及法国革命等近代欧美所发生的一连串的革命，邹容认为这些革命具有以下共同的性格：

> 去腐败而存良善之革命。由野蛮而进文明之革命，除奴隶而为主人之革命。牺牲个人以利天下，牺牲贵族以利平民，使人人享其平等自由之幸福。（《革命军》第一章）

就是说"文明之革命"是使社会由野蛮向文明方向转换的革命，邹容认为，欧美各国由于发生了这样的革命，才得以飞速发展。

另一方面，中国过去发生的王朝交替的易姓革命是"野蛮之革命"的典型。在中国革命开始成为现实问题的当时，中国史上是否有革命的先例逐渐成为重要的论争之点。㉓从邹容的立场来看，因为作为自然现象的革命是必然发生的，因此在这种意义上说，在中国过去存在革命是理所当然的。但是当将其革命作为社会现象来把握时，则全无如前所述的"文明之革命"所见的积极要素。这只不过是为获得权力的野心所驱使的个人以实现自己或自己一族的利益为目的而进行的革命，其结果只有王朝的交替，而不能使中国社会走上文明的轨道。因此这是"野蛮之革命"，中国历史上没有出现过一次"文明之苣命"。梁启超将在"一统垂裳"的秩序下竞争被封锁了视为中国陷入停滞的元凶，而邹容则认为只存在"野蛮之革命"是中国陷入停滞的元凶。

邹容的文明观的根底中是"天赋人权"的观念。所有的人一生下来本来都是自由而且平等的存在，实现每个人的自由平等的社会的出现，在邹容看来就意味着文明化。"文明之革命"就是为

136

了实现这种社会而进行的革命。因此,"文明之革命"这一课题与人种或民族的区别无关,是适合于全人类的普遍的课题,正因为如此,中国人和西方人一样有进行"文明之革命"的权利和义务。"文明之革命"决不是模仿西方人的,同时也不能以是中国人(而不是西方人)为理由而拒绝。

《警世钟》的作者陈天华,将"文明"这一概念与"排外"这一概念结合起来而产生了"文明排外"的新概念。与邹容一样,陈天华也诉之于革命之必要,但是陈天华的主张的背后存在着远远比邹容迫切的对外危机意识。由于义和团事件,中国被课以巨额的赔款,或不得不作出承认列强驻扎军队等新的让步,而且俄国将在义和团事件中调出的军队就留在了当时的"满洲",吞并的野心十分明显。看到这种情况,陈天华感到由于"帝国主义"列强的侵略,"亡国灭种"的危机迫在眉睫。

作为应付危机的对策,陈天华主张实行直接的排外。在他看来,鸦片战争以来数次与列强的屈辱的讲和,都以为将来实行排外而赢得必要的时间这一理由而被正当化了,但是其结果,对列强的妥协只是使列强的侵略进一步扩大。事态愈加恶化,以至于今天面临"亡国灭种"的危机。这明显地看出讲和→对外妥协→将来的排外这一理论已经是虚伪的理论,现在中国所需要的是直接的排外。这样,陈天华在《警世钟》中呼喊:"我所最亲爱的同胞,向前去,杀!向前去,杀!向前去,杀!杀!杀!杀我累世的国仇,杀我新来的大敌,杀我媚外的汉奸。"乍看上去,这像是非合理的情感的无节制的喷射。但是,他在这里严格地区别了"文明排外"与"野蛮排外"。

首先对什么是"野蛮排外",他这样来说明:

> 野蛮排外的办法,全没有规矩宗旨,忽然聚集数千百人,焚毁几座教堂,杀几个教士教民以及游历的洋员、通商的洋商,就算能事尽了;洋兵一到,一哄走了,割地赔款,一概不管。这是野蛮排外的办法。(《警世钟》"心得"第九)

以排外为动机的心情,是当属于自己集团在遭到来自外部的侵略时,自然形成的而对此进行的本能性的反抗。但是如果对于这种心情不加以规范或引导而任其爆发的话,排外将会以不愉快的能量的瞬间释放而告终。这样的排外,也许可以给当事人带来自我满足,但不可能形成持续的抵抗,其结果只会使事态进一步恶化。"野蛮排外"正是这种类型的排外,不用说,义和团就是陈天华脑子里所认为的"野蛮排外"的实例。义和团,在今天虽然作为"中国人民反帝斗争"受到了高度的评价,在当时大部分的革命派知识分子看来,却是最坏的反面教员。

当然在陈天华看来,排外本身毕竟是正当的行为。因为对被压迫者而言,排除外来的压迫,不仅仅是自然的反应,在道义上也是理所当然的行为。但是,如果其排外是基于怨恨而进行的报复行为,这就使被压迫者自失其道义上的地位而最终与压迫者为伍。尽管压迫是如何不正义的,但是仅此并不能保证被压迫者就自动地处于正义的立场。被压迫者对压迫者而言为了在道义上处于优越地位,不单单是依据被压迫这一事实,而必须还要以更加普遍的规范——压迫者和被压迫者都应该服从的规范——来作为自己抵抗的根据。对陈天华而言,这种普遍的规范就是万国公法,以万国公法为根据的排外,他认为才是"文明排外"。

概括其"文明排外"的内容,就是平时将所有的外国教堂、教士、商人等不是作为排斥而是作为保护的对象,不加以任何迫害。

138

另一方面,对于修铁路、买矿山及驻扎洋兵等所有侵犯中国的权利的行为,都不许可,断然拒绝。而且如果发生战争,也决不半途妥协,两军阵前,彻底战斗以杀尽敌人为目的,但是即便如此,一概不伤害洋兵以外的洋人,而且即使是洋兵,若当了俘虏,也不去伤害他。在陈天华看来"万国公法都是这样"(《警世钟》"心得"第九)。

万国公法与"文明排外"的方式有如下两重关系。即一方面,就像在断然拒绝侵略中国权利的行为中所见到的那样,使排外中什么是应该真正遵守的价值明确化;另一方面,就像两军作战而不伤害军人以外的外国人所见到的那样,使排外中应该将什么视为具体的敌人明确化。因此,由万国公法而将排外的目的及对象明确化了的"文明排外",与无节制的"野蛮排外"相对照,可以集中排外的能量并使之得以持续。

这样,陈天华尽管在"文明排外"的名义下主张排外也必须遵守万国公法,但是反过来,决不认为只要遵守万国公法排外就能够成功。如不平等条约所示,他充分地认识到中国与西方各国关系的现状是与万国公法相抵触的。尽管如此,他还是主张要遵守万国公法,在某种意义上这是不得已的选择。在他看来,列强蹂躏万国公法而对中国进行侵略,最终都是因为中国是弱者,如果作为弱者的中国也无视万国公法的话,招致的是相互都失去了控制自己行动的规范而陷入力的无政府状态,这样处于力的劣势的中国就只能是被片面地践踏了。对作为弱者的中国而言,还不如遵守万国公法,在万国公法所许可的范围内试图进行坚决的抵抗这样更有意义。因为中国采取这样的态度,中国的抵抗行为不仅对对方的侵略行为来说处于道义上的优位,而且由于剥夺了对方行为的正当性根据,从而对对方进行心理上的追究,这样就可能有利地推进排外。在这种意义上，陈天华的想法，在考虑到以道义的优位性来补充力量的劣位性这一点上，与其说是幻想，毋宁说是更为现实。

更进一步来说，将这种形式的抵抗称为"文明排外"，这里也有陈天华的文明观的特色。在他看来，在"亡国灭种"的对外危机 ¹⁴⁰中，可以看到下面两种典型的中国人的态度。一个极端是不顾国家的危机，而把实现自己的个人利益放在首位的中国人。他们为了实现自己的利益而不惜崇洋媚外，借用外国的力量来压制其他中国人，不管是哪个国家都可以成为其"奴隶"。这是"媚外"，不是"排外"。另一极端是讨厌西方的一切，听凭一时的兴奋而进行烧毁教堂等破坏行为的中国人。他们只要使自己的感情得到满足而不惜作出任何野蛮的行为。这虽然是排外，但不过是"野蛮排外"。当时的中国人就是在这两极之间摇摆。

在陈天华看来，这些典型的态度作为面临对外危机的中国人的态度，都极为不当。就"媚外"的态度而言，为了自己的利益而不惜卖国，成为外国的爪牙，正是中国人的这种"奴隶"根性，使列强瓜分中国得以顺利进行。就"野蛮排外"而言，这不但不是要解决中国面临的问题，相反会使中国陷入新的纠纷而不得不对列强作出更多的让步。因此对陈天华来说，真正值得忧虑的，与其说是存在对外的危机，不如说是中国人对待这种危机只是采取不适当的行动，而且这种不适当的行动是来自中国人的精神状况。就是说，真正的危机不是存在于中国之外，而是存在于中国之内，而且是存在于中国人的内在的精神世界中。

"文明排外"就是为了克服这种中国人的内在性的危机而设定的具有对抗性的课题。陈天华认为，是否文明，并不应该由一个民族过去所积蓄的文化遗产的大小来判断，相反，而是应该由一个民族每一瞬间的态度决定来判断。因此,文明化是一个永恒的课题,一个民族是志向于文明还是志向于野蛮,这要由其在每一瞬间对待具体问题的态度而定。如何进行排外的问题,正是与此紧密相关的问题。能够在狂热的排外运动的旋涡中敏锐地意识到这一问题,并由此来严格规范自己的行为,这可以说是文明化的态度。陈天华以"文明排外"来命名排外的应有形态,恐怕也是基于这种考虑。

然而,陈天华认为完全不能指望清政府来担当"文明排外"之任。这是理所当然的。一方面祖护义和团进行"野蛮排外",另一方面向列强出卖权益开展媚外外交。在他看来,这种清政府毋宁说是"文明排外"的障碍,因此在《警世钟》中,他主张打倒清政府的革命的必要性与实行"文明排外"的必要性是不可分割的课题。

但是,革命与"文明排外"果真能够无矛盾地并立吗?在中国发起革命的话,从国土的广阔与革命军的力量来看,革命极可能需要进行很长的时间。这样由国家权力控制的松弛的无秩序状态,将在广泛的范围而且长时间地出现。这样的话,即使革命军自身遵守万国公法,在治安恶化的过程中,外国人的生命财产为暴徒或盗贼所侵害的概率就会极高。如果发生这样的事态,外国必定又要以保护本国国民为借口而派遣军队,要求割让领土或获得其他权益。要而言之,不管革命派如何否定"野蛮排外"而呼吁"文明排外",革命所造成的结果与过去"野蛮排外"所造成的结果很可能没有什么大的差异。如果这样的话,那么就是革命这一路线本身错了。

这样的问题成为争论的焦点,是在陈天华发表《警世钟》的第二年,即 1905 年。

希望世界列国赞成中国革命

1905 年这一年,与甲午战争失败的 1895 年一样,是给中国带来重大的政治变化的年头。象征着这种变化的有以下三件事。

第一,日俄战争中日本战胜了俄国。因为是以中国的领土"满洲"为舞台而进行的战争,所以中国人对这场战争非常关心。远东的小国日本战胜了欧洲的大国俄罗斯,这一结果与大家预料的相反。日本胜利的原因在哪里成为思考的问题。对此,许多中国人认为日本胜利是因为日本是立宪君主国,俄罗斯失败是因为俄罗斯是专制帝国。由于立宪君主国的国民对国家具有一体感和爱国心,从而能够发挥国民的总体力量,因此要比专制帝国强大。中国还是与俄罗斯一样的专制帝国,因此应该将中国改造成立宪君主制的意见即使在清政府内部也很有势力。义和团事件之后开始的被称为"新政"的政治改革,以此为契机,大大地加速了向实现立宪君主制方向的进程。

第二,决定废除科举。此后中国的留日学生激增,知识分子的状态开始发生了急剧的变化。这一点,已经在序章中作了论述。

第三,兴中会、光复会等已有的革命团体大同团结,在东京成立了以孙文为总理的中国同盟会。同盟会发行机关刊物《民报》,在世界各地设置支部以集中华侨的援助,同时动员秘密结社在中国南部的边疆地带开展武装起义。同盟会虽然不是坚如磐石的组织,地方性基础不同,各既成团体之间也存在着对立的感情,而且起义也全部失败了,尽管如此,作为革命运动的中心组织,同盟会为革命运动的发展作出了巨大的贡献。

在这种事态急剧变化、流动化的程度增强之中,不论是改革

143 派还是革命派,都有必要更加鲜明地打出自己的立场。即便是清政府也开始朝着立宪君主制的方向进行政治性的改革,变革已经是不可避免的了。对各党派而言,为了在这一变革的旋涡中扩大自己的影响力从而确保自己的主导权,就有必要呼吁自己的路线的正当性,同时批判其他党派路线的错误。这样,改革派的《新民丛报》与革命派的《民报》之间,围绕着革命的是非,在清末思想史上展开了绚丽多彩的论争。不管对哪一阵营来说,在这场论争中胜利,对运动的发展都具有决定性的重大意义。而激增的中国留日学生无论对哪一个阵营来说都是最大的人才资源库,因为要取得这场论争的胜利,只有把更多的留学生吸引到自己的阵营中才有可能。

《新民丛报》几乎是梁启超一手操办的。他运用1898年以来在日本获得的新知识以及自己作为记者的天才能力,挑起了与革命派的论争。他虽然承认以共和制的实现作为终极目标是正确的,但是始终强调用革命作为实现目标的手段是不恰当的。为了使自己的见解正当化,他在论争中所涉及的论点,如民众政治的成熟度问题等,要是仔细计算的话,有数十个。其中之一就包含了关于革命的国际环境问题。围绕这一问题,梁启超的主张主要是认为革命内乱必然招致列强的干涉,有诱发进一步扩大侵略的危险,因此对于已经面临瓜分危机的中国而言,革命是极为不恰当的手段。

革命派对梁启超提出的问题不能不进行反驳。不反驳就是承认梁启超的主张,承认革命具有促进瓜分中国的危险性。革命如果必然促进对中国的瓜分的话,革命的代价就太高了。为了实行革命,断言即使付出如此高的代价也在所不惜,即便是革命派,也不可能这么说。这样,反驳梁启超的关键,就在于在革命内乱中,列强的干涉是否果真如梁启超所言具有必然性这一点上。如果不是必然的——无论具有多高的或然性,那么列强就有可能采取干涉以外的态度——支援革命,或坚持中立。这样,问题就变成即使是微小的可能性,为了使这种可能性最大化,革命派应该如何行动?

革命派对梁启超所提出的问题进行反驳,从《民报》第三号(1906 年 4 月发行)登载的胡汉民扶笔的《民报之六大主义》一文中可以看出。《民报》初期的作者,不论是汪精卫(1883—1944)、朱执信(1885—1920)等,还是廖仲恺(1877—1925),都很年轻。胡汉民(1879—1939)也还是就读于法政大学速成科的 27 岁的青年。他隶属于同盟会书记部,担任《民报》的编辑工作。㉔据说《民报》的名称就是根据他的提案而命名的。

《民报之六大主义》是《民报》政治立场的宣言。因为《民报》是同盟会的机关刊物,因此也可以说这是同盟会的纲领性文章。"六大主义"是指:"一、倾覆现今之恶劣政府","二、建设共和政体","三、土地国有","四、维持世界真正之和平","五、主张中国日本两国之国民的联合","六、要求世界列国赞成中国革新之事业"。其中,实际上相当于反驳梁启超所提出的问题的是最后一项,即"要求世界列国赞成中国革新之事业"。胡汉民用来作为反驳的武器的是国际法——他用的不是"万国公法",而是"国际法"这一用语。

胡汉民所要求于世界各国的,不是对革命的积极支持,而是要求在革命之际他们不要妨碍革命军的行动、基于国际法而行动及宣布中立。这些远远比其题目"要求世界列国赞成中国革新之事业"所写的要节制,但是如果各国能够接受这些要求的话,就可以回避梁启超所主张的列国必然干涉的问题。因此对革命派而言这是必须要实现的要求。

问题是革命派凭什么能够对列国作出这样的要求呢？因为革命是正义的行为，这虽然是根据之一，但不是主要的根据。也不是以世界各国现在都遵守国际法这种对国际法的盲目信赖作为根据。胡汉民所举出的主要根据，是革命军方面率先完全遵守国际法。他说：

> 当革命军初起，其成功未著，而能使各国赞成其事者，又在革命者之举动能合于国际法与其势力之如何。（《民报之六大主义》）

各国对革命事业的"赞成"，具体而言，首先是将革命团体作为国际法上的交战团体来承认，而在革命内乱中保持中立，最终在革命成功之后作为正式政府予以承认。为了从各国引出这种态度，一方面，革命军必须具备作为交战团体足以使其能够承认的政治和军事方面的力量。仅仅是重复发散性的起义还明显地不够，必须要支配一定的地域并能够对清政府开展持续的抵抗。但这即使是必要条件，还不是充分条件。另一方面，必须做到"革命者之举动能合于国际法"。合于国际法的行动，具体而言是指革命军的行动严格遵守规范而毫不伤害外国人的生命财产，以及明确地尊重和继承清政府与各国签订的条约或债务。革命军如果能够自发地采取这样的行动，列国把革命军当作交战团体来承认的可能性就远远比不这样要高。

当然，不管革命军自身如何维持严正的军纪，在革命军支配的地域由于革命军之外的"野蛮排外"行为而侵害到外国人的生命财产，这不是不可能的。但是在胡汉民看来，这并不是像梁启超说的那样直接的革命干涉。列国既然承认革命军为交战团体，要求革命军对受侵害的外国人的生命财产进行损害赔偿,这与进行干涉相比远远合算。革命军只要明确表示给予损害赔偿的姿态,进行干涉的可能性反而很小了。

进一步来说的话,就是在胡汉民看来革命不会成为列国瓜分中国的借口。这也只有在那种"野蛮排外"的义和团事件中,列国虽然出兵中国而获得巨额赔款,最终也没有能够扩大瓜分中国而使中国殖民地化。列国之所以未能如此,是因为如果弄得不好,恐怕会破坏列国间的势力均衡,同时也担心中国人数的众多。因此,列国如果条件具备的话,不管有没有革命都会来瓜分中国;反过来说,如果条件不具备的话,不管有没有革命,也都不会扩大对中国的瓜分。因此革命之有无,与瓜分中国之有无,是相互独立的变数。

据胡汉民考察,承认革命军为交战团体,在西方各国已经有很多先例。他视为"先例之最大者"是美国独立战争中法国政府所采取的态度。法国政府在独立战争正在进行中的 1788 年与美国缔结通商条约和同盟条约,最早承认其独立国的地位,同时支持美国向英国宣战。在胡汉民看来,法国的行为是合于"人道"、"公理"的行为。而中国革命因为是汉族摆脱异民族满族专制统治的桎梏而恢复自己的本来状态,与美国独立相比更加合于"人道"与"公理"。既然如此,列国积极乃至消极地支持中国革命的可能性也就要比支持美国独立战争的可能性要高,首先承认革命军作为交战团体,这将是理所当然的事。㉕

革命军首先遵守国际法,由此来得到列强的承认与支持。胡汉民的这种战略在以"反对帝国主义"为历史评价基准的中国历史学界被认为是对帝国主义采取投降或妥协的态度,因此评价很低。但是这种评价恐怕是错误的。对胡汉民来说,最优先的课题 ¹⁴⁷

是在中国国内完成革命。因此，如他在《民报之六大主义》中明确指出的那样，他的最优先的课题是对完成中国革命的有利的——至少是无害的——国际环境如何才能实现这一问题。而且他是以反驳《新民丛报》的形式，而不得不回答这一问题的。论争的框架已经由梁启超所设定。像后来成为《民报》主笔的章炳麟那样，不知不觉地就依据佛教来展开论述而无视这一框架本身了。而胡汉民则是在这一框架之内尽可能进行理论性的反驳，尽可能根据历史事实来进行反驳。尽可能进行理论性的反驳，尽可能根据历史事实来展开自己的主张，这本来是梁启超议论的风格。胡汉民在梁启超设定的框架内，按照梁启超的议论风格，而且力图驳倒梁启超。对他来说，仅仅论争的胜利还不是他的终极目的。论争胜利了，更多的留学生脱离改革派而加入革命派的行列，才是他的终极目的。因此不仅仅是胜利，胜利的方式也很重要。对于在日本不断学习新知识和思考方法的留学生来说，要展开有说服力的议论，就必须运用欧美的新理论及历史上的先例。如果根据欧美的新理论及历史上的先例从革命派的立场来论述革命与国际环境的问题的话，恐怕也只能以这种形式展开论述了。

胡汉民的议论中值得注意的，毋宁说是下面两点。

第一，他有意识地无视列强之间的权力政治或势力均衡问题。如前所述，胡汉民认为义和团事件之际列强不可能扩大瓜分中国的理由之一就是，列强担心势力均衡被动摇。如果各国扩大瓜分中国而强行殖民地化，而殖民地成为完全排他性的区域，其他国家完全被排斥在这一区域之外，这样列强的势力均衡就不可避免地发生大幅度的变动。因为这样必然激化列强之间的对立，列强为了避免冒这种危险而愿意保持现状。这就是胡汉民的想法。如果胡汉民重视这种势力均衡问题的话，利用列强的利害对立,使其相互牵制而创造出对革命有利的国际环境,这种构想的成立也具有充分的可能性。但是,他没有采取这种构想。利用列强的对立以使中国处于有利的立场,这种构想是鸦片战争以来不断地失败的"以夷制夷"战术的延伸,其对中国的危害已经为历史所证明。这就是甲午战争之际利用三国干涉而取得乍一看显著成效的李鸿章外交,结果却诱发了列强划分势力范围和俄国侵略"满洲"。在胡汉民看来,本来就是弱者的中国以一些小伎俩去煽动列强的对立,而想操纵利用其势力均衡,乍一看似乎是现实的对策,实际上反而只能加深对自己的伤害。列强的利害关系,在革命派决策战略之际,即便是作为不可忽视的要因,也不是最优先考虑的要因。胡汉民之重视国际法,如果从反面来说,是成立在他有意识地无视列强之间的权力政治或势力均衡问题的这种意识之上的。

第二,胡汉民的议论中另一个值得注意之点是,他对于国际法的知识或理解与薛福成或康有为等上一辈中国人相比,无论在质上还是在量上都发生了很大的变化。他的上一辈人所依据的国际法文献主要是丁韪良翻译的《万国公法》或《公法会通》。胡汉民等留日学生已经抛弃了这些文献。他们所依据的是在日本学校的讲义或通过日语书籍而吸收的欧美学者的最新学说。胡汉民的情况,一般认为他是通过法政大学速成科的讲义而得到有关国际法的新知识的,但是在后面将提及的他的《排外与国际法》一文中出现的学者,如高桥作卫、寺尾亨、威斯特历(J. Westlake)、李斯德(F. Listz)、玛尔丁(Мартене)等,这些人名在上一辈的文章中根本看不到。不仅仅是所依据的学说发生了变化,分析国际关系所用的术语本身也发生了很大的变化。"国际法"这一用语就有象征意义,在胡汉民等年轻的留学生之间"万国 *149*

公法"一词很快地就变成了死语,而只用"国际法"这一词汇了。胡汉民运用在日本刚刚学到的新术语,应用新学说来展开自己的理论,结果这有助于在论争中强化他的立场。因为只要基于梁启超强调的"优胜劣败之理",只有淘汰旧学说而出现的新学说才是"优胜"的理论。

这样,胡汉民重视国际法的态度,就不是无视权力政治的要素的空想的态度了,也不是出于对于国际法的无知了。尽管如此,在他的见解中,不能否定他对国际法所起的作用抱有一些过度乐观的期待。在革命派之间产生这种乐观的期待的原因之一,与其指导者孙文的体验有关。

政治犯与国际法

1896 年 10 月,发生了孙文在伦敦被中国公使馆非法监禁的事件。

孙文于 1894 年 11 月在夏威夷组织了兴中会从而明确了革命的志向,1895 年 10 月试图在广州发动最初的武装起义遭到失败而亡命于国外。他首先到日本,在横滨成立兴中会支部之后,以组织华侨及调配资金为目的而向欧美进发,经过美国到达英国。首级被悬赏的孙文的行动为在外公使馆所把握,恰巧孙文从伦敦的中国公使馆前路过之际,被诱骗到馆内,就这样被监禁起来了。公使馆方面准备租船将孙文秘密送回本国以处刑,但孙文通过英国的办事员成功地联系到了住在伦敦的他的香港医科学校时期的恩师卡特林博士。卡特林直接向伦敦《泰晤士报》投稿,暴露了中国公使馆非法监禁的事实。这样,这一事件就广为流传。由于英国外交部的介入,在事件发生后的第十三天,孙文被平安地释放了。

　　以上是事件的概要。被释放的孙文在报纸上发表手记对英国政府表示感谢。而且以 *Kidnapped in London*（译为中文即《伦敦被难记》）为题出版了英文本的被难记。此前的孙文，无论是在国内还是在国际上都属于无名之辈（在国内被当成土匪对待），以这件事为契机作为"革命家"一跃获得了国际性的名声。在这种意义上，这一事件可以说是"孙文神话"的出发点。

　　中国人对这一事件正式发表评论，最初是在 1903 年出现的。这就是东京刊行的留学生杂志《浙江潮》的第八期（1903 年 11 月发行）上发表的孙翼中的《国际法上之国事犯观》㉖。《浙江潮》是由浙江省出身的留学生于同年创办的杂志，刊登各个领域的学术纪事向读者介绍最新的学术情报，同时以社论或论说纪事的形式展开激进的政治方面的宣传，是在《民报》创刊之前普及革命思想最有贡献的杂志之一。孙翼中是《浙江潮》的核心人物之一，这一事件首先引起革命派的关注决非偶然。因为孙翼中是将这一事件作为"不引渡政治犯的原则"的一个例子来理解的。

　　决心打倒清政府的革命派已经自觉到人人都是潜在的政治犯。这一点他们与改革派不同。1898 年秋戊戌变法的结果，改革派的谭嗣同等被判处死刑，康有为、梁启超九死一生逃到日本过着亡命生活，被打上了"大逆不道"的烙印，如果回国就是死刑。尽管如此，他们的——特别是康有为的——意图始终是在清朝体制内的改革，亡命后也还组织"保皇会"以要求恢复光绪帝的权力，对清朝（特别是光绪帝）的忠诚是一贯的。他们之成为政治犯，归根结底不过是无意识的结果。对此，革命派的情况是，即使现在不采取直接行动，但是都意识到自己就是政治犯。因此，如果革命运动的活动据点设在海外的话，国际法将如何处置政治犯，这就成为他们切实关心的问题。

137

那么,孙翼中对于"不引渡政治犯"的问题具体而言是如何理解的呢?对作为潜在的政治犯的他来说,不用说对"不引渡政治犯"应该是欢迎的,但是他是如何看待这种国际惯例所成立的根据的呢?特别是,在一国被视为政治犯,且只要是政治犯就可以接受他国的保护,其根据何在?孙翼中的见解大致如下。

与政治犯相对照,对私人犯罪在国家间引渡这是惯例。这与这种犯罪侵犯了"人民的生命财产"这一"天赋的权利"有关。因为"天赋的权利"是全人类共有的普遍权利,将这种犯罪者视为"各国法律之公敌"而相互进行引渡,这也是各国的共同利益。

另一方面,政治犯的情况不像私人犯罪那样具有明确的普遍性。对政治犯的评价受时代与场所而左右,具有很大的相对性。例如,19世纪各国实现了政治变革,但变革运动在大多数情况下都是由极少数的志士开始,这时他们被作为"叛党"或"匪徒"而遭到镇压,而变革成功之后,他们一变而被当作"开明的功臣"来对待。"匪徒"之变成"开明的功臣",并不单单是他们胜利了,而是由于他们的胜利,人们的价值观发生了变化,历史进步了。在这种意义上,没有政治犯就不能打倒专制政体这样罪恶的体制,政治犯是"国民之救主""历史之明星",就是说是进步的原动力。因此,对于某一特定的体制而言,政治犯罪或许是难以容许的犯罪,但是从全人类的视野来看,毋宁说是值得保护的——这就是孙翼中对有关"不引渡政治犯"的根据的见解。

孙翼中的这种见解,虽然有些附会革命派的立场而解释问题,但未必是荒唐无稽的解释。因为使"不引渡政治犯"惯例化的契机是法国革命。法国革命之前,各国的王室由于姻亲关系而紧密相连,"对统治者的叛乱或暗杀君主,以及革命失败而逃往国外的个人,通常是如果本国要求引渡其个人,那么所在国应此要求而逮捕当事人将其引渡回国,由其本国处罚"[宫崎,1968 年,第70 页]。在这里,对政治犯不是"不引渡",而是以引渡为原则,而且只要是政治犯都进行了引渡。倿这种惯例发生转换的法国革命,是高举自由、平等、博爱这一超越民族或国境的具有普遍性的意识而进行的人类最初的革命。1793 年法国宪法中规定要对为了"自由的思想"而被祖国驱逐的外国人予以"庇护"(asylum)。"政治犯"这一概念本身也就是在此时成立的,此后欧洲各国在引渡罪犯的条约中都增加了"不引渡政治犯"的原则,到 19 世纪中期,作为制度固定下来[Oppenheim,1963 年,第 704—710 页]。

就是说,国际社会在以君主国构成的时代,引渡叛逆者是统治者间的共同利益。但是,由于基于自由、平等、博爱这一普遍原理的革命打倒了旧体制,各国国内体制发生了变革,对政治犯的处理也发生了根本的变化。孙翼中认为在打倒专制体制、实现自由平等这一点上,中国革命与法国革命等欧洲的先进性的革命担负着共同的课题。中国的革命派,在国内虽然被看作是罪犯,是处罚的对象,在由已经打倒了专制体制的各国而成立的国际社会中,因为是罪犯——以打倒专制体制为目标的政治犯——所以成为保护的对象。被中国的国内法所彻底镇压的,就被国际法所保护。这种反差,对孙翼中来说是未曾有过的惊异。而这正好为中国革命的指导者的体验所证实。

实际上,孙文并没有作为政治犯而受到庇护。英国外交部把中国公使馆对孙文的监禁当作警察行为,以侵犯英国主权为理由对中国公使馆提出严重抗议。在这种意义上,孙文是否为革命家,对英国外交部来说并不是重要的问题。但是,从革命派的立场来看,送还本国而应该被判处死刑的孙文在英国外交部的介入之下而被释放了,而且被英国社会视为英雄,这是值得惊喜的事

153

情。考虑这种令人惊喜的事情是何以发生的孙翼中，想起国际社会中"不引渡政治犯"的原则，可以说这是理所当然的联想。孙翼中的这种解释，在很大程度上可以说是出于革命派之间对国际法的作用所产生的乐观的期待，同时也很可能成为他们的某种心理基础。

排外与国际法

如前所述，通过与主张革命不可避免地招致列强的干涉的改革派的论争，革命派主张革命未必诱发干涉，并且提出了通过革命军率先恪守国际法从而引出列强方面也遵守国际法的战略。但是，对革命派而言还存在不得不解决的问题。这就是如何处理不平等条约的问题。与强调生存竞争和优胜劣败的改革派相比，革命派虽然尊重国际法的倾向远远要强一些，但是与国家平等的原则相抵触的不平等条约的存在，很可能动摇革命派立论的根据。革命派是如何对待这一不平等条约的问题的呢？

154　　前面提到胡汉民所执笔的《民报之六大主义》的第四项是"维持世界真正之和平"。就是说胡汉民主张中国革命将对安定世界秩序作出贡献。他这样主张的根据有两点：其一，由革命建设一个强有力的政府。胡汉民认为，广阔的中国由清朝这一没有统治能力的政府统治本身就为外部势力的侵入创造了可乘之机，而成为国际政治不安定的因素。其二，否定排外主义。即使是在革命的过程中，也不应该动员民众进行无理的排外。他说：

　　　　吾人平居所以训诫国民者，即当使知革命排满所以求独立，非快心于破坏；至于排外，为锁国时代之思想，今无所用。革命之后，吾中国与日本欧美之交际，乃始益密，即革命之际

亦不可有妨碍外国人之举动。是不惟政策之宜，人道当如是也。(《民报之六大主义》)

《民报之六大主义》发表仅两年前，陈天华著《警世钟》以否定"野蛮排外"而主张应该始终实行"文明排外"。他之所以固执于"文明排外"，是因为他确信为了确保这个权利别无他法。现在胡汉民说排外主义是"锁国时代之思想"，是"无所用"。难道陈天华的思想没有被胡汉民继承吗？

思考这一问题的最恰当的线索是胡汉民执笔的《排外与国际法》这篇论文。在《民报》第三号发表《民报之六大主义》的胡汉民，接着在第四号开始发表《排外与国际法》。这篇文章在此后的《民报》上分七次断断续续进行连载，由于胡汉民突然离开日本，未完成就结束了，但是仅就已经发表的部分，合计也长达 150 页，而且从质上看，这也是革命派所执笔的与国际法相关的文献中具有最高学术水准的。无论如何，这里最详细地记载了同盟会主流155派对不平等条约或排外主义这些敏感问题的见解。

《排外与国际法》由六章组成，即"一、领土主权"，"二、国家平等权"，"三、国家独立权"，"四、国家自卫权"，"五、干涉"，"六、条约"这六章。无论哪一章的主题都不仅仅是国际法学上的重要问题，也是与中国所卷入的不平等条约相关的极为切实的问题，不用说这也是胡汉民自身充分地意识到这些而选择的主题。对不平等条约的反对是贯穿这篇论文的大前提。尽管如此，这篇论文也不单单是那种专门弹劾列强的行为、揭露清政府的失败的煽动性的文章，而且也不是以无谓地感叹国际法的无能为力为旨趣的文章。相反，一看就明白这是具有高度的学术性体裁的论文，介绍与前面提到的各个主题相关的国际法学者的见解，占了论文的大半篇幅。

但是，不管其具有怎样的学术体裁，这篇论文决不是以炫耀才学为旨趣而写的研究论文。毕竟这篇论文是由革命派的一员在革命运动中以反对不平等条约为主要动机而写的论文。这样的话，问题在于胡汉民写作态度的背后所包含的东西。对于反对不平等条约这一已经作为口号的不需要说明的争论之点，他为什么要采用如此迂回的学理的方式去论述呢？不单单是煽动鼓吹"排外"，也不单单是进行"国际法"研究的这篇论文，却以《排外与国际法》为标题，那么他究竟要找出排外与国际法之间的什么样的关系呢？

首先有必要考虑的是这篇论文所使用的"排外"这一词语的意义。

胡汉民根据排外的目的乃至动机的不同，将排外分成两种类型：一种是以"仇外贱外之观念"为动机的"不正当之排外"，还有一种是以主张本国的权利为目的的"正当之排外"。胡汉民认为这两种排外，虽然名称相同，但是动机全然不同。"不正当之排外"的根基中具有如"以中国为内夷狄为外"这一表现所象征的，不将作为夷狄的外国与本国之间视为对等的关系的这种"锁国主义"想法。这种排外意味着从本国排除夷狄的存在。与此相对，"正当之排外"是以各国之间本来就应该成立对等的权利义务关系为前提的。但是因为这种关系未必常常能够被实现，各国便通过排外这一具体的行动以图"恢复、保持、伸张"本国的权利。这种排外，决不是将外国作为一般的对象，而是要排除侵略本国利益的某一或某些外国，而且限于特定的侵害权利的行为。

"正当之排外"与"不正当之排外"是已经含有明显的价值判断的表述，胡汉民劝中国人采取前者作为策略而拒绝后者。胡汉民在《民报之六大主义》中拒绝无理的排外，这不用说就是指"不正当之排外"。但是"正当之排外"是因为什么理由而被正当化的呢？区分正当与不正当的基准是什么呢？这里就出现了胡汉民论文的标题中的国际法的问题。在胡汉民看来，"正当之排外"就是基于国际法的排外，区分正当不正当的基准就是看是否以国际法为基准。那么，以国际法为基准又意味着什么呢？

以国际法为基准的意义，胡汉民从两个侧面来加以分析。第一是关于排外的目的这一侧面的问题。如前所述，"正当之排外"无非是以"主张本国之权利"为目的的排外，但是在胡汉民看来，"本国之权利"只有以国际法为前提才能够被认可。他这样说道：157

> 权利者，法律所特认保护之特定行为也。国际上之权利，国际法所特认保护之特定行为也……主张国际之权利者不可不知国际法。（《排外与国际法》，《民报》第四号）

就是说，在胡汉民看来，各国可以对外正当地主张的"本国之权利"是被国际法所承认的权利。因此，"正当之排外"就意味着是谋求对由国际法所规定的权利的"恢复、保持、伸张"的行为。反过来说，只要不是被国际法所规定的，就不是正当的权利，因此就不能包含在"正当之排外"的目标之内。在这里潜藏着《万国公法》中所见到的自然法的思想的影子。以与此恰好成反比例的形式，诞生了在学问上对国际法学的执着关注。因为，既然不采取自然法式的想法，那么对胡汉民来说最大的问题就是要明确怎样的权利在国际法上是以什么形式被现实地规定的。为此，就有必要对国际法学的各种权威解释进行比较研究，以明确什么样的解释在国际社会中是通行的占统治地位的见解。

其次，以国际法为基准的另一个意义，是关于排外的手段乃

至方法这一侧面的相关问题。在胡汉民看来,"正当之排外"不单单是排外的目的是正当的,排外的手段也要是正当的。他说:

> 排外之主义不同,达其主义之手段尤不同。误用其手段则有与主义背驰者。其主义不谬也,非仇外贱外者也。而所用手段非国际上之可能,则结果与仇外贱外无别。(《排外与国际法》,《民报》第四号)

在胡汉民看来,虽然目的与手段本来具有密切的关系,但手段正当与否,必须与目的的正当与否相分离,而将其作为一个独立的问题来探讨。从目的来看虽然应该是"正当的排外",但如果手段选择错了,就可能容易发生引起与"不正当之排外"同样的坏结果。这时,目的决不能使手段正当化。因此胡汉民认为识别手段是否正当的基准同样在于是否与国际法相符合。

> 正当之排外与不正当之排外,则其区别一衡准于国际法。其妨害于平等权、交通权,而用国际上不可能之手段者,不正当之排外也。(《排外与国际法·第三国家独立权》,《民报》第八号)

进行"正当之排外"时可以运用的手段,被限定为不侵害他国的平等权或交通权、由国际法所容许的手段。于是,胡汉民所说的"正当之排外",无论是目的还是手段,都应该符合国际法。

胡汉民为什么要这样执拗地要求与国际法相符合呢?与国际法相符合,这即便能够证明某一行动的合法性,但是并不能直接证明其行动就是正当的。尽管如此,为什么胡汉民将"合法性"就视为"正当性"呢?胡汉民没有回答这一问题。对他来说这一问题与其说是应该回答的问题,不如说是应该作为当然的前提的问题。这样,为了代替他回答这一问题,就有必要根据他提供的零散的材料去恢复他在这篇论文中作为当然的前提的国际社会的秩序图景。

　　胡汉民的这篇论文是力图将各国之间的关系按照权利义务这种法律上的关系来把握。各国相互缔结条约，由此而产生的各国之间如同网眼般的权利义务关系的总体，就是他所构想的国际社会的基本景象。因此，国际社会不是由什么先天性的秩序原理所维持，而是由各国遵守现存的权利义务关系来维持的。尽管不存在中央权力，而国际社会也没有陷入力的支配的无秩序的状态，这是由于各国通过遵守条约而实现了维持秩序所必要的"法的支配"。各国都有遵守条约的义务，关于这一点，各种学说用"德义上之义务""宗教上之命令"，或者"自然法上之义务""自由意志之效力"等概念来加以说明。不论采用何种说明，遵守国际法，对"国际团体之一分子"的各个国家来说，都是当然的义务（《排外与国际法·第六条约》，《民报》第十号）。

　　在胡汉民看来，中国已经不可避免地是"国际团体之一分子"。中国与各国缔结条约，建立权利义务关系这一事实本身——即使其条约是不平等条约——就是其证据。而且，中国作为"国际团体之一分子"这一事实，从"国际团体"扩大的历史趋势来看，也是不可逆转的过程。因此，中国革命不是以脱离"国际团体"为目的的。革命政府继承由清政府所缔结的条约而成立的权利义务关系——尽管这对中国来说是不平等的——被认为是理所当然的，中国建立了共和制之后，中国与外国之间建立紧密友好的关系，提高中国在国际社会中的重要地位也指日可待（同前引）。

　　要而言之，胡汉民认为中国作为"国际团体之一分子"，这已经是不可避免且不可逆转的事情。误以为这种不可避免且不可逆转的事情是可避免或可逆转的,认为以排斥外国或外国人就能够解决问题,他把这作为"锁国时代之思想"残余来加以批判。另一方面,中国遵守国际法规,这不仅是作为"国际团体之一分子"所应尽的义务,也是作为文明国的当然的义务。胡汉民虽然说过"凡承认有国家平等权者,即莫不有互相尊重权利之义务。此在文明国间以之为平常"(《排外与国际法·第二国家平等权》,《民报》第七号),但对他来说,遵守国际法,这意味着作为国际社会之一员为了参加国际秩序的形成与维持,即作为"文明国"的道义上的资格。这里具有比追求"合法性"更高的意味。

但是,无论胡汉民如何主张应该遵守国际法,也无法消除规定中国的权利义务关系的条约中具有不平等条约的内容的事实。胡汉民承认"触发吾国民排外之感情者条约为之也"(《排外与国际法·第六条约》,《民报》第十号),不管是"正当之排外"还是"不正当之排外",大凡中国人排外感情的出发点即是不平等条约的存在。这样,胡汉民写作《排外与国际法》的动机之一,即对不论是领土主权还是国家独立权,这些中国本来应该享有的基本权利是如何被侵害的,就以严谨的学术态度给予了明确的说明。薛福成曾经以不平等条约的存在为根据,论述过中国之被置于"万国公法之外"。现在胡汉民强调尽管存在不平等条约,中国也是"国际团体之一分子",要求中国人遵守不平等条约所规定的权利义务。那么,他以什么理由来说明应该遵守那种片面的不断遭到非难的不平等条约呢?

胡汉民对此问题的回答,始终以国际法学为根据。在他看来,不论包含什么不平等的内容,既然这是条约所规定的,采取了相互同意的形式,就不能否定条约的效力。由当事国自由商量而规定在条约中的"获得权",制约着义务国的"基本权",这为国际法所许可。因为获得权优先于基本权,而且条约是不可侵犯的,这是"国际法上的准则"。如果以这种"国际法上的准则"为前提,无论中国的基本权利受到怎样的制约,中国都必须遵守条约。不能以对中国不利为理由而单方面地拒绝履行条约或废弃条约。胡汉民认为,中国为"国际团体之一分子",就包含着以忠实地遵守"国际法上的原则"为理所当然的义务的意思(同前引)。 *161*

尽管获得权优先于基本权是"国际法上的原则",遵守条约是当然的义务,但是中国的基本权利大幅度地受到条约的制约,这决不是中国人所希望的事情,这种情况有改善的必要。本来胡汉民所说的"正当之排外"的目的就在于恢复由不平等条约所侵害的中国的基本权利。但是,因为"正当之排外"在手段上也要求符合国际法,那么恢复基本权利的手续也必须要以国际法为原则。这样的话,"正当之排外"在现实中应该如何行动呢? 革命派为实现"正当之排外"能够有怎样的贡献呢?

对此,胡汉民分析了国际法上什么情况下条约的效力将消减的不同事例。根据他的分析,条约的效力发生消减有条约本身的原因和条约之外的原因这两种情况。前者比如满足了条约中已经规定的解除条约的条件的情况,这是条约自身中已经预定了的效力消减的事例,不是中国解决条约问题的指标。后者再可以细分成四种事例。其中"当事国一方明确放弃其权利者",如果这能够实现的话,这是中国最希望的解决问题的方法,但是考虑到现今"国家竞争"激烈,不能期待这种方法的实现。还有"至于不能履行者"与"战争之开始",也不希望这样来解决问题。这样还剩下一种形式就是"当事国双方合意而废止者",这对中国来说是唯一可能且理想的解决问题的方法。胡汉民的"正当之排外"也是在这种方法的框架内力图纠正不平等条约的运动。 *162*

但是胡汉民从国际法的分析所推导出来的,毕竟不过是逻辑上的可能性。如果《排外与国际法》是纯粹的学术论文,胡汉民可以就此搁笔了。但是《排外与国际法》是在与改革派激烈论争中写的政治论文。既然是政治论文,就必须开出"正当之排外"能够现实地解决中国的问题的政治上的处方。在这里,胡汉民的笔锋一转,革命的问题出现在面前。

在写作《排外与国际法》十多年以前的 1894 年,日本通过与英国交涉,实现了领事裁判权的废止与协定关税率的提升。在胡汉民看来,这是表示有可能由当事国双方商量废止不平等条约的最好的先例。由交涉来废弃不平等条约,不仅在逻辑上有可能,而且带有现实的可能性。这样的话,问题就在于日本可能的事,中国为什么就不可能呢? 如果清政府努力开展废止不平等条约的交涉,即使由于外交经验或外交力量不足而不能实现,清政府为此花费时间也是值得的。因为经验的积蓄是需要时间的。

但是在胡汉民看来,清政府不仅仅是缺乏外交经验或外交力量,而是对废除不平等条约本身就缺乏兴趣。而且缺乏这种兴趣,决非偶然的产物。胡汉民认为这是基于清朝的统治体制内在要因的必然现象。而且这种要因是关系到清政府的基本性格的构造性的要因。他所指出的要因有下面两种(《排外与国际法》,《民报》第四号):

163　　　第一,清朝是异民族统治的王朝,在中国国内站在压制占压倒性多数的汉族的立场上。一个国家政府的外交政策,大多与其国内政策有深刻关系。在国内站在压制汉族的立场的清政府,对外不可能进行"正当之排外"。因为要进行"正当之排外"必须要得到国民的支持。日本就以国民的支持为背景而成功地进行了条约改正的交涉,但是清政府的情况是,国民之间高涨的民族意识本身已经使得异民族统治的根基岌岌可危。

第二,清朝是专制体制的王朝,不具备将国民的要求反映给政府并影响其政策的组织或机能。"正当之排外"是基于受不平等条约之苦的国民的要求。"国民之心理"表现到外交政策上,就会产生支持政策实施的无形的力量。但是专制政府将国民的要求组织化,这无异于给自己掘墓。

因此在胡汉民看来,既是异民族统治又是专制统治的清政府,由于构造上的必然性,确实不可能进行"正当之排外"。这样就不可能在清政府之下进行废除不平等条约和恢复中国的基本权利的工作。这时他将活字的型号改为特大号,这样写道"欲达吾人主张权利之目的则莫如扑满革命"。就是说胡汉民的结论是,为了实行"正当之排外",必须首先打倒清朝政府。不打倒清朝政府,就不可能从根本上解决不平等条约问题。以革命建设民族国家,树立共和政体,是实行"正当之排外"的大前提。

如前所述,在胡汉民的脑海里,不是想通过革命而使中国同国际社会相脱离,相反,是想更加紧密地参与国际社会。打倒异民族统治的中国国内体制的变革,对外国来说,应该不是增大中国的敌对能力,而是增大中国的协调能力,而且,具有通过自身的革命而打倒专制体制的历史经验的先进文明国方面,也应该欢迎这种中国的出现。因此在这种协调关系中,中国与外国各国之间的利害可以通过对话进行调整,从长远来看,通过商量废弃不平等条约而缔结平等条约,这也是可能的。这就是胡汉民开出的处方。使其处方现实化的第一步就是革命。这样,一切都归结到革命这一点上。反过来说,在革命实现以前的阶段上,有关"正当之排外"的问题,革命派已经没有比以上的探索表示过更加明确的态度的了。

1907 年 3 月，胡汉民随同孙文离开日本赴河内，由于突然离开日本，《排外与国际法》就这样不了了之地中断了。孙文离开日本，是因为清政府给日本政府做了工作；但同时也是象征着中国革命的风潮发生变化的事件。清政府于前年 9 月宣言进行立宪准备，发表了将在约十年之后实现开设国会和施行宪法的构想。转移到河内的孙文，不断地在中国南部开展武装起义。而由于金钱处理等问题与孙文之间矛盾日益加深的同盟会反主流派，则选择长江流域作为革命的舞台，并企图进行军事渗透。要而言之，不论是改革还是革命，都已经从宣传的时代走向了实行的时代。《排外与国际法》中断之后，关于革命与国际法的关系这一主题，已经没有再在革命派之中出现过比这更好的论文了。

六　不平等条约解除的历史

像在开头所说到的，本章的主题是考察清末与文明观的变化相关联的万国公法观的变化。在这种意义上，本章的课题已经于前一节完成了。从前一节的结尾部分开始，笔者开始用"国际法"一词代替"万国公法"。这是由于以胡汉民等日本留学生这一代人为首，中国人的语汇发生了急剧的变化，此后除了极个别的例子，中国人已经不再使用"万国公法"一词了。在这种意义上，以"文明与万国公法"为题的这一章的叙述也应该结束了。但是作为本章的背景——或者说是隐藏的主角——不平等条约的问题还依然存在。这里想以描述辛亥革命之后不平等条约解除的历史来结束本章。

辛亥革命之后，中国人还在不断地寻求消除不平等条约。这的确是一个期待与挫折不断反复的长期过程。如果把香港回归作为消除不平等条约的终点的话,从辛亥革命开始到问题的最终解决,还花了将近一个世纪的岁月。

在本节,我们粗略地追寻一下这近一个世纪的历史足迹。因为要在有限的篇幅中涉及长时间的历史,叙述的方式也不得不与前面有些变化。如果像前面一样每一个问题都进行深入的分析的话,到这一章结束恐怕还要数百页的篇幅。

在这近一个世纪的中国所发生的政治变动,几乎令人眼花缭乱。这正如中国的国名从清国到中华民国、从中华民国再到中华人民共和国的变化一样。就是以革命来形容的时期,屈指一数的话,就有辛亥革命、国民革命、新民主主义革命,然后是"文化大革命",足足占了这一时期一半以上的时间。为了追溯这一富于起伏的历史,在某种程度上不可避免地要顾及政治史的展开来进行叙述。

尽管如此,消除不平等条约的过程并不能完全用政治的观点来说明。对清末的中国人来说,国际法的问题常常与文明的问题牵连在一起。与此相同,对辛亥革命之后的中国人来说,在考虑中国与国际社会的关系时,文明的问题也常常作为重要的要素,166 装点着消除不平等条约这一问题的背景。在这种意义上,文明的问题是这一节的所谓隐藏的主角。

辛亥革命

在胡汉民离开日本四年后的 1911 年 10 月 10 日,在长江中游的大城市武昌发生了军队的起义。得知此讯,各省的谘议局(1909 年各省创设的总督的咨询机关,实质上相当于地方议会)相继宣布从清朝独立,在约一个月的时间里就涉及 15 省。革命派常常将美国革命作为中国革命的先例,与 13 个殖民地从一国独立的情况一样，在中国发生革命也首先是各个省的独立。由独立各省的代表组成的临时参议院协议，结果决定成立统一国家的权力机关即中华民国临时政府。孙文被选为临时大总统。这就是所谓的辛亥革命。

辛亥革命是孙文率领中国同盟会以武力推翻清朝的革命，这一由"孙文神话"所支配的辛亥革命的形象，仍然还是有力的。以这种形象为前提，就辛亥革命到底是不是资产阶级革命这一革命的本质规定发生了争论。但是问题是，不是本质规定的当否，而是前提本身的当否。因为根据所发生的事情来考虑，将辛亥革命视为孙文率领中国同盟会用武力打倒清朝的革命，这无论如何也是不可能的。

在武昌的军队起义，是与孙文对立的同盟会的反主流派，为了谋求以长江流域为革命的舞台，而成功地渗入军队的结果。起义本身有近一半是属于偶然，被推为指挥官的黎元洪连革命派都不是。而扮演各省独立的主角的谘议局是作为立宪的准备的一环而由清政府开设的，占谘议局议员大部分的乡绅层本来是反对革命的立宪派，他们之所以宣布各省独立，是为了避免暴力革命的扩大和无秩序状态的蔓延。辛亥革命几乎是近乎无血革命的革命。而且被指名的独立各省的都督大部分是立宪派或清朝原来的地方长官。

而且进一步说，孙文被选为临时大总统是因为他与辛亥革命没有关系。边疆起义均告失败、自己的革命路线陷入僵局的孙文，为了获得华侨的支援而赴美国，在那里才开始知道辛亥革命的爆发。他归国的时候，临时参议院已经开始，因为内部的对立，宛如渔翁得利，临时大总统的职位转到了孙文的手里。这样一连串的事情，无论从哪一角度去考虑，都不可能得出辛亥革命是孙文率领中国同盟会以武力打倒清政府的革命这一结论。

辛亥革命不是贯穿某一特定的个人或党派的意志的革命。革命以这种形式展开，就是革命派也不曾预想到。辛亥革命是以各种各样的利害或疑惑为背景、以超出所有中国人所预想的形式而展开的革命，在这种意义上是不可预期的革命。这一不可预期的革命的实现，成为消除不平等条约的新起点。中华民国建国时的 1912 年 1 月 1 日，就任临时大总统的孙文在就职演说中这样说道：

> （中华民国）临时政府成立以后，当尽文明国应尽之义务，以期享文明国应享之权利。满清朝时代辱国之举措与排外之心理，务一洗而去之。与我友邦益增睦谊，持和平主义，将使中国见重于国际社会，且将使世界渐趋于大同。循序以进不为幸获。对外方针，实在于是。

在孙文看来，异民族实行专制统治的野蛮时代的中国已告结束。[168]中国作为共和制的民族国家已经加入文明国的行列，自觉地遵守文明国的义务，由此也期待着能够恢复文明国所应该享受的权利。孙文所说的"尽文明国应尽之义务"中，包含着继承清政府所缔结的不平等条约。而"享文明国应享之权利"中，包含着国家基本权利的恢复和不平等条约的修正。只不过是所用的词语不同，实际上在中华民国开国之初又再现了胡汉民曾经在《排外与国际法》中的构想。在亚洲最初的共和政体下，其形势果真是像孙文或胡汉民所期待的那样进展的吗？

辛亥革命之前，许多革命派所共同的预测有两个。其一，期待着通过革命诞生一个强有力的革命政权。因为革命政权已经打倒了强大的清政府，而且是得到了国民的支持而诞生的，因此应该是强有力的。其二,担心在革命的过程中可能会有外国的干涉。尽管始终否定了改革派所指出的干涉的可能性,但这并非完全的确信。对干涉的担心还常常存在于革命派的意识中。

革命派的两个预测都落空了。辛亥革命的结果并没有诞生强有力的革命政权。本来就不是革命派打倒清朝的。清朝之终焉,是由于掌握清朝军权的袁世凯与革命派妥协,以优待条件而要求宣统帝退位(1912 年 2 月 12 日)的。这一妥协的结果,是临时大总统的位置从孙文手中转移到了袁世凯的手里。此后,他不断地推进专制化。另一方面,也没有发生所担心的列强对革命的干涉。列强在革命之际保守中立,1913 年 5 月以美国承认中华民国政府为开始,列强都相继承认了新政府。而且主要的五个列强所提供的善后借款,对强化袁世凯的政权作出了贡献。袁世凯在完成专制化的 1916 年 1 月,进行了复辟帝制的活动。由革命诞生的中华民国,仅仅四年之后就变成了中华帝国。

169 革命派的预测,在国际政治方面也落空了。中国革命不但没有对世界和平作出贡献,相反在 1914 年 7 月爆发了前所未有的世界大战。这与孙文的"使世界渐趋于大同"的期待正好相反。而作为同盟国一员参战的日本,在攻陷了山东省的德国军事根据地之后,向中国政府要求继承德国在山东省所有的特权。就是所谓的"对华二十一条"要求。1915 年 5 月 7 日,日本政府向不愿承诺的中国政府发出最后通牒,5 月 9 日,中国政府承诺了这一要求。此后,5 月 7 日与 5 月 9 日成为中华民国的"国耻纪念日"。在中华民国的体制下,不但没有提高中国的国际地位和消除不平等条约,相反,又附加上了新的国耻。

为什么中国会变成这样呢?不少中国人在不断领会挫折感时发出了这样的疑问。对这一问题,孙文等旧革命派力图以重新革命来回答。辛亥革命后,革命团体同盟会改组为公开的政党国民党,其结果使一些追求实现自己的利益的不纯分子流进了党内。他们认为共和制遭受挫折的原因是丧失了革命的理念,他们企图纯化组织实行第二次革命。但是孙文于1914年在东京组织的中华革命党,因为要求党员绝对服从孙文个人,与其说是革命政党,不如说更接近于秘密结社,好像是又回到了革命之前的兴中会阶段。这样的话,其影响力当然就极为有限了。特别是对1905年废除科举之后成长起来的年轻一代的知识分子,几乎没有什么影响力。

另一方面,也有的人与孙文得出完全不同的答案。这就是陈独秀(1879—1942)等以《新青年》(1915年创刊)为据点的青年知识分子。他们所开展的运动被称为"新文化运动"。这种类型的运动是辛亥革命之前所未有的,吸引了许多青年,他们成了1910年代担负中国变革运动的中心人物。

170

从新文化运动到五四运动

陈独秀等与孙文不同,他们不认为仅仅通过政治革命就可以从根本上改变中国。在他们看来,中国的政治是由以儒家为代表的文化所支持的,而且这种文化作为价值观或行为模式埋在中国人的内心世界里。这些旧的价值观或行为模式,即使经过了辛亥革命也丝毫没有被触动而仍然存在。作为政治革命而成功了的辛亥革命的成果,如果被这些旧的价值观或行为模式所束缚,也就徒有其表了。为了从根本上变革中国,就必须变革这些旧的价值观或行为模式。即使重复进行多少次政治革命,也不可能变革这些。因此他们提倡以变革文化本身为目标的新文化运动。新文化运动,也就是文化革命。

　　陈独秀等提出了"科学"与"民主"作为形成新的文化的指导理念。对他们来说，民主意味着每个人在从国家到家庭的广泛的社会领域内，抵抗不正当的权力或权威的压制，追求自主或自由的实现或行动。科学则意味着每个人在从国家到家庭的广泛的社会领域内，打破迷信或偏见的非合理约束，以追求理性或真理的实现或行动。他们认为，民主与科学是与人种或民族的区别无关的适合于全人类的普遍价值，是区分文明与野蛮的普遍性的标准。因此，民主与科学的实现，不仅是中国人而应当成为全人类的文明化的课题内容。

　　新文化运动者的这一世界图像，乍一看与康有为的世界图像在构造上极为类似。他们都确信存在着测定文明化的普遍性基准，且都以民主或科学——严格说来，其内容不同——作为文明化的重要标准。但是对康有为来说，重要的是制定文明化的轨道
171 的是孔子。由于他认为全人类的文明化是在孔子所制定的轨道上"进化"，这样模仿西方就替换成实现孔子的理想，因此"真的"与"自己的"就可以并立而不悖了。

　　相反，在新文化运动的知识分子看来，康有为这种援用孔子的权威的态度本身，就是非科学的、迷信的。这种依靠权威的态度剥夺了中国人的自主性和创造性。他们认为"真的"就是为科学的方法或手段所证实的，这与是不是"自己的"完全无关。

　　这种新文化运动的知识分子的态度，与将附会论称为"思想界之奴性"而给予猛烈批判的梁启超的态度具有共同性。但是梁启超与新文化运动的知识分子对孔子或儒教的态度不同。梁启超对利用孔子的权威或只是尊重儒教是持批判的态度，但是并不是要否定孔子或儒教本身。他从 1902 年开始在《新民丛报》上连载长篇论文《论中国学术思想变迁之大势》。这篇文章，不仅是儒

教，视野所及还有佛教、道教甚至诸子学等，可以说是中国人写的最初的中国思想通史的论文。批判儒教一尊和批判儒教，在梁启超那里是两回事。避免对儒教的全面肯定和全面否定，与儒教保持恰当的距离，给予儒教——包括其长处和短处——在整个中国思想史的进程中以正当的位置，梁启超采取了这种冷静的态度。这也是梁启超对所谓"自己的"东西的基本态度。

　　对此，新文化运动的知识分子对孔子和儒教的基本态度，是全面否定。⑳他们认为应该一概否定压制民主与科学的中国的旧文化，而应该否定的旧文化的代表就是孔子与儒教。"打倒孔家店"或"吃人的礼教"这些口号，象征着他们的立场。在他们的见解中，"真的"与"自己的"是尖锐对立的关系，不全面否定"自己的"就不能接受和确立"真的"。因此他们始终拒绝重读传统，与将孔子祭为孔教的教祖的康有为相反，而是将强烈地否定传统与批判儒教作为新文化运动的中心思想的。在这两者之间，围绕着将孔教国教化的问题开展了激烈的论争（孔教与宪法论争）。

　　对新文化运动者来说，他们与康有为的论争，是实现民主与科学的促进者与阻碍者之间的论争。因此在他们看来，这种论争在世界各地都展开过。无论如何，第一次世界大战就是如此。他们认为第一次世界大战是野蛮的德国军国主义势力扩大的野心所致，而将协约国与同盟国的对立视为"公理"对"强权"的斗争，或"民主主义"对"军国主义"的斗争。即在他们看来，第一次世界大战就是正义与不正义之战、进步与反动之战。因此，如果协约国胜利了的话，战后的世界应该变成充满正义的世界。

　　1918 年 11 月，德国投降、第一次世界大战结束之际，陈独秀评论这是"公理之胜利"。曾经在义和团事件之际，应德国政府的要求在北京建造的追悼被杀害的德国公使的纪念碑，也变成了

"公理胜利"的纪念碑。同年1月,美国总统威尔逊已经发表了包含设立国际联盟或民族自决的"十四条",展示了对战后世界的具体构想。新文化运动者认为美丽的新世界就要来临。这时,他们对世界与中国的前途的态度,与中华民国成立当初的孙文相比,其乐观的程度有增无减。

但是,与孙文的期待同样,他们的期待也落空了。1917年8月,站在协约国方面参战的中国,作为战胜国的一员派遣代表团去参加1919年1月开始于巴黎召开的讲和会议。讲和会议上,中国代表团提出了两点要求。第一个要求是取消日本的"对华二十一条",将胶州湾租借地及山东铁道等德国在山东省的权益直接归还给中国。这些权益是在1897年开始的划分势力范围的竞争中,德国以武力威胁为背景不正当地从中国获得的。在中国方面看来,既然德国失败了,将其归还给中国是理所当然的事。另一个要求是废弃不平等条约。就此,中国代表团提出了以下六点要求:一、废除势力范围;二、撤退外国的军队或警察;三、撤消外国的邮局及电信机关;四、废除领事裁判权;五、归还租借地;六、承认关税自主权。总而言之,就是要求全部修正鸦片战争以来中国所蒙受的种种不平等关系。尽管如此,这些事项与第一次世界大战并没有直接的关系。因此,这与确定第一次世界大战的讲和条件的巴黎会议本来就很难以相容。当然中国代表团也很明白这一点。他们这样认为:

> 中国政府并不是不知道这些问题不是由于这次战争而引起的。但是讲和会议的目的并不仅仅是与敌国缔结讲和条约,以公道平等、尊重主权为基础建设新世界,这是国际联盟宪章明确规定了的。这里提出的各种问题,如果不迅速解

> 决,必定成为将来纷争的原因而搅乱世界和平。因此中国政
> 府切望讲和会议在深思熟虑的基础上解决这些问题。

就是说,在中国方面看来,建设充满正义的新世界是巴黎和会的
任务。既然如此,在这次会议上修正中国现在所蒙受的不正义状
态,是合乎道理的。

但是中国政府的要求没有实现。消除不平等条约没有作为
会议的议题。山东问题虽然作为议题来讨论了,但由于日本的压
力而被搁置起来。这一消息传到中国后,要求拒绝签订屈辱的讲
和条约、罢免亲日派的官僚的大众运动,在全国的主要城市扩展
开来。这就是所谓的"五四运动"。

174

此前中国大众运动的承担者,如太平天国或义和团,几乎都
是农民。但是,五四运动中农民完全没有行动起来。五四运动的
承担者是学生、工人、商人。他们都是城市居民,而且是民国之后
迅速成长起来的新的社会阶层。他们组织了全国学生联合会等
团体以使运动组织化,以学生罢课、工人罢工、商店罢市为手段,
展开了持续的长期的斗争。《警世钟》的作者陈天华如果还活着
的话,也许会说终于在中国出现了"文明排外"。最终迫使中国政
府拒绝签订《凡尔赛条约》。由于大众运动而成功地使得政府让
步,这的确是前所未有的事情。

五四运动的经过使知识分子的志向发生了急剧的变化。前
述陈独秀等《新青年》一系的知识分子被北京大学校长蔡元培聘
请从 1917 年开始到北京大学任教。站在五四运动最前列的北京
大学的学生,就是他们教出来的学生。与学生一样,陈独秀也参
加了运动并被逮捕而辞去了北京大学教授之职。此后,他成为
1921 年 7 月创立的中国共产党的首任总书记,本来想与政治分

开而以文化改造为目的的他,由此一转而成了激进的政治运动的指导者。

在陈独秀转向的背后存在着以下三点重要认识。

第一,对国际认识的变化。视国际联盟的胜利为公理的胜利的这种乐观的见解迅速褪色了。在陈独秀看来,国际联盟也毕竟不过是帝国主义,第一次世界大战不过是帝国主义之间的相互战争而已。

第二,对社会主义认识的变化。对1917年发生的俄国革命,虽然当初由于情报不足而没有给予积极的反应,与对欧美各国给予很低的评价相反,对俄国革命及苏联却给予了很高的评价,由此对指导俄国革命的马克思主义也抱有强烈的关注。陈独秀认为,俄国革命使人类看到了实现社会平等的可能性和与帝国主义不同的社会发展的可能性。

第三,对中国变革方式认识的变化。以实现科学与民主为目标的新文化运动,所设想的实现目标的方法是民众教育。通过教育使新的价值观渗透到中国人的精神世界,从根本上改变他们的意识与行为模式,这被认为是中国再生的关键。但是要实现这样的目标需要相当长的时间。体验到五四运动中大众运动的激昂的陈独秀,认为组织大众展开政治运动是解决中国的问题更为有效的方法。

以这种认识的变化为媒介,陈独秀等一部分新文化运动的知识分子急速转向马克思主义而筹划中国的共产主义运动了。对他们来说,1919年7月苏俄政府发表的《加拉罕宣言》,使他们更加深信不疑。《加拉罕宣言》于第二年2月传到中国,宣告了取消沙俄帝国对中国的下列行为:(1)取消夺取征服"满洲"等地;(2)无偿地将中东铁道、所有的矿山、森林等权益归还给中国;(3)放弃接受义和团赔偿金的权利；（4）放弃领事裁判权等。这表明了苏俄政府对中国的外交发生了根本性的转变。这些正是此前不久在巴黎和会上作为议题都被拒绝了的、中国代表团所要求的各种问题。苏俄在中国提出要求之前，就单方面地无偿地将对中国来说是悬案的不平等条约中的各项权益归还给了中国。陈独秀等当然会感到这的确是一个行使正义的美丽的新世界正在诞生。

　　在第一次世界大战中，陈独秀等将协约国与同盟国之间的对立视为公理与强权之争。但是凡尔赛讲和会议暴露了第一次世界大战不过是强权者之间的斗争。如今社会主义与帝国主义之争才是公理与强权之争。中国人参加这一世界规模的公理与强权之争的方法，只有在中国组织共产党，开展以实现社会主义为目标的革命运动。只有社会主义的胜利，才有可能从根本上解决中国的各种问题。新的期待于是在这里再次诞生了。 ₁₇₆

　　但是，五四运动不仅对新文化运动的知识分子，就是对孙文也产生了深刻的影响。1919年夏在上海作为旁观者目击了五四运动的孙文，受到激昂的大众运动的冲击，于同年10月将中华革命党改组为了中国国民党。在致力于大众的组织化的同时，对外反对帝国主义的姿态逐渐鲜明。中国国民党的这一动态为共产国际所注目。按照共产国际的解释，在尚处于封建阶段的中国，还不需要陈独秀等所期待的立即进行社会主义革命，而首先必须实行资产阶级领导的民族民主主义革命。对马克思主义者来说，不能够超越历史的发展阶段。共产国际认定了承当民族民主主义革命的核心力量是中国国民党，而将中国共产党置于其从属的伙伴的地位，中国共产党党员以个人的身份加入中国国民党，在这种特殊的"国共合作"的框架下开始了国民革命。对于期待立即进行社会主义革命的陈独秀等人来说，虽然这不是他们所期望的,但是在由帝国主义统治的中国实现民族民主主义革命,这将会打击帝国主义而对扩大世界规模的社会主义作出贡献。

国民革命与关税自主权的恢复

作为民族民主主义革命的国民革命,反帝反封建是两个重要的课题。反封建,就是要结束由于袁世凯去世(1916 年),之后迅速扩大的全国性的军阀割据状态(军阀被认为是封建势力),而重新统一中国。反对帝国主义,就是要结束中国的对外从属关系,恢复中国的权利以实行政治上、经济上的自立。1924 年 1 月,在使国共合作得以成立的中国国民党第一次全国代表大会的大会宣言中,提出了"一切不平等条约,如外人租借地、领事裁判权、外人管理关税权以及外人在中国境内行使一切政治的权力侵害中国主权者,皆当取消,重订双方平等、互尊主权之条约"这一基本的对外方针。

孙文虽然于 1925 年 3 月逝世了,但是国民革命的路线还是在坚持着。特别是在孙文刚刚去世之后以在上海发生的"五卅事件"(租界警察向中国学生等的游行队伍开枪射击事件)为契机,反帝运动的潮流在全国高涨起来。在国民党势力的根据地广州,于 6 月 23 日也发生了"沙基惨案"(英军从租界对抗议"五卅事件"的游行队伍开枪而造成大量人员伤亡的事件),因此反帝运动更加高涨。国民党认为这些事件的根底在于不平等条约的存在,因此于 6 月 23 日和 28 日两次强行宣布要求废除不平等条约。

第二次宣言发布后三天,作为国民党的政府组织的国民政府在广州成立。就任国民政府首席委员的是左派的汪精卫,廖仲恺、胡汉民等曾活跃于同盟会的留日学生做了委员。在《民报》上发表过《排外与国际法》的胡汉民被选为外交部长。他在 7 月 8

日发表的外交部长就任演说中表示：

> 现在外交的方针，是根据国民党的对外方针，我们总理
> 遗嘱说，求中国之自由平等。要中国能够自由平等，便是外
> 交的事，便是我们外交的目的。要达到这个目的，我们便要
> 遵照总理遗嘱所说联合世界上以平等待我之民族，共同奋
> 斗，而废除不平等条约而努力，这便是外交上的大工
> 作。……我们求中国之自由平等，不但是为中国计，并且是
> 为世界和平计。如果中国不能平等独立，中国的内部必定分
> 裂，而像欧战一般的第二次战争，便在太平洋地区发现。如
> 果发生这样战争，不但是中国的不幸，世界人类也是大大不
> 幸，世界人类将要受重大的灾惨。所以中国的外交问题，不
> 但是中国的平等独立问题，并且是世界人类的和平幸福问
> 题。（《就外交部长职演说词》）

178

这时的中国，已经与德国和苏联缔结了含有放弃领事裁判权
及协定关税权的新条约，实现了完全平等的国家关系。㉘对英、
美、日等帝国主义各国也展开了积极的"革命外交"，认为如果施
加压力的话，消除与这些国家之间的不平等条约，即使有困难，也
决非不可能的事。国民政府选择了英国作为目标。正在那时香
港发生了大规模的海员罢工，民国政府对这种罢工进行了全面的
支持，而强行地对香港进行经济封锁。不仅仅切断了对香港的物
资供应，而且也完全禁止到香港的船舶停靠在国民政府统治下的
广东省的港口。经过了一年半的封锁，香港成了死港。但是英国
政府终究没有让步，守住了香港。

1926 年 7 月，国民政府开始了以重新统一中国为目的的"北
伐"。以蒋介石为总司令的国民革命军从广州出发顺利北上，于

163

同年 10 月进入了辛亥革命的发祥地武汉。在这一阶段，出现了反帝反封建国民革命的这两大课题发生分裂的迹象。左派所指导的激进的大众运动用实力解放了汉口与九江的英租界。担心英国会派遣军舰对革命军挑起战端，在关键时刻伺机进行"革命外交"。㉙

从反帝国主义的理论来看，解放由治外法权所保证的"国中之国"的租界是理所当然的行为。但是如果由此而发起与列强之间的战争，这就会妨碍重新统一中国的大业。在解放汉口与九江的租界之际，英国没有派遣军舰，而是与国民政府缔结了归还租界的协定，和平地解决了问题。对此，认为这是因为英国在能够容许的限度内丧失较小的规模的租界，如果同样的事态在上海再现的话，就很有可能引起包括英国在内的列强对国民革命的干涉。而且在辛亥革命之前，改革派就警告过革命派如果实行革命的话会招致列强的干涉而恶化瓜分中国的态势。相同的事情在如今的国民革命的过程中也发生了。

最有压力，同时也是最有改变事态的实力的是掌握军权的国民革命军总司令蒋介石。1927 年 4 月，国民革命军到达上海，就在此前，上海由共产党指导的工人总罢工而解放了。迫于二者择一的蒋介石，舍弃了共产党，这就是所谓的"四一二"政变。许多共产党员及其同志惨遭杀害，国共合作破裂了。

国民革命军进入北京是在 1928 年 6 月。7 月 6 日蒋介石到北京郊外孙文的陵前报告北伐已经完成。第二天即 7 日，蒋介石代表中国的国民政府向外国发布了希望废除不平等条约的宣言。宣言的核心有以下几点：一、以在华外国人的生命财产受到法律的保护为大前提。二、已经期满的不平等条约自然废弃而缔结新条约。三、尚未期满的不平等条约以正当的手续解除而缔结新条约。四、在缔结新条约之前国民政府尽量以临时办法处理。五、在华外国人应该接受中国法律的支配和中国法院的管辖。要而言之,这不过是再现了胡汉民所说过的"正当排外"。

作为国民革命军的总司令而成功地完成了北伐的蒋介石,现在率领国民政府与国民党,是在中国最具实力的人物。在蒋介石的面前,汪精卫、胡汉民等国民党的干部,作为革命家的经历远远在他之上。他们在同盟会成立以来就是孙文的同志。掌握军权而在实力上高于他们的蒋介石所必要的,是作为指导者的权威。为了获得这种权威,孙文的国内统一和修正不平等条约这两大遗愿,必须在蒋介石的手里一并实现。在此意义上,修正不平等条 *180* 约便成为蒋介石最优先的课题,同时也是试探政权前途的试金石。如果成功的话,蒋介石不但作为孙文的后继者证明自己的正统地位,而且由于自己成了中国民族主义的新英雄也获得了作为中国未来的指导者的资格。㉚

对蒋介石的宣言,美国政府最早响应。美国是最晚到达亚洲的帝国主义国家。美国南北战争之后是进行西部开发,之后才越过太平洋到达亚洲的。1898 年由于美西战争获得菲律宾之后,列强在中国的势力范围分割已经完成了。因此对美国而言,为了打入中国市场,与其同已经得到势力范围的各国竞争而以获得新的势力范围为目标,还不如让这些国家对美国资本开放势力范围的门户,以承认在商品买卖及投资方面有与其均等的机会更有利,这乍一看好像是合乎正义的政策。1899 年美国国务卿海约翰发表宣言以来,"门户开放"与"机会均等"就成为美国对中国政策的一贯基调。

第一次世界大战之后疲于战争的欧洲各国不得不致力于本国的经济重建,而美国与中国的经济关系则得到了飞跃的发展。

1921 年由美国主导召开的华盛顿会议,在讨论裁减海军军备问题的同时,也与中国政府代表探讨了以中国为中心的东亚国际关系的状况。其结果,签订了关于中国问题的"九国条约",条约的开始就倡导中国的主权与独立及领土完整,同时承认门户开放及机会均等的原则。列强方面也相继意识到不平等条约不能总是搁置不顾。因此既然中国完成了再统一,修正不平等条约又提上日程。在蒋介石宣言后不到一个月的 7 月 25 日,美国与国民政府之间签订了《调整中美两国关税条约》,承认了中国恢复关税自主。因为也同意废除作为抵押恢复关税自主权的厘金(出于调配讨伐太平天国的军费而实行的临时商品通过税。太平天国被镇压后作为地方税而固定下来,民国时期成为地方军阀的资金来源),在合理开放中国市场这一点上,对美国来说也是一种有利的改正。

这时实现的恢复是关税自主权,而撤销治外法权的问题,还得等待机会。这一问题的解决必须有待于中国法律制度的完备及国民政府实际统治区域的扩大。1928 年国民政府虽然实现了再统一,但是被称为"新军阀"的地方势力开始抬头,而且与政府军之间不断地发生武装冲突。更有由于国共分裂而处于敌对关系的中国共产党,在长江以南建设了不少革命根据地以进行持续的抵抗,并且于 1931 年 11 月宣布以统一根据地的形式成立了中华苏维埃共和国。

关税自主权的恢复,强化了国民政府的经济军事基础,为扩大国民政府的实际统治区域作出了很大的贡献。增加的关税收入滋润了国民政府的财政,而厘金的废除则在经济上打击了地方势力。[31] 由于关税收入而装备的近代化的国民政府军,与地方势力及共产党势力之间的军事实力的差距迅速扩大。蒋介石镇压了新军阀的叛乱,于 1934 年成功地围剿了共产党根据地。国民政府统治的区域扩大了,国内治安也迅速恢复。解决废除治外法权的问题被认为指日可待了。但是,这一期待又一次落空了。因为以 1937 年 7 月发生的卢沟桥事变为契机,中日两国陷入了全面的战争状态。

抗日战争与治外法权的撤销

1931 年九一八事变爆发之际,蒋介石打出"安内攘外"的方针,认为与其同日军对抗,不如先镇压新军阀势力及共产党。但是在抗日战争之际,又与共产党进行第二次合作,将首都迁往重庆开展抗日战争。中国处于国家与民族存亡的危急关头,这更甚于清末的"瓜分"危机,而且是现实的危机。此时,确保民族与国家的存在成为最优先的课题,实现修正不平等条约这一誓愿似乎遥遥无期了。但是可笑的是,正是在激烈的抗日战争中,解决了废除领事裁判权、修正不平等条约这一悬案。而且这正是因为抗日战争才得以解决实现的。

1941 年爆发的太平洋战争,使抗日战争的性质发生了改变。因为日本与美国及英国进入战争状态,抗日战争成为第二次世界大战的一部分,中国成了联合国的一员。[32] 1942 年 1 月,中国在《联合国家共同宣言》上署名,与美国、英国、苏联一并升格为联合国四个大国之一。蒋介石被称赞为与日本法西斯战斗的"民主主义的指导者"。对于联合国的四大成员国之一,而且是与法西斯战斗的民主主义阵营的一员的中国,还具有不平等条约的待遇,这是不合道理的。

另一方面,日本将在黑幕中制造出来的南京的"汪精卫政权"(1940 年 3 月成立)视为正当的国民政府,打出了不承认蒋介石

182

政权的方针。汪精卫政权,对日本来说是"大东亚共荣圈"的最大的伙伴。对此,还具有不平等条约的待遇,这也是不合道理的。于是联合国与日本之间开始了消除不平等条约的竞争。1943年1月9日,日本与"汪精卫政权"之间缔结了废除治外法权协定,而仅仅两天之后的1月11日,美国与英国同蒋介石政权之间签订了包括撤销治外法权的新条约。㉝从鸦片战争中签订《南京条约》的那一天(1842年8月29日)算起,正好经过了101年加166天。

中华人民共和国的诞生与新的不平等关系

1945年6月,联合国50个国家的代表汇集在旧金山签署了《联合国宪章》,开始了应该承担维持战后世界和平的国际联合。中国与美国、英国、法国、苏联一起成为安全理事会常任理事国。这如果与两年半之前成功地消除不平等条约加在一起,1912年1月在临时大总统就任演说中孙文的希望就此总算实现了吧。然而,现实又一次使希望落空了。

为了确保中国在国际社会的指导地位,必须先要解决国内问题。1937年抗日战争爆发之际,国民党与共产党恢复了国共合作,取消了中华苏维埃共和国,红军改组为八路军置于国民革命军的指挥之下,在抗日统一战线的框架下对抗日军。主要在日本占领下的农村展开灵活的游击战的共产党势力,在抗日战争中大幅度地增长,抗日战争开始时只有五万党员,到太平洋战争结束时增加到约一百二十万,同时根据地也不断扩大,共产党影响下的人口达到将近一亿。国共两种势力的争执还潜在地继续着,日本这一共同的敌人消灭了之后,其矛盾必然再度表面化。因此,由谁以及如何来填补中国国内由于日军占领地区的消失而突如其来的巨大的权力真空状态的问题,成为对中国前途具有决定性意义的重要问题。不解决这一问题,中国就不能获得作为真正的大国的地位和权威,这是很明显的事实。

在国民党看来,中国应该统一于国民政府之下,既然近代国家都是将军权集中于中央,共产党就应该交出武器与根据地,以后作为一个无武装的政党而活动。而在共产党看来,这无异于将在抗日战争中用鲜血而换来的政治上和军事上的资产交给曾经镇压过共产党的势力。这对于革命势力来说乃是自杀的行为。尽管试图进行过种种调停,但是两种势力的对立还是不断加深,到 1946 年夏,中国再度兴起了战火。这就是所谓的"国共内战"。

国民党以空军或坦克等近代兵器的威力,成功地确保了城市。但是在农村展开势力的中国共产党,不断地包围和孤立城市,最终驱逐了国民党的势力。1949 年 10 月 1 日,站在北京的天安门城楼上的毛泽东宣告了中华人民共和国的成立。在此十日前的 9 月 21 日,为决定中华人民共和国的政治体制而召开的中国人民政治协商会议的开头,毛泽东对即将诞生的中华人民共和国的目标,作了如下的论述:

> 我们的民族将从此列入爱好和平自由的世界各民族的大家庭,以勇敢而勤劳的姿态工作着,创造自己的文明和幸福,同时也促进世界的和平和自由。我们的民族将再也不是一个被人侮辱的民族了,我们已经站起来了。我们的革命已经获得全世界广大人民的同情和欢呼,我们的朋友遍于全世界……随着经济建设的高潮的到来,不可避免地将要出现一个文化建设的高潮。中国人被人认为不文明的时代已经过去了,我们将以一个具有高度文化的民族出现于世界。

184

正如 37 年前孙文就任临时大总统时的演说一样，对毛泽东来说，中国革命的目标是使中国重新步入文明的轨道，作为自立的民族国家而成为国际社会的一员。

但是，与确信"各民族的大家庭"为单一的存在的孙文不同，对毛泽东来说，世界分裂为两个"大家庭"。即一个是以苏联为家长，各社会主义国家及被压迫民族为成员的"大家庭"。演说中的"爱好和平自由的世界各民族的大家庭"就是指的这个"大家庭"。另一个是以美国为家长，由帝国主义势力和反动势力组成的"大家庭"，他们企图继续榨取和压迫世界人民。蒋介石所率领的国民党就是与这个"大家庭"的末端相连的。

根据这一构图，毛泽东以选择与苏联的同盟最为优先，而且将苏联的经验作为建设中国的社会主义体制的模型，即采取了所谓"向苏一边倒"的政策。这时的毛泽东并不希望进行世界革命。他所需要的是为了再建由于长期的侵略战争及内战而疲敝的国内经济所必要的和平环境。但是在他看来，世界和平只有在社会主义阵营变得强大——社会主义势力等于和平势力，对他来说是当然的前提——而能够制止帝国主义势力侵略的野心时才有可能实现。因此作为这种"向苏一边倒"的政策的反面，反对帝国主义的政策是对外政策的又一个基本的根据。9 月 29 日发表的中国人民政治协商会议的共同纲领中，宣布了"取消帝国主义国家在中国的一切特权"（第三条）。㉞

这样，中华人民共和国以"向苏一边倒"的政策和反对帝国主义的政策为基本方针而出发了。但是刚刚建国之后出现的以下两件事，明显地与这两个基本方针相抵触。

第一件事与香港问题有关。中华人民共和国建国约半个月后，人民解放军解放了广州，迫近了与香港的分界线。英国尽管称香港为"东方的柏林"或"东方的直布罗陀"而摆开死守的架势，但是因为兵力绝对不足而不可能进行防卫。反过来说，解放香港从军事上说是极为容易的事。但是，人民解放军在分界线上停止了进军。

只有香港，是 1934 年 1 月由于与美、英之间缔结条约而取消领事裁判权之后，在中国剩下的最后的"帝国主义的特权"。在这一条约中，美、英两国不仅放弃了领事裁判权、驻兵权、沿岸贸易权、内河航运权等各种特权，而且答应归还天津与广州的租界。但是对于中国方面强硬要求解决的香港问题，英国方面根本拒绝把香港问题当作议题提上日程。中国方面考虑到新条约的成立，对这种强硬态度作出了让步。

对于香港问题，中国政府在太平洋战争结束时再次动念。战争中香港为日军所占领，中国政府认为，香港既然是中国战区的一部分，就应该由中国军队解除日军的武装而接受其投降，这样就可以迈出回收香港的实质性步伐。对此，英国方面在中国军队到达香港之前就派遣舰队重新占领了香港，而无视中国政府的意向，表示了自行接受日军投降的强硬方针。这一纷争，由于美国 ¹⁸⁶ 对英国的支持而被确定下来，中国又失去了回收香港的机会。

总之，即使是"国民党反动派"都设法进行香港回收，而标榜反对帝国主义的中华人民共和国政府，在比"国民党反动派"当时远远有利的情况下，却放过了这样的好机会。中华人民共和国的选择，并不是基于对既存条约的尊重，在前述的中国人民政治协商会议共同纲领中说，对"凡与国民党反动派断绝关系，并对中华人民共和国采取友好态度的外国政府"，准备"在平等、互利及互相尊重领土主权的基础上"建立外交关系(第五十六条)。明确地记载对于既存的条约，在审查内容的基础上，应该进行"分别予以承认,或废弃,或修改,或重订"(第五十五条)。香港问题确属有关中国领土主权的问题,在中国方面应该不存在尊重这一条约的义务。这样的话,中国的这一行动是出于与其以实力回收香港,还不如维持现状更加有利这样的打算。宛如是与中国的这种态度相呼应,在 1950 年 1 月,英国在西方阵营中第一个率先承认了中华人民共和国政府。如果联想到在辛亥革命之际,英国承认中华民国约要一年半的时间的话,可见这一次是非常快的承认了。

另一件事是围绕着与苏联的关系。如前所述,对于"向苏一边倒"的中华人民共和国政府而言,与苏联建立国交是关系到外交政策的根本的问题。1950 年 2 月 14 日,在莫斯科签订了《中苏友好同盟互助条约》。但是中国政府的代表毛泽东到达莫斯科是在前一年的 12 月 16 日,到条约签订要两个月的时间。这一期间,是建国后内政方面的困难堆积如山的时期,尽管如此,毛泽东钉在了莫斯科,可见这一条约的交涉有多么困难。

187　　　中华人民共和国政府虽然打出了"向苏一边倒"政策,但这并不是说在国共内战中苏联政府给予中国共产党以什么积极的支持。苏联在太平洋战争终结的前一日即 1945 年 8 月 14 日,与蒋介石的国民政府之间签订了《中苏友好同盟条约》,与其支援"奶油共产主义"(斯大林语)的中国共产党所率领的革命,还不如与国民政府之间保持安定的关系更加有利。中华人民共和国,与铁托的南斯拉夫一样,都是没有苏联的支持而实现的例外的社会主义政权。

苏联与国民政府所缔结的《中苏友好同盟条约》的基础,是 1945 年 2 月罗斯福、斯大林、丘吉尔三人(即排除了蒋介石)签订的《雅尔塔协定秘密议定书》。这里约定以苏联对日参战作为回报,恢复"日俄战争中日本从俄国不正当夺取的"在中国的权益。㉟而且苏俄发表《加拉罕宣言》，约定将沙皇俄国从中国夺取的权益无偿地而且是单方面地归还给中国。现在斯大林作为沙皇的权利的正当继承者而出现。在这种意义上，《中苏友好同盟条约》是新的不平等条约，在国共内战之际之所以没有撤回对国民政府的支持，是因为通过这一条约苏联已经得到了充分的利益。

《中苏友好同盟互助条约》的交涉之所以难以进展，是因为斯大林要求毛泽东承认这些特权。在毛泽东的抵抗下，要求尽管得到了某种程度的缓和，而在新疆设立合办企业等，又不得不提供新的不平等的特权。

如果将这两件事合起来看，感到事情非常奇妙。就是说，一方面，尽管中华人民共和国打出以反对帝国主义为基本方针的旗帜，与帝国主义之间的不平等条约问题几乎完全都解决了，但对于剩下的最大的争论之点的香港问题，中国方面自动地放弃了解放的机会。另一方面，尽管打出"向苏一边倒"的政策，将与社会主义各国的联合作为基本方针，而与苏联的新条约却包含了不平等的内容，而且这不外乎是沙俄帝国主义特权的复活。 *188*

要想修正与俄国的既旧又新的不平等关系，必须等到斯大林去世（1953 年 3 月）。1954 年 10 月，苏联共产党的第一书记赫鲁晓夫，在中华人民共和国建国五周年的国庆节访问群情激昂的中国，与中国首脑进行会谈，同意一并修正作为悬案的不平等特权。在前一年的 7 月朝鲜战争实现了停战，从这一年 4 月开始到 7 月召开的围绕印度支那半岛的日内瓦会谈上，周恩来展开了基于"和平共处五项原则"的积极外交，打出了殖民地体制瓦解之后在亚洲的指导性立场。而且在国内成功地压制了国共内战时恶性的通货膨胀，1953 年开始的第一个五年计划，顺利并超额完成了预定的指标。在中国人民政治协商会议的开头,毛泽东所期待的似乎就要实现了。但是这种期待又再一次落空了。

向激进路线的转换

1956 年 2 月,在苏联共产党第二十次代表大会上,赫鲁晓夫进行了秘密演说,揭露了被神格化的作为真理化身的斯大林的错误与野蛮,在否定个人崇拜的同时,实行了以"和平转移"与"和平共存"为支柱的大胆的路线转换。所谓和平转移,就是在民主主义发达的现状下,有可能通过议会等和平手段而向社会主义体制转移,从而推翻了向社会主义转移必须通过暴力革命这一马克思列宁主义的经典性命题。而和平共存,在由于核战争人类面临灭绝的危机下,有可能而且也有必要与以美国为首的帝国主义各国之间非敌对性地共存,从而推翻了与帝国主义之间不可避免地要发生战争的这一马克思列宁主义的经典性命题。美苏的紧张关系不断缓和,冷战逐渐化解。1959 年 9 月赫鲁晓夫作为苏联首脑首次访问美国,与艾森豪威尔总统进行会谈,发表了有可能不是以武力而是以对话的方式来解决两国之间的问题的联合声明。

1950 年代后半期,与美苏关系的缓和相反,中美的对立进一步深化,同时中苏关系的裂痕也加深了。这一契机在于中国共产党向激进主义路线的转化。在 1958 年 5 月召开的中共八大二次会议上,毛泽东提出了"大跃进"政策。8 月末的中央政治局扩大会议通过了《中共中央关于在农村建立人民公社问题的决议》,仅仅三个月之后的 11 月,就报告说人民公社化在全国范围内已经完成了。另一方面,仿佛是与政治局扩大会议的决定相对应,在同年 8 月,人民解放军开始炮击台湾方面占领的金门岛与马祖岛,对此美国出动第七舰队,台湾海峡的危机一触即发。中国共

产党对美帝国主义表示了鲜明的决战到底的姿态,与国内激进的
"大跃进"路线相结合,全中国笼罩着十分紧张的空气。

鲜明地表明与美帝国主义决战到底的姿态,这是出于中国共
产党提出的"中间地带理论"这一对世界的解释框架。这一理论
将世界分为社会主义阵营及美帝国主义两极构造来把握。在这
两极之间,设定存在着由亚洲、非洲、拉丁美洲各国组成的"第一
中间地带"和由日本、欧洲各国组成的"第二中间地带"。美帝国
主义是榨取和压制全世界的根源。第二中间地带的各国,虽然对
第一中间地带的各国存在压制的关系,但其本身是脆弱的,与美
帝国主义之间是处于从属的关系。因此由殖民地与新兴国家组
成的第一中间地带,是受帝国主义肆意榨取、压迫的全世界的矛
盾的焦点所在。包括中国在内的社会主义国家的课题就是要联
合这些第一中间地带的人民,支援他们对帝国主义的战争,把美
帝国主义逼上绝境,以至最终打倒它。要而言之,中间地带理论
是中国共产党打出的与苏联的和平共存路线相对抗的中国的世
界革命战略。

中间地带理论的背景中存在着中国革命的经验。中国共产 *190*
党首先在农村扩展势力,将国民党逼到城市,然后以农村包围城
市而获得胜利。第一中间地带就是世界的农村,将广阔的世界的
农村引向社会主义阵营,然后包围并孤立美帝国主义。在这种意
义上,中间地带理论是试图将农村革命这一中国革命的经验在世
界范围内给以展开。

采取急进主义路线的中国与采取和平共存政策的苏联之间
的关系破裂,由1960年发生的苏联撤销了对中国的援助而表面
化,而最终向中苏论争发展。论争包含了从对马克思主义理论的
解释到对世界现状的认识,从而涉及两国共产党的正统性问题。

中国共产党批判赫鲁晓夫路线是脱离了马克思主义的正统、放弃革命的"修正主义"。而与之相对应,中国的急进主义路线进一步加剧,到 1966 年夏爆发了"文化大革命"。

"文化大革命"中,中苏关系进一步恶化,论争发展成为纠纷,1969 年在乌苏里江的国境线上两国的正规军发生了冲突。前一年的 8 月苏联侵略捷克之际,中国共产党称苏联为"社会帝国主义"而对之进行批判。认为社会主义国家苏联,不单是脱离了马克思主义的正统路线,而且现在已经堕落到了帝国主义。对于觉悟到可能与苏联发生全面战争的毛泽东来说,以扩大霸权为目标的苏联社会帝国主义,与走向衰退过程的美帝国主义相比是更加危险的存在。另一方面,从 1960 年代中期开始,越南战争激化,美国空军在越南北部频繁空袭,中国与美国很可能发生直接冲突。"文化大革命"时期的中国在国际政治舞台上完全处于孤立状态。

191 　　但是,中国发生"文化大革命"的消息,给世界不少的人们以强烈的感动,这也是不可否认的事实。否定党内官僚主义、清除特权干部、将知识分子及学生下放到农村以防止学问与劳动相脱离、呼吁全心全意为人民服务的禁欲的生活态度、以"自力更生"为口号而追求经济上的自立的这种"文化大革命"中国的形象,以某种新鲜的惊奇为人们所接受。特别是对展开越南战争的美国和践踏"布拉格之春"的苏联深感失望、在先进国家官僚化或资源的浪费中感到文明的末路的人们,认为中国的"文化大革命"是代替美国式和苏联式的一种社会发展的新类型。1960 年代末风靡欧美及日本的学生运动,无论在哪个国家都出现了以毛泽东主义者命名的集团,这决非偶然。对他们来说,中国是新世界文明的中心,运气好的有幸得以访问圣地并被允许拜谒毛泽东等指导者。这光景有几分与曾经接受朝贡使节相仿佛。

以美苏为敌而在国际上孤立的中国,到 1971 年,外交政策发生了戏剧性的变化。这一年 7 月 9 日,基辛格秘密访华与周恩来进行会谈,同意了美国总统尼克松对中国进行正式访问。这一消息于 7 月 16 日公布,震惊了世界。因为越南战争还在进行之中,以支援越南解放斗争相标榜而对美帝国主义不断进行强烈批判的中国,能够与被打上右翼烙印的尼克松和解,这是不可思议的。但是一旦尼克松访华的消息发表出来,中国所处的国际环境就发生了很大的变化。在同年 10 月召开的联合国大会上,通过了邀请中华人民共和国进入联合国的决议。在台湾地区的"国民政府"代表全中国的这种假定,在国际上已经不能通用了。

邓小平路线与香港问题

192

1974 年 4 月,邓小平副总理出席联合国大会第六届特别会议,阐述了中国对世界格局的新认识,即"三个世界"划分的理论。邓小平认为既然苏联已经堕落为社会帝国主义,那么社会主义阵营就已经不存在了,这样一来中间地带理论也就不适应了。代之而起的"三个世界"的理论,就是将美国和苏联作为第一世界,亚洲、非洲、拉丁美洲各发展中国家为第三世界,而不属于这两者的是第二世界。中国属于第三世界,并站在代表第三世界的利益的立场上在联合国发挥作用。这表明了回到联合国并作为安理会常任理事国的中国,在联合国及国际社会中的新作用。尽管如此,因为"三个世界"的理论格局是按照世界各国经济发展的程度而划分的,如果除去对苏联的强烈的敌意和警戒来看,其本身相类似于近代化论。要而言之,从中间地带理论到"三个世界"理论的转变,无非是表明了中国放弃了世界革命而追求自身的经济发展。

1976 年 9 月,毛泽东去世了。10 月,"四人帮"被逮捕。"文化大革命"结束了。同年 4 月,由于天安门事件而下台的邓小平回到了领导岗位。1978 年 12 月召开的中国共产党第十一届三中全会,确定了以经济增长作为中国最优先目标的改革政策。此后,在"四个现代化"的口号下,废除了人民公社等制度,全力展开了努力推进引进市场经济的改革政策与积极引进外资和技术的开放政策。

激进的改革开放政策的展开给中国社会带来了极大的冲击。对"文化大革命"的全面否定及对毛泽东晚年失误的批评,给信仰毛泽东思想的年轻一代带来了被称为"信仰危机"的现象。拜金思潮也在某种程度上出现了。从"锁国"状态到急进的开放,不仅是科学技术,从思想到其他形形色色的东西无限度地流入,结果造成了"精神污染"。在中国共产党看来,这是由于民众道德水平的低下,而不能听之任之。在 1980 年代初期,在党的领导下,再三地开展"社会主义精神文明建设运动",在"五讲四美"的口号下,呼吁应该重视"文明、礼貌、卫生、秩序、道德"。不随地吐痰被视为"文明的态度",对待客人态度好的商店被授予"文明商店"的称号。

在改革开放路线下,如何处理在中国最后的"帝国主义的特权"香港问题,作为紧迫的问题提上议事日程。与由《南京条约》及《北京条约》割让给英国的香港岛与九龙半岛不同,因为占香港总面积 9/10 的新界地区,根据 1898 年中英之间签订的条约是以 99 年为期限租借的,其租借期限到 1997 年 6 月就要期满了。英国政府因为已经表明了基于遵守条约的原则立场而归还新界地区的意向,新界地区的归还应该没有问题。问题的焦点有两个。
其一,归还香港,是包括香港岛与九龙半岛一并归还,还是仅仅新
界地区的部分归还。对这一问题,英国政府同样表示基于遵守条
约的原则立场,被割让的香港岛与九龙半岛是英国的恒久领土,
没有归还的义务。其二,被归还的香港的政治经济体制如何的问
题,这是与归还的规模深刻相关的问题。

　　香港问题,对中国政府来说是需要细致考虑的问题。中国政
府一方面认为,与条约无关,中国具有以在所希望的时期和方式
回收香港的权利。在他们看来,帝国主义以武力而强加的不平等
条约,没有束缚中国政府和中国人民的合法性,香港的现状是由 *194*
英国非法占领的状态,既然如此,回收本来就是属于中国的香港
的时间和方法,由中国政府自身决定就可以了。但是另一方面,
中华人民共和国成立后,中国政府一直未触及香港问题。如前所
述,刚刚成立后也没有以武力解放香港,其后在英国承认中国之
际的外交交涉中,中国政府虽然要求英国政府与台湾地区的"国
民政府"断交,但是也没有要求归还香港。不仅如此,还持续地供
应香港以水和粮食。因为如果没有来自本土的水与粮食的供应,
香港社会就无法生存下去,这样中华人民共和国不但没有废除
"帝国主义的特权",反而为其存在提供帮助。这对于标榜反对帝
国主义的中国来说,是难以说明的事情。中苏论战过程中,赫鲁
晓夫抓住这一点来嘲笑中国。1960 年印度以武力解放了葡萄牙
的殖民地果阿,中国还要批判以反对帝国主义的本家自认的苏联
和印度,它自身在香港解放方面究竟做了什么呢? 这就是赫鲁晓
夫所说的缘由。

　　中国之所以不去解放香港,是因为"在红色保护伞下的资本
主义"的香港的现状是中国所希望的状态。香港是中国对西方各

国的窗口,是所谓会生产金卵的鸡。在中苏对立表面化、中国在国际上处于孤立的 1960 年代,香港在中国的对外贸易中占有很高的比重。中国开始改革开放之后,香港在中国经济发展中的重要性愈加突出,1980 年中国在香港的输出额占全部输出额的 1/4。条约中规定的新界的租界期限在十几年之后就要到期,即使是站在不受条约束缚的立场上,将这一问题搁置起来,会对香港的未来引起不安,如资本流出等,恐怕香港经济有每况愈下之虞。对中国来说,这是必须避免的事态。于是在 1982 年,中英两国开始了围绕香港归还问题的交涉。

195 　　交涉开始的共同声明(1982 年 9 月)中,中英两国明确表示是基于维持香港的繁荣与稳定这一共同目的而同意进行外交交涉的。既不是尊重万国公法的精神,也不是尊重原有的条约,仅仅出于对不能杀掉这只生产金卵的鸡的这种共同关心的利益,成了两国交涉的共同基础。因此,香港归还给中国之后能否维持繁荣,成为交涉的最大焦点。当初英国为了维持香港的繁荣,认为香港岛与九龙半岛仍然应该为英国所有,主张只归还新界地区,但是面对中国的强硬反对,就是在让步为一并归还之后,还是主张为了维持香港的繁荣,香港的行政管理权——货币发行权与官吏任命权——应该继续由英国掌握。

　　因此,作为中国方面必须证明即使全部归还给中国仍然能够维持香港的繁荣。对此问题的解答,就是 1984 年 6 月邓小平所发表的谈话所表示的"一国两制"的政策。就是说,归还后的香港为中华人民共和国的"特别行政区",现有的社会经济体制保持 50 年不变。现有的社会经济体制,直截了当地说就是指资本主义体制。就是保证在社会主义体制的中国,资本主义体制的地域维持半个世纪。追溯仅仅 20 年,到 1960 年代,中国共产党提倡"中间地带论",认为社会主义阵营与资本主义（帝国主义）阵营的关系是不可和解的敌对关系,提出了以打倒资本主义体制为目标的世界革命战略。但是,1972年尼克松访华以来,与资本主义阵营的和解就成为可能了。而到现在,自发性地力图将资本主义体制的地域拉进中国内部。真是令人惊叹的政策急转弯。

由于邓小平的"一国两制"的谈话,交涉进入了最终局面,但是英国政府还是要求中国政府对香港的社会经济体制50年不变提供保障措施。尽管是最高领导人的发言,但毕竟不过是个人的谈话,且不说在中国国内如何,在国际上是没有任何约束力的。况且"一国两制"是在迅速的政策转换过程中得出的结果,这样来看的话,就不能否定中国的对外政策再发生急剧变化的可能性。对此中国方面认为,因为归还给中国之后的香港如何处理是中国的国内问题,是属于中国的主权范围内的事情,因此不受与英国交涉的约束,也不可能发表单方面的声明,而拒绝了英国方面的要求。这样,交涉在最终阶段遇到了暗礁,一时传说有破裂的可能性。 *196*

由于中国方面的让步,交涉没有最终破裂。中国政府将包括维持现行制度50年不变的问题写进了关于香港的未来构想的中英两国政府关于香港问题的联合声明,并同意这与条约具有同样的约束力。此后两国的交涉迅速发展,1984年9月26日在北京草签了中英两国政府关于香港问题的联合声明。到12月19日,中英两国政府首脑分别代表本国政府在联合声明上正式签字。香港问题这一始于鸦片战争时期的中国的悬案,至此总算解决了。

小　结

众所周知，此后中国经济得到了迅速的发展。经济领域的自由化加速度地进展着，在经济体制方面，中国不断地向市场化靠近。苏联，1980 年代后半期在戈尔巴乔夫的体制下，实行了以社会主义体制改革及情报公开为象征的政治改革。同样是向着自由化方向不断迈进，中国是以经济优先，而苏联是以政治优先，两国的路线再一次形成了对照。

197　　中国的经济在 1989 年之后以比以前更快的速度继续发展。而另一方面，以政治改革优先的苏联，在同年 11 月发生的推倒柏林墙开始的激动声中，不仅共产党的一党专政体制瓦解了，苏联本身也解体了。邓小平曾经在倡导"三个世界"理论之际，说过苏联由于堕落成社会帝国主义，社会主义阵营已经崩溃。现在的情况似乎相反。尽管如此，实现了政治自由化之后的俄罗斯及其他原来的社会主义各国，陷入了经济上的混乱与停滞，这也是不可否定的事实。

这样，以 1989 年为界，社会主义各国中出现了两个明显的具有对照性的方向，这就引起了两个问题。一个问题是，同样是社会主义国家，为什么中国的经济发展成功了，而苏联与东欧各国却失败了？另一个问题是，同样是社会主义国家，为什么苏联与东欧各国产生了激烈的政治变化，而中国的政治改革却显得较为谨慎？

对第一个问题有各种各样的解答，其中引人注目的是"儒教资本主义论"。就是说儒教本身具有促进资本主义发展的要因。不论是韦伯还是战后的近代化论者，都将儒教视为资本主义发展的障碍。在 1960 年代，以近代化的理论框架来分析近世之后日本的发展的赖肖尔，就认为正是由于日本近世社会的非儒教性格不同于其他东亚各国，因此只有日本才有可能获得类似于西方的发展。但是，由于在 1980 年代实现了飞速的经济发展的亚洲"四小龙"，即韩国、中国台湾、中国香港、新加坡都属于儒教文化圈，而且在儒教文化的本家中国内地，经济也得到了迅速发展，于是出现了儒教不仅不是资本主义发展的障碍，相反，儒教伦理中存在着促进资本主义发展的因素这样的学说。"文化大革命"中，在"破四旧""批林批孔"的口号下，儒教遭到了彻底的批判，而进入 90 年代之后，却在中国政府的援助的同时，接受华侨的财政援助，展开了大规模的彰显孔子及儒教的学术运动。

198

这样看来，中国在试图引进什么新东西之际，从中国过去的历史中重新发现与之类似的东西，以使"真的"与"自己的"相一致，由此而使引进正当化，这在 1860 年代开始引进西方的机械、技术之际就是如此，以后也展开了各种各样的附会的变奏。儒教资本主义论，也可以视为附会论的最新的变奏曲。

对第二个问题有各种各样的解答，其中有一种是"市民社会论"。就是说东欧各国不管如何脆弱，但是在历史上有西欧市民社会的影响，由此而培养出来的市民意识使自主的政治改革成为可能，但是在中国没有这样的传统。这是中国史研究者之间围绕着在中国社会中是否存在着从国家权力到保持相对独立性的"公共领域"（public sphere）这一问题发生争论的原因之一。争论本身的当否另当别论，作为市民社会的基础的人权观念很难在儒教中找到，这是难以否定的事实。从机械、技术开始，直到资本主义，无数的东西都与儒教进行了附会。具有参与政治权利的"民权"观念，由于将它同君主对立意义上的"民"相附会而被正当化了。但是，试图将所有的人与生俱来的连国家权力也不能够侵犯的平等权利这一观念，与儒教来进行附会的——或者能够进行附会的——还没有过。

儒教资本主义论，在某种程度上带有再现1920年代的"东西文化论"的倾向。第一次世界大战所引起的前所未有的惨状传到中国时，后来被称为"新儒家"的一群思想家，认为产生这种惨状的原因在于西方失控的科学的发展，主张作为"物质文明""机械文明"的西方文明已经自行破产。他们提倡作为"精神文明"的中国文明的优越性，主张应该在对儒教传统的再评价中寻找中国"独自的"发展道路。这也是对受西方文明的影响而提出"科学"与"民主"作为普遍主义的口号的新文化运动的"反动"。儒教资本主义论，也还是肯定与西方文明性质不同的自己的文明传统，而试图以此使中国"独自的"发展道路正当化。这种"独自性"当中，也包含着较少重视人权。

尽管如此，儒教资本主义论也并不是东西文化论的单纯的再现。东西文化论中，主张中国文明比西方文明优越的根据是基于"精神文明"优越于"物质文明"的认识。新儒家们在以物质性的尺度所测定的生活或生产水平中，以与西方各国存在着压倒性的差距为前提，主张有物质性的尺度所不能测定的发展道路。因此，这成为文明论，但不是留于单纯的保守的文明论，其中也产生了像梁漱溟的乡村建设运动这种独特的实践。如今支持儒教资本主义的无非是旧儒教圈各国和各地区迅速的经济发展的结果，即如国内生产总值这种能够以物质性的尺度测定的生活或生产水平方面迅速地赶上西方各国，在21世纪甚至可能超过它们的自负而已。这里也具有曾经为大国的中国，由于西方的侵略而陷入孙文所说的"次殖民地"状态后重新逐渐地恢复了大国的地位的某种誓愿实现了的欣喜。但是，无论如何援用儒教，这里都看不到文明论的片鳞只爪。

当然，中国人以提高生活水平或生产水平为目标，这是正当的要求。而且，西方各国与中国在文化的形态与社会发展的样式上不相同，这也是理所当然的事。但是，为了使中国"独自的"文化或社会发展形态具有可以作为与"文明"名副其实的普遍性的东西而得到世界的好评，与其以国内生产总值为尺度夸耀经济成长，还不如以将贫富差距控制在最小的限度内的发展、使城市和农村取得均衡的发展、实现了人与自然相调和的环境的发展为实现的目标，这样恐怕更加具有说服力。因为这些课题，作为人类共同的课题也已经不断地被意识到，而且这些课题至少在欧美各国也还没有明确的解决方向。

曾经困惑于经济发展的矛盾或界限的欧美各国的部分人士，之所以惊叹于中国的"文化大革命"，是因为他们相信中国已经在不断地解决这些问题。"文化大革命"的真相被暴露，他们的梦想虽然明知不过是一场误会，但尽管如此，这并不意味着对解决这一课题的追求是无意义的。相反，对人类来说，解决这些课题所具有的重要性进一步增大了。占世界人口 1/5 的中国，试图以与"文化大革命"不同的方式谋求这些问题的解决，从而提出社会发展的新思路，这对于全人类来说的确是有意义的。如果这样，这种社会发展的新思路，就像康有为曾经在《大同书》中所试探过的那样，与儒教进行附会或许是可能的。如果中国人成功地发现了社会发展的新思路，而且这是成功地与儒教相附会的结果，那么这诚然意味着发现了一种"真的"与"自己的"相一致的新的文明形态。而这种新的文明形态，可能成为使全人类，或者人类与自然环境和平共存的 21 世纪的"万国公法"。

注　释

（引文的出处原则上注在正文中的括号内。第二手资料，原则上在［］内
注出作者名与出版年。本章写作之际所参照的主要的第二手资料，以"主要
参考文献"的形式在注释的末尾标出。与之对照，即可以明白作者名、书名、
出版社名、刊行年等出版数据。）

① 在日本，当初将 international law 译成"万国公法"也很普遍。1864
年中国刊行的丁韪良翻译的《万国公法》旋即带入日本并于翌年在江户被翻
刻，远远超出了其在中国的影响。以此为机缘，此后，以西周的《万国公法》
（S. Vissering 讲义的翻译，1868 年刊行）为发端，《坚土氏万国公法》（J.
Kent, *Kent's Commentary on International Law* 的翻译，1876 年刊行）、《海
氏万国公法》（A. W. Heffter, *Das Europaische Volkrecht der Gegenwart* 的
翻译，1877 年刊行）等一连串的以"万国公法"为名的书籍相继刊行。

将 international law 译成"国际法"，在日本始于箕作麟祥。他 1873 年翻
译出版 T. Woolsey 的 *Introduction to the Study of International Law* 之际，
即以《国际法、一名万国公法》为书名。此后不久，"国际法"、"万国公法"及
"列国交际法"等用语混用并存。到 1884 年东京大学实行学科改编之际，
"国际法"作为学科的正式称呼被采用，"国际法"的用语在社会上得到了巩
固。参见［大平，1938 年］［吉野，1995 年］。

② Hsü, Immanuel 在将万国公法译成英语之际，不是译成 international
law，而是译成 public law of all nations。参见［Hsü，1960 年］。

③ 亨利·惠顿是美国的外交官，同时也是国际法学者。在法国学习法
律，1837 年至 1846 年任驻普鲁士公使。*Elements of International Law* 初
版于 1836 年，直到惠顿去世后，仍在不断重版。据推断，丁韪良翻译《万国
公法》是以 1885 年刊行的第六版为底本［ジャン 1991］。*Elements of
International Law* 译成《万国公法》之前，已经被译成法语、德语、西班牙语、
意大利语出版而具有国际声望。《万国公法》在中国刊行的翌年即 1865 年，

由开成所标注训点进行翻刻（据说是由西周标注训点的），给刚刚开国后的日本人在知识方面产生了很大的影响。参见［尾佐竹，1932 年］［吉野，1995 年］。

④ 对国际法文献的部分翻译，在《万国公法》之前也存在。即 1839 年 7 月，在鸦片战争爆发之前的对外紧张局势高昂之中，接受全权委任在广州解决鸦片问题的钦差大臣林则徐，非正式地请求在广州主办医疗传道会的美国传教士伯驾（Peter Parker）以《各国禁律》为题将瓦特尔（Vattel）的 *Le droit des gens*（1758 年）一部分（有关封锁或禁止外国船只出入港、战时国际法三段）翻译成中文。因为在林则徐本人的教养中应该不包括瓦特尔著作，也许是由于其懂英语和拉丁语的幕僚袁德辉的建议，但是由此也可以看出在鸦片战争之际林则徐的强硬方针的背景中，还存在着对国际法——战争敌对国的法律——的理解。

不仅仅限于国际法，林则徐热心搜集外国情报，编有《四洲志》。他在退出政坛之际将其交给魏源，成为《海国图志》母体的一部分。《各国禁律》以《各国律令》之名收在《海国图志》（百卷本，1852 年）的卷八十三。但是，这还不是同时代中国人所关心的记录。过于零碎，而且译文也有问题大概是原因之一吧。国际法成为中国人思想性问题的端绪，还是《万国公法》的翻译刊行。

⑤ 梁启超于甲午战争后的 1896 年所编的《西洋书目表》，收集和整理了此前中国公开刊行的西学关系书籍，是当时最全的图书目录。有关国际法的文献收录了以下书籍：

(a)《万国公法》（丁韪良译，同文馆，1864 年）四本，洋银一元五角。

(b)《星轺指掌》（丁韪良等译，同文馆，1876 年）四本，银一两。

(c)《公法便览》（丁韪良译，同文馆，1877 年）六本，洋银一元二角。

(d)《公法会通》（丁韪良译，同文馆，1880 年）五本，洋银一元。

(e)《中国古世公法》（丁韪良著，同文馆，1884 年）一本，洋银六分。

(f)《公法总论》（傅兰雅等译，江南机器制造局，刊行年不详）一本，九十钱。

203　　　(g)《各国公法交涉论》(傅兰雅等译,江南机器制造局,1894 年)十六本,
二千八百钱。

其中有关同文馆的问题将在第二节的正文中说明,这里就江南机器制
造局略作说明。

江南机器制造局,1865 年由曾国藩设立,是以制造兵器和军舰为目的的
大型军需企业。1886 年开设附属的翻译馆,将西方书籍译成汉语。翻译的
中心人物是英国传教士傅兰雅(John Fryer),他曾经在同文馆教过英语。制
造局从 1871 年开始刊行书籍,从 80 年代到 90 年代出版了许多书籍。关于
其总数有各种说法,《江南制造局译书提要》(1909 年)统计为 160 种。其中
大部分为自然科学及应用科学方面的书籍,但也包含有西方历史或政治等
方面的书籍。在甲午战争之前,对关心西学的中国人来说,是获得知识的最
大途径。

《各国公法交涉论》为英国人费利摩·罗巴德(Robert Phillimore)的
Commentaries upon International Law(1854 年,1857 年,1870 年)的全译
本,于 1894 年刊行,达 16 册(总计 1257 页),是清末出版的最大的国际法文
献。《公法总论》是英国人罗柏村(Edmund Robertson)的 *Interational Law*
的汉译本,原载《大英百科事典》(第九版)。以简明地叙述国际法的历史和
原理为特色。参见[熊月之,1994 年,第十二章]。

⑥ 1865 年曾国藩(两江总督)与李鸿章(江苏巡抚)以制造枪炮为目的
在上海设立江南机器制造局,这被认为是洋务运动的真正开始。无论是曾
国藩或者李鸿章,都是在讨伐太平天国起义中崭露头角。在讨伐的最终阶
段以发挥威力的西方兵器国产化为目标的这种由地方大官僚主导的洋务,
由于他们任期的长期化而在自己的管辖地域形成了自己的势力圈,具有解
体中央集权体制使权力分散的倾向。

⑦ 例如,今甫:《中国回收香港问题完全符合国际法》(《人民日报》1983
年 9 月 20 日,原载《国际问题研究》1983 年第 4 期)等。

⑧ 郑观应出生于广东,在上海积累了买办的经验之后,从 1880 年前后
204 作为上海机器织布局等洋务企业的经营者开始活跃。在主要著作《易言》

(1880 年)及《盛世危言》(1894 年)中先驱性地提示了包括引进议会制的政治改革方案,作为初期变法派而知名。他会说英语,与同时代的中国人相比拥有杰出的西方知识,对万国公法也发表过极富洞察力的言论。关于郑观应的万国公法观,[佐藤,1983—1985 年]有详细说明。

⑨ "平等"这一概念自身本来就是多义的,有必要作"形式意义的平等"与"实质意义的平等"的区分。实质意义的平等,意味着各国平等地享有国家自身的存立所必要的权利。形式意义的平等,意味着国家不论大小强弱等这些事实上的地位如何,都能够以同等的资格援用国际法,也就是意味着在法律面前形式的资格的平等。这样一来,受相同的法律制约,形式意义上平等的国家,在具体的权利义务关系中,处于实质意义的不平等关系,这在逻辑上决非矛盾。在中国出现的情况正是如此。中国与欧美间的不平等条约,采取了当事双方同意的形态,似乎这里存在着形式意义上的平等,而对中国强制实行实质意义上的不平等。

鸦片战争时,中国人的意识中,还没有这种"形式意义的平等"与"实质意义的平等"的观念。中国方面的交涉当事人所关注的是否认中国与英国之间的"形式意义的平等",可以说这使得"实质意义的不平等"的实现变得容易了。最初强调中国与外国"形式意义的平等"的中国人是郑观应。他在 1880 年所著的《易言》中说道:"公法者,彼此自视其国为万国之一,可相维系。"(《公法》)强调中国在形式的资格上不过与欧美诸国一样是"万国之一"的存在,而同样是他,在同时代的中国人中对不平等条约的"实质意义的不平等"批判也最激烈,这决非偶然。

⑩ 华夷观即是汉族将自身的生活方式体系视为文明,而将与之不同的异民族的生活方式视为非文明而产生的世界观。但是,"汉族/异民族"这一种族性的基轴与"文明/非文明"这一文明性的基轴未必经常一致。如果将重视种族性的侧面称为"作为实体概念的华夷观",将重视文明性的侧面称为"作为机能概念的华夷观"的话,根据对不同侧面的重视,华夷观对现实所起的作用不同。

重视"作为实体概念的华夷观"时,如"非我族类必异"所表现的,概而言之作为排斥异民族的理论而起作用的倾向较强。相反重视"作为机能概念的华夷观"时，"如夷狄变为中国，则以中国视之"（韩愈）所表现的，即使是异民族，只要满足一定的文化条件，就为中华世界所包摄；甚至在极端的情况下，如中国变为夷狄，则以夷狄视之所示，即使是汉族，如果丧失了一定的文化条件，就可以视为失去作为"华"的资格而堕落为"夷"。

在中国史上，华夷观的这两个侧面以各种形式表现出来。概而言之，像唐代初期中国国力压倒周围时，出现"作为机能概念的华夷观"的侧面，从世界主义的立场去包摄周边异民族的倾向较强。相反，像宋代中国为强大的周边异民族压制时，"作为实体概念的华夷观"则显露出来，强调应该排斥异民族。在本书所研究的清代，因为清朝本身是异民族满族所建立的王朝，华夷观的展开就显得比较复杂。

清朝初期对异民族满族的统治，基于"作为实体概念的华夷观"这一侧面而反抗满族的倾向强烈存在，甚至有主张与异民族的清朝皇帝之间不能成立君臣关系的。对此，满族将"作为机能概念的华夷观"推到前台，以主张其正统性。即，一方面通过开展以编纂四库全书为代表的大规模的文化事业，以表示自己是中国文明的正当的继承者；同时另一方面，鲜明地打出最有德者是作为皇帝资格的必要且充分的条件，而与是否汉族无关这一立场。如雍正帝的《大义觉迷录》，认为明朝灭亡的最终原因在于统治者的失德，与明朝相对照，正是清朝有德的皇帝施行善政使中国和平，主张他尽管是异民族但是真格的正当的统治者。如果固执于"作为实体概念的华夷观"，《大义觉迷录》提出了本来"舜乃东夷之人，文王乃西夷之人"的反论。

到清末，华夷观发生了分化。一方面华夷观用来作为区别中国与西方各国的基准时，当初强调了"作为实体概念的华夷观"这一侧面。如直到《天津条约》才被禁止的在政府文件中常用夷狄称呼西方各国，当时，表示西方各国的国名或人名的文字都有意地加上口字偏旁，示意这些是如同动物一样的存在。但是随着对西方各国文明的认识，"作为机能概念的华夷观"的侧面受到重视，甚至出现了西方各国为"华"、中国为"夷"的观点。例如谭嗣同以"日新"这种文明的自我更新能力作为华夷的基准，从而得出了应该视西方各国为"华"、中国为"夷"的结论(《湘报后叙上》)。

另一方面,基于"作为机能概念的华夷观"而被正当化了的满族与汉族的关系,到清末,随着清朝体制的动摇,逐渐地回到了"作为实体概念的华夷观",基于华夷观的"排满"主张开始涌现。主张以满族与汉族的融合为政策目标的变法派,力图在满族与汉族之上设定"中国国民"、"中华民族"、"黄种"等新的更高层次的概念符号。与此相对,主张对满族"复仇"的革命派,不仅强调满族为异民族,还不断援用欧美的人种理论,主张满族在人种上是劣等的,从而展开了丰富的人种差别方面的论述。

在这种意义上,清末华夷观的展开可以粗略地概括如下:在对西洋各国的关系上,从"作为实体概念的华夷观"向"作为机能概念的华夷观"转化的倾向显著;在对满族的关系上,相反,从"作为机能概念的华夷观"向"作为实体概念的华夷观"转化的倾向显著。本书不是以华夷观而是以文明观作为问题的焦点,原因之一是为了避免将这种华夷观的双向性的展开纳入视野而使对象变得过于复杂。

⑪ 丁韪良翻译《万国公法》前后的情况如下:

丁韪良作为长老会的宣教师到中国赴任是 1850 年,其时为 22 岁。他首先在宁波进行布教活动,之后很快掌握了汉语,在五年之内读破了"四书五经"。1858 年中美《天津条约》签订之际任美国公使的翻译官,为在条约中加入自由布教的项目(第二十九款)作出了贡献。他从这种交涉的体验中感觉到中国政府有必要熟悉外交惯例。归国两年之后,1862 年再回到中国。在上海开始翻译《万国公法》,得到了总税务司罗伯特·赫德(Robert Hart)和前美国公使约翰·沃特(John Ward)的支持和援助。特别是赫德已经亲自翻译了惠顿的著作的一部分(第三部·第一章"外国使节的权利")。

丁韪良的翻译工作在 1863 年就结束了,正好在同年夏,面临与法国的外交交涉的总理衙门大臣文祥请美国公使蒲安臣(Anson Burlingame)介绍欧美公认的国际法权威著作,得知丁韪良的翻译工作的蒲安臣,就对此作了推荐。丁韪良直赴北京,将译稿给在《天津条约》交涉中认识的办理三口通商大臣崇厚看,崇厚认为这是有益的书籍,答应告知文祥。同年秋,丁韪良与总理衙门首脑四人（恭亲王、文祥、崇纶、恒祺）见面,恭亲王决定派给丁韪良四个中国人助手,进行译稿的修正和编辑。修正工作大约经过半年就完成了,期间发生了普鲁士军舰缉拿丹麦商船事件。完成的译稿被公开刊行,总理衙门决定支出五百两作为刊行三百部的印刷、发行费。参见[Duus,1966年][Hsü,1960年]。

⑫ 到 1870 年代后半期,多种国际法文献的中译本迅速出现,与这一时期中国开始向欧美各国派遣常驻的外交使节有紧密联系。首任驻英公使是在下一节要论述的郭嵩焘。丁韪良在其赴任前给郭看了《星轺指掌》（光绪二年二月十四日）,而且还将《公法便览》寄到了英国（光绪四年三月二十六日）。

⑬ 参见[Levenson,1953年][Levenson,1958年]。列文森在这里设定了"历史"（history）与"价值"（value）,或者说"真的"（true）与"自己的"（mine）这样二重评价标准。"价值"及"真的"是评价某一事物具有普遍有效性的标准;"历史"及"自己的"是评价某一事物为中国所具备的标准。列文森认为中国人在接受西方事物时必须同时满足这两个标准。基于这一假说,将中国近代思想的展开描述为在此二重评价标准之间的"紧张"（tension）与"折中主义"（syncretism）的推移过程。即是说,在某种冲击之下成立的"折中主义"的构架由于受到新的冲击而瓦解,然后又建成新的"折中主义",以这样一种极为特异的所谓"折中主义"展开的形式为视角,从而描述出近代中国思想史的整体构图。

对于列文森的思想史叙述,有人（柯文）批判其过于重视"西方的冲击",而且针对其所评价的各个思想家来说,从有许多资料可以利用的现在的眼光来看,不可否认存在着不少问题。还有,在最近思想史与社会史不断地迅速接近的近代中国思想史研究界,感到列文森的手法是"思辨"的而认为其"落后于时代"的人一定不少。但是,这种庞大且绵密的资料积累,即使可以从某种社会史的理路去分析,也不足以说明这种思想史不成立。笔者认为至少列文森的宏大的思想史构想力,在现在仍然包含着值得学习的东西。

⑭ 对《中国古世公法论略》,梁启超在《西学书目表》中有这样的评价:

"《中国古世公法论略》乃丁韪良得意之书。然以西洋人谭中国古事,大方见之,鲜不为笑。中国当封建之世,诸国并立,公法之学昌明,不亚于彼之希腊。若博雅君子,衰而补成之,可得巨帙也。西政之合于中国古世者多矣,而宁独公法耶?"

丁韪良所作的附会论,在精通经书的中国知识分子看来,形同喷饭,并不具有他所期待的那种说服力。

且《中国古世公法论略》在其刊行后两年即 1886 年,以《支那古代万国公法》为题,被施以训点在东京翻刻。1894 年,在甲午战争开战之际,中村进午以此为样本发表了《春秋戦国ノ国際法ヲ述ベテ支那ノ国際法ニ従ハザル可カラザル所以ヲ論ス》(《国家学会杂志》第 8 卷第 92 号、93 号)。其旨趣是,因为国际法曾经在中国存在过,以国际法只是实行于基督教国家间为借口,企图使中国免于国际法的约束是不可能的,从而追究中国违反战时国际法的责任。丁韪良的附会论竟然以他本人根本没有预料到的形式而被使用了。

⑮ 郭嵩焘出生于湖南省湘阴县,鸦片战争之前的 1836 年科举合格成为进士,入翰林院。与同是湖南出身的曾国藩几乎同辈,虽然从小就有交往,但是相比之下仕途不畅。1863 年做过广东巡抚,后被弹劾革职。在野约八年之后,由于恭亲王的推举被任命为福建按察使而回到仕途。同年春,发生马嘉理事件,带着谢罪使节的任务被任命为出使英国钦差大臣,同时被任命为兵部侍郎及总理衙门行走。关于派遣此谢罪使节,作为辱国之举,遭到强烈的批判,郭嵩焘也同样遭到非难。

郭嵩焘 1876 年 12 月 2 日乘英国商船从上海出发,途经新加坡诸港,过苏伊士运河入地中海,1877 年 1 月 21 日到达伦敦。《使西纪程》是这 51 日访欧航海之间的记录,记载了郭嵩焘的见闻与感想。《使西纪程》本来是郭嵩焘的私人日记,他在任公使期间,留下了长达 50 万字的长篇日记,其开始部分郭嵩焘整理送交总理衙门,这就是总理衙门刊行的《使西纪程》。手稿本的日记以《伦敦与巴黎日记》为题,收入钟叔河编的"走向世界丛书"(岳麓书社出版,1984 年,共 10 册),可以利用。该书附有各种完备的索引,对于研

209

究这一时期对外观的人来说,是必备的第一手资料。

⑯ 薛福成,出生于江苏省无锡,立志于科举,由 1867 年的江南乡试成为副贡,但未取得会试的资格,没能成为进士。1856 年向曾国藩进言而被认可,成为曾国藩的私人顾问(幕友),主要活跃于有关洋务的政策立案。被称为"曾门四子"之一。1872 年曾国藩死去,郭嵩焘亦失职。1874 年同治帝去世光绪帝即位之际,下诏广征政策意见,为此提出了《治平六策》和《海防密议十条》。此意见书为李鸿章所注目,之后约十年间为李鸿章的幕友。期间主要负责外交方面,参与处理了马嘉理事件(1875 年)、朝鲜的壬午之变(1882 年)等。

210　　　薛福成于 1884 年才开始获得官职,为浙江省宁绍台道的道台。任地包括宁波和绍兴要冲,但是由于时值围绕越南的统治权问题发生了中法战争,薛福成便立于海防第一线。中法战争于次年即 1885 年夏结束,是年秋刊行了其包含"变法"一章的《筹洋刍议》。至 1889 年,由于其与外国交涉方面的实绩得到肯定,被任命为驻英公使(兼任法国、比利时、意大利的公使)。1890 年 1 月从上海出发,在任约四年半,甲午战争爆发前的 1894 年 7 月归国,一个月之后因病去世。

⑰ 国际法本来是在欧洲地区这一国际社会中作为规范诸国间相互关系而发展起来的法律规范,随着欧洲的膨胀,非欧洲地区的各国家(非基督教文明诸国)也逐渐加入了欧洲国际法秩序中。但是这些非欧洲地区国家并不是作为与欧洲各国同等的权利主体而得到承认,有差别地对待乃是通例。薛福成所说的中国被置于"公法外"的状态,指的就是这种事态。在许多场合,文明的问题常常被拿来作为差别地对待非欧洲地区各国的根据。在基督教文明看来,对待"未开"或"野蛮"的国家,在国际法上,与对待"文明"国作不同的处置,这是理所当然的。这种见解在 19 世纪后半期依然具有影响力。如詹姆士·罗里马(Janes Lorimer,1808—1890,英国国际法学者)以"文明"程度为基准,将人类分为 civilized humanity(文明人)、barbarous humanity(未开人)、savage humanity(野蛮人)三类。主张对未开人之给予"部分的政策承认",对野蛮人完全不应该给予承认。中国与土耳其、波斯、

日本都归属于"未开人"这一范畴（J. Lorimer, *The Institutes of the Law of Nations*, 1883）。

这样以文明为基准而将对象差别化，正是中国自身所实行的。如朝贡国，一言以蔽之，并不是对所有的朝贡国都一视同仁。不同的朝贡国，其君主所授予的爵位，或者朝贡的频率都不同。要而言之，是以参与中国文明的程度为指标来差别化的。因此中国人与欧洲人都是将自己的文明视为最高的文明，将自身以外的东西以文明为标准来区别对待。在这一点上，两者立场虽然正好相反，但是拥有类似的世界观。

最初注意到中国人与欧洲人世界观的这种奇妙的一致，恐怕是首任驻英公使郭嵩焘。他在伦敦的日记中有如下的记载。此日的报纸上登载了英国赠与意大利新国王勋章一事，郭嵩焘在介绍了英国的勋章制度之后写道：

> 近年波斯国主游历伦敦，君主亦赠以宝星。《代谟斯》新报颇訾之曰："哈甫色维来意斯得（half-civilizec 的音译），何足以当宝星也?"盖西洋言政教修明之国曰色维来意斯得（civilized 的音译），欧洲诸国皆名之，其余中国及土耳其及波斯，曰哈甫色维来意斯得。哈甫（half）者，译言得半也；意谓一半有教化，一半无之。其名阿非利加诸回国曰巴尔比里安（barbarian 的音译），犹中国夷狄之称也，西洋谓之无教化。三代以前，独中国有教化耳，故有要服、荒服之名，一皆远之于中国而名曰夷狄。自汉以来，中国教化日益微灭；而政教风俗，欧洲各国乃独擅其胜。其视中国，亦犹三代盛时之视夷狄也。（《伦敦与巴黎日记》光绪四年二月初二日）

⑱ 这种议论见于《湘学新报》（也称《湘学报》）"交涉"（外交的意思）部门。《湘学新报》是 1897 年创刊于湖南省长沙的旬刊杂志，与其后创刊的《湘报》一起，是湖南革新运动的中心。

本来湖南以保守的风气而著称，甲午战争之后，在巡抚陈宝箴、学政江标等的指导下迅速地革新化，是戊戌变法（1898 年）之前变法运动开展得最活跃的地方。运动的据点，是以培养改革派人才为目的而设立的湖南时务学堂、结集改革派人士而具有类似于地方议会机能的南学会以及为普及改革派言论而创设的《湘学新报》和《湘报》。在上海编辑《时务报》的梁启超被招聘为湖南时务学堂的中文总教习。通过他,康有为的独自的以儒教解释为基础的变法论在湖南省传播开。

担任《湘学新报》编辑的是后来以"勤王"与"革命"为口号发动自立军起义(1900 年)的唐才常。他在"交涉"部门留下了许多议论。他的关于外交问题的文章,明显地受到康有为和薛福成的影响。康有为的影响大概是来自梁启超的。而薛福成的影响则来自唐才常的老师、《湘学新报》的支持者江标。江标 1889 年进士合格之后到同文馆学习有关外国的知识,其才能为薛福成所认可。参见[小野川,1969 年,第 181 页]。

湖南变法派的激进言论遭到了以王先谦、叶德辉为代表的湖南保守派的强烈反对,也引起了管辖湖南湖北两省的湖广总督张之洞的警戒心。张之洞以汉阳为中心大兴洋务事业,在留学生的派遣方面也表现积极,而且也承认制度改革的必要性,在这些方面虽然是属于开明官僚,但是对他来说,改革毕竟要在维持三纲五常的限度内进行,而他认为湖南改革派的言论已经超出了这一限度。他在让叶德辉编纂《翼教丛编》的同时,亲自著《劝学篇》对湖南变法派展开批判。

1898 年戊戌变法进行了约一百天便失败了,与此同时,湖南的变法运动也受到挫折。在这种混乱的状态中,张之洞的《劝学篇》作为稳健的改革论的教典发挥了强大的影响力。对此,从洛克的民权论的立场加以批判的是何启的《劝学篇书后》。何启留学于英国,取得了医师与律师的资格,在香港作为律师十分活跃。1890 年代写出了以《新政议论》为首的一连串论文,鼓吹变法论。何启与康有为可以说是 1890 年代变法论的两大理论家。依据孔子教的康有为与依据洛克式的民权论的何启,二者立论的根据完全不同。何启著作《康说书后》对康有为进行了严厉的批判。

但是,如同有的学者指出的那样:"《新政议论》对万国公法几乎是无条件地予以信赖……认为万国公法不单是外交方面的书,也是性理即哲学方面最有用的书籍。因此,公法明,则敌国强乃为我国之福,可以增修国政;公法不明,则敌国强乃为我国祸,惟恐其侵略。有志于国家安宁者,非公法无所可依。"(小野川秀美《何启·胡礼垣の新政議論》,《石浜先生古希記念東洋学論叢》,1958 年,第 129 页)何启给予万国公法以高度的评价,在这一点上,何启与康有为却奇妙地一致。 *213*

⑲ 例如康有为这样说道:

> 夫夷夏之别,出于春秋。然孔子春秋之义,中国而为夷狄则夷之,夷狄有礼义则中国……然则孔子之所谓中国夷狄之别,犹今所谓文明野蛮耳。故中国夷狄无常辞,从变而移。当其有德,则夷狄谓之中国,当其无道,则中国亦谓之夷狄。将为进化计,非为人种计也。(《答南北美洲诸华商论中国只可立宪不可行革命书》)

此文执笔于 1902 年,但是对于当时强烈的排满革命论,康有为的头脑中存在着对抗意识。排满革命论是以驱逐异民族满族为革命所必不可少的条件的议论,而使排满正当化的有力的议论之一是将华夷关系作人种主义的说明。站在这种立场的论者,许多都依据《春秋左氏传》来展开议论(如章炳麟)。对此主张满汉融合说的康有为则依据《春秋公羊传》,认为他们的华夷观不仅仅是政策层面的错误,而且在对经书的解释上也是错误的。

⑳ 康有为认为"并立"与"一统"是社会秩序的两大类型,在人类进化的过程中,这两种秩序类型不断交互出现,使统合的层次不断提高、范围不断扩大。即是说,人类最原始的集团是"家族",统合各个家族的并立状态就出现了"部族",再统合各个部族的并立状态就出现了"邦国",进一步统合各个邦国的并立状态就出现了"国家"。中国人原来一直抱有的以中国皇帝为顶点的"一统垂裳"的世界观,就是在这统一"国家"的层次而成立的世界观。而正好周围地区长期不存在与中国匹敌的国家,对照各个强国相互竞争而在更高的层次上实现"列国并立"的话,明显是错误的。但是,在康有为看来,这并不意味着"一统"理念本身的错误。"人民由分散而合聚之序,大地由隔塞而开辟之理,天道人事之自然也"(《大同书》)。"并立"走向"一统"的 *214* 变化是超人为的不可逆转的倾向。与这种倾向相对照,现在世界规模的各

国"并立"的秩序决不是最终的秩序,终究应该实现世界规模的"一统"。

康有为认为"并立"与"一统"反复出现,某一阶段的"并立"常常是不安定的,这是因为各个集团"并立"的关系本身就内在地包含着集团间不可避免地发生弱肉强食的纷争的可能性。纷争发生的概率是集团数越多越高,相反,统合的规模越大集团数就越少,那么实现和平的可能性就越高。因此康有为认为,一定阶段的"一统",与此前的"并立"相比,纷争发生的机会减少了,人民从所受的痛苦中解放出来的可能性就增加了。在这一意义上,哪怕是在相对意义上的"一统"也常常是人们所期望的。康有为对秦始皇的高度评价,就是因为这个道理。

㉑"并立"崩溃而成为高一层次的"一统"的过程,一方面是和平这一理念实现的过程,另一方面也是强者"并吞"弱者的过程——康有为的话叫作"势之自然"。换言之,在康有为的构想中,既有由于"一统"的实现而抑制力的支配的横行这种重视目的的契机,又有在实现"一统"的过程中容忍力的支配的这一重视结果的契机。康有为称赞始皇帝,是由于重视他毕竟统一了中国这一结果,而并不是试图对始皇帝所用的焚书坑儒等方法进行辩护。

问题是在今后实现"大同"的"一统"化的过程中,作为手段的力的支配是否能够同样容忍。《大同书》中所记载的康有为的立场并不明确。一方面,认为在实现"大同"世界的过程中重视万国公法的作用,表明了他要抑制作为手段的力的支配的立场;另一方面,认为在实现"大同"世界的过程中淘汰黑人那样的"劣等人种"是理所当然的,又表明了他容忍作为手段的力的支配的立场。

康有为的这种暧昧态度与他的三世进化说及《大同书》的成立过程本身有关。康有为在确立三世进化说的过程中,很可能是由于读《地学浅说》(拉耶尔《地质学原理》的中译本)时受到其地质进化观念的启发。而由严复翻译的《天演论》将社会进化论介绍到中国时,康有为的三世进化说已经确立了。这种意义上,他的三世进化说不同于欧美的社会进化论的构想,他认为生物进化这一自然法则(因果法则)不适用于社会,康有为始终以实现孔子的理念这一目的论的立场来构成自己的理论。

尽管如此,康有为在执笔《大同书》的过程中,也吸取了来自欧美社会进化论的"优胜劣败之理",以图强化自己立论的根据。康有为在1890年代初开始就向弟子表明了"大同"理想社会的思想,但是执笔《大同书》的初稿据推断是在1902年前后。这时,通过严复和梁启超的介绍,欧美一系的社会进化论思想已经十分流行。因此使康有为也觉得有必要吸取欧美的社会进化论思想。

但是欧美的社会进化论是以"适者生存"或"优胜劣败"这种单一的原因来说明社会进化的因果理论,与本质上作为目的论而构成的康有为的三世进化论是完全不同性质的理论。其理论上的裂痕,即实现"大同"世界的过程是作为实现目的的人为的过程来构成的呢,还是作为委之于"势之自然"的自然过程来构成的? 在这一点上,就产生了《大同书》的理论构成的暧昧性。

然而,是从人类的人为过程的意义上来理解社会进化,还是从自然放任的过程的意义上来理解自然进化的问题,在欧美的社会进化论中也存在。即《天演论》的原作者赫胥黎关于社会进化就持二元论的立场。他主张如果从伦理的观点来看,将作为受生存竞争支配的冷酷的自然过程的"宇宙过程"视为邪恶的无目的的过程,人类不断地克服"宇宙过程"而增强道德责任的"伦理过程",才是真正的社会进化。但是翻译《天演论》的严复,在解说中不断地引用斯宾塞的话,认为斯宾塞的"任天为治"之说优于赫胥黎的"胜天为治"之说。进而由于完全依据"优胜劣败"之公例的梁启超是更甚于严复的法则一元论者,赫胥黎所提出的问题,并没有在20世纪初的中国引起争论。

再提起这一问题的是李石曾、吴稚晖这些在巴黎的无政府主义者。他们于1907年创刊《新世纪》杂志,主要依据克鲁泡特金而展开了主张"无政府共产革命"的论阵。他们也设定了两种类型的进化,相对于强权支配生存竞争的进化,认为实现相互扶助的进化才是真的进化。为了在人类社会中实现相互扶助,必须废弃国家等一切人为的权力机构而实行"无政府共产革命"。在设想两种进化这一点上,他们的思想与赫胥黎相通,但是对于赫胥 *216*

黎的"伦理过程"是对抗自然的"宇宙过程"的人为的过程,无政府主义者所提倡的连动物也相通的相互扶助所依据的却是作为生物的人类的自然。无政府主义者将实现这种相互扶助的乌托邦状态也同康有为一样称之为"大同"。但是他们与康有为不同,他们对老子具有亲近感,而不是孔子。

赫胥黎或无政府主义者所提出的进化二元性问题,由于马克思主义的发展阶段论被接受,最终从中国人的视野中消失了。以生产关系为基础的发展阶段的必然性这一想法,一方面是产生于 1930 年代的中国社会史论争中,另一方面也冻结了中国人关于社会发展状况的想象力,这是不可否认的事实。

㉒ 邹容,出生于重庆。重庆在甲午战争后成为通商口岸,也开设了外国领事馆,风气发生了急剧的变化。邹容有感于戊戌变法运动,感到应该吸取新知识而学习了日语。他于 1902 年作为自费留学生来到日本,入弘文书院(嘉纳治五郎为中国留学生正式入学而创立的预备学校),投身于青年会等的革命运动,与留学生监督发生纠纷于 1903 年回国。

邹容回国后寄身于上海,加盟章炳麟和蔡元培设立的爱国学社,将留学期间所写的文章加以整理,附上章炳麟的序文以《革命军》的题目得以刊行。章炳麟的这篇序文刊登在爱国学社的机关报《苏报》上,因为其中有诽谤清朝皇帝的言论而激怒了清朝地方官,要求上海租界当局逮捕了章炳麟和邹容。这被称为"苏报案"事件。因为治外法权,以清政府为原告进行诉讼,清政府以污蔑皇帝和教唆杀人为理由要求判处二人死刑,结果章炳麟被判取三年监禁,邹容被判处两年监禁。清朝大失其权威。邹容在将要被释放的时候死于狱中,以这一"苏报案"及其悲剧性的死为引线,据说《革命军》发行了超过百万册,其广泛的流布,为鼓吹革命作出了贡献。

陈天华,出生于湖南省,1903 年作为省费留学生赴日。为了抵抗俄国占领"满洲"而参加激进的留学生运动拒俄义勇队及军国民教育会。为了在故乡开展革命运动而于同年回国,与黄兴一起组织华兴会,但由于长沙起义失败再度赴日。是 1905 年 8 月设立的中国同盟会的发起人之一,从事机关刊物《民报》的编辑工作。但是,同年 11 月,日本政府发表"清国留学生取缔规则"，就在留学生为此展开了反对运动之时，《朝日新闻》刊登了这是出自"中国人特有的放纵卑劣的意向"的嘲笑性的文章。为了抗议，他于 12 月 8 日在大森海岸投海自杀。他的这种用自己的性命来证明自己政治行动的道义性的自杀，与同年邹容的死于狱中，给予了年轻的中国人以很大的冲击。

㉓ "革命"一词本来出现在儒教经书中，是一个具有数千年历史的概念。在那里革命是"革天命"的意思，具体而言，就是指放逐由于暴虐的行为或自然灾害的发生而被认定为失去天命的统治者，而让别的最有道德的人继承统治者的地位以开辟新的王朝。周代的武王讨伐殷代的纣王的所谓殷周革命被作为典型的事例，因为统治者变化了所以也称为"易姓革命"。

另一方面，在明治时代的日本，革命作为 revolution 一词的译语而使用。据冯自由的《革命逸史》，这种"革命＝revolution"成为中国人的语汇，是在 1895 年 11 月最早的武装起义失败后孙中山逃到日本神户时，看到当地的报纸有一则题为《支那革命党首领孙逸仙抵日》的新闻而很感兴趣，于是"革命"就代替了此前沿用的"起义"或"造反"等词。且不论这一插曲的真伪，进入 20 世纪之后迅速增加的中国留日学生不仅是将"革命＝revolution"作为单纯的学理上的问题，而且作为表示迫切的中国政治课题的概念来使用。结果，"革命＝易姓革命"与"革命＝revolution"之间是什么关系又成了新的问题。

围绕"革命＝易姓革命"与"革命＝revolution"之间的关系存在着三种主要的见解。第一种是典型的见解，是在文章中记述的邹容的见解，即规定"革命＝易姓革命"为"野蛮之革命"，而"革命＝revolution"为"文明之革命"，斩断"野蛮之革命"的传统而实行"文明之革命"是中国革命的课题。

对此，梁启超与邹容一样，严格区别"革命＝易姓革命"与"革命＝revolution"这两个概念。为了避免用语的混乱，提出应该将前者称为"王朝革命"，后者称为"国民变革"（《释革》，《新民丛报》第二十二号）。在此基础上，他将中国历史上的"王朝革命"与欧美的"国民变革"进行了详细的比较，认为中国"有私人革命而无团体革命"，"有野心的革命而无自卫的革命"，"有上等下等社会革命而无中等社会革命"等这些明显的不同之点。这样，

218

只要不从根本上改变中国人的精神状况,尽管如何宣传革命,也不可能斩断"王朝革命"的坏的传统而在中国实行"国民变革",对革命采取了消极的态度(《中国历史上革命之研究》,《新民丛报》第四十六号以下)。

而陈天华在《中国革命史论》(《民报》第一号至第二号连载,未完)中以秦末农民起义为例主张"革命=revolution"在中国历史上实际存在过。邹容与陈天华本来都是属于革命派,但是认为中国只有"革命=易姓革命"的传统,因此主张中国革命与传统的决裂的邹容,同认为中国具有"革命=revolution"的传统,而主张中国革命与传统的连续的陈天华的立场,正好形成了鲜明的对照。

㉔ 胡汉民出生于广东省。1899 年乡试合格成为举人,1902 年与吴稚晖一起留学日本。与邹容一样曾就学于弘文书院,对关于吴稚晖入学成城学校的清朝公使的做法感到愤慨而归国,之后做过梧州中学的教员,1904 年再度赴日,入法政大学速成科。

法政大学速成科(正式名称是"清国留学生法政速成科"),旨在在短期之内教给中国留学生法律学、政治学的基础知识,是由法政大学总理梅谦次郎提议于 1904 年 5 月开设的,学习年限为一年(后延长到一年半)。因为是将日本教授的讲义翻译成中文给学生听,所以,日语不好的学生也可以学习。1905 年 6 月第一届学生毕业,到 1908 年 4 月的第五届毕业生,合计送出了 1 262 名毕业生。与弘文书院或早稻田大学清国留学生部一起,是中国留学生教育的据点。从东京帝国大学等招聘优秀的教授作为讲师,国际法(国际公法)的教学是由东京高等商业学校(现在的一桥大学)的教授中村进午担任。

219　　胡汉民的名字在第二届(第二班。1904 年 10 月入学,1906 年 6 月毕业)毕业生的名单中可以看见。顺便提一下,第二届毕业的成绩优秀的 11 名毕业生中有汪精卫(兆铭)的名字(《法政大学史资料集第十一集·法政大学清国留学生法政速成科特集》,1988 年,法政大学)。

胡汉民于 1905 年秋加入刚刚成立的同盟会,被任命为书记部书记,与汪精卫等一起在《民报》创刊的同时担任编辑工作。1907 年随同被迫离开日本的孙文到越南河内,作为同盟会南方支部的负责人从事革命运动。辛亥革命后,被任命为广东省都督,第二次革命失败后又到日本,作为孙文设立的中华革命党的政治部长,始终与孙文一起活动。孙文死后,国民党内形成的右派与左派联苏容共的立场相对立,国共分裂后作为国民政府立法院院长而抵抗蒋介石的独裁化。

㉕ 将美国独立视为中国革命的先例,这虽然是孙中山他们共同的倾向,但对此进行最猛烈的批判的是北一辉。北一辉虽然是中国同盟会的会员,但对孙中山的乐观的国际主义感到不协调,而与同盟会中带有浓厚的民族主义色彩的华兴会系的革命家交往密切。北一辉在其后来所著的《支那革命外史》中这样评论道:

> 由于其(孙文)革命运动被理解为美国式的翻版而终至使世人轻侮许多忧国之士的意气精神。为何如此? 即是由于他(孙文)在实行中国革命之际,希望如同美国之独立运动而得到外国的援助。抛弃和剥离由于殖民地的在政治经济方面的发达而对旧国家的支配来创建另外一个新国家、与试图在暗中复活由于政治经济上的颓废而即将灭亡的旧国家本身的革命,他宁可立于此两极之间而不考虑其相反的意义。为了哀求外国——如日本——的援助而不顾耻辱与恐怖……革命无疑是一国之内的内乱,援助的不管是正是邪,对于内乱的外国援助就是明显的干涉。

在北一辉看来,革命与独立是完全不同性质的范畴,以美国独立作为中国革命的先例,对外国"要求赞成中国革新之事业"的孙文的态度,无非是迷失了革命的本质的态度。北一辉的文章即使在现在看来,也是对孙文战略的最原则性的批判。北一辉进一步对美国独立之际法国等所作的支援的性 *220* 质加以如下的评论,从而指出孙文等的期待不过是幻想。

> 法国、荷兰、西班牙三国之所以支援殖民地十三州的分离以向英国宣战,是由于三国要报复在北美的殖民地范围被英国战胜了,及其使未开辟的殖民地从英国的占领中成为永久中立国这种欧洲列强之间的殖

民政策的冲突……实际上,美国的独立只不过是作为英法国际战争的副产物而被承认永久中立,而与中国革命全然不可相比。

㉖《国际法上之国事犯观》一文以"独头"之名发表,据张静庐《辛亥革命时期重要报刊作者笔名录》,"独头"为孙翼中的笔名。孙翼中出生于浙江省杭县,生卒年不详。据冯自由的《中华民国开国前革命史》第三十四章"浙江志士与革命运动"记载,孙翼中开始任教于求是书院(1901年创立),让学生写批判发辫的作文,而放任学生使用"清贼"的文字成为丑闻,调到绍兴东湖通艺学校任教。1902年赴日,成为萌芽的革命团体青年会的会员,同时与蒋智由、蒋方震等创刊了《浙江潮》(第一号1903年2月17日,即光绪二十九年一月二十日发行)。1903年夏归国,从事《杭州白话报》的编辑和秘密的革命运动,1907年被清朝官宪揭发而逃亡,此后消息不明。

㉗与《新民丛报》相对照,《新青年》几乎没有分析中国思想史的论文,论到儒教的时候,常常是将其作为批判的对象而不是分析的对象。尽管如此,《新青年》一系的思想家,事实上也开展了多彩的知性活动,例如大著《中国哲学史大纲》(商务印书馆,1919年)的作者胡适等,在将中国思想史作为学术研究的对象这一点上,毋宁说是与梁启超相同。本来,就有人评价胡适是像对待研究外国史一样来研究中国的历史的。

㉘对德讲和条约即《凡尔赛条约》是在1919年6月28日签订的,但是中国政府迫于五四运动的压力而拒绝签订。中国政府于同年9月10日与奥地利签订讲和条约,而以此加入国际联盟。此后的9月15日,中国政府继续保留《凡尔赛条约》中对有关山东问题的条款的不赞同意见,鉴于国际联盟的其他成员已经与德国实现了讲和的事态,也宣布对德国结束战争状态。

1920年德国派遣代表来中国开始为两国关系的正常化进行交涉。围绕处理德国人所有的铁道债券的交涉步履困难,但是到1921年5月20日,两国终于签订了新的修交通商条约。这一条约不仅确定了放弃以1898年3月6日的《胶澳租界条约》为根据的德国在山东省的权益,而且确定了德国放弃此前所有的协定关税权及领事裁判权等不平等特权。因此中国与德国

221

204

是在完全平等的关系上进行外交与通商了。这是鸦片战争之后,中国对欧美各国获得的第一个平等的条约。参见[石源华,1994 年,第 176 页]。

　　另外,为与苏联建立国交而进行的交涉,开始于 1923 年 5 月在加拉罕(代理外务人民委员)与王正廷(中俄事务督办)之间非公开进行。交涉围绕是先解决悬案还是先建立国交这一交涉的顺序发生纠纷,进而悬案问题中特别是对外蒙古问题及中东铁道问题意见不一。1924 年 3 月,两者达成了暂时性的一致意见,双方签署了预备协定。但是由于对外蒙古的处理方法暧昧,外交总长顾维钧不同意,预备协定宣告无效。顾维钧与加拉罕再进行交涉。对此苏联方面表示愤怒,给各国公使以种种外交压力,而且采取联苏容共政策的广东政府也有想法,出现了内政外交相互交错的复杂局面。

　　顾维钧与加拉罕的交涉还在进行。苏联方面承认了中国方面所做的部分修正案,于 1924 年 5 月 31 日签订了《中俄解决悬案大纲协定》。这一协定废除了俄罗斯帝国与中国之间缔结的所有有损于中国主权的条约,而且废除了领事裁判权,放弃了义和团的赔偿金和租借地。这是继德国之后的与欧洲国家建立的第二个平等关系的国家。因为对方是社会主义国家苏联,"国民革命"中反对帝国主义的论调更加高涨了。参见[石源华,1994 年,第220 页]。

　　关于中东铁道这一悬案,在协定附属的《暂行管理中东铁路协定》中承认中国的买回权,而且决定在买回之前,进行共同管理。在外蒙古问题上, *222*苏联承认外蒙古为中华民国的一部分,原则上已经解决了。但是,统治"满洲"的奉系军阀张作霖不承认北京政府的权威,而且外国也有想法,连讨论解决这一具体问题的中苏会议都没能召开,悬案解决又被悬置起来了。

　　㉙ 武汉是由武昌、汉口、汉阳三个城市组成,其中在商业城市汉口有五个外国租界。其中德国租界和俄国租界已经归还给中国,剩下英国、法国及日本的租界。包括共产党在内的国民党左派,以英租界为目标,在租界周围开展示威活动,与保护租界的英国海军陆战队及义勇队之间小规模的冲突频频发生。1927 年 1 月 3 日,发生了义勇队开枪打死一名中国人的事件,对此国民政府派代理外交部长陈友仁为代表与英国领事交涉,强硬地提出了

包括赔偿及撤去军舰等内容的要求。4 日午后,群众进入租界,实际上以实力解放了租界。英国方面将海军陆战队及义勇军移至军舰,避免了武力纠纷。进而在 5 日,国民政府以陈友仁为委员长组织"汉口英租界临时管理委员会",英国租界被置于了中国方面的管理之下。同时,同样的事情也发生在九江的英租界,1 月 10 日,组织了"九江英租界临时管理委员会"。参见[李恩涵,1993 年,第 49 页以下]。

值此事件之际,国民政府宣称不对日本及法租界动手,可见解放英国租界并不是由于自然发生的大众运动,而是基于国民政府有意的选择。对国民政府而言,这种关键时刻的外交,正好在当时具有重新探讨英国政府对中国的"新外交"的试金石的意义。就是说,一方面,在标榜废除不平等条约的迅速发展的国民革命面前,英国能够多大程度归还不平等特权,即是英国让步限度的试金石。另一方面,国民政府统治的地域能否不断迅速扩大,也是英国是否承认国民政府的试金石。

英国公使在事发之后派遣沃马利(Owen O'Malley)到汉口与国民政府交涉,要求维持租界的原状,并且以从本国或印度派遣军队相威胁,而在领事裁判权方面作出了若干让步。但是中国方面不作理会,最终英国于 2 月 19 日将汉口的租界还给了中国,而签订了以国民政府外交部直属的"特别区"为内容的《汉口英租界协定》,第二天签订了同样内容的《九江英租界协定》。但是英国的势力并未完全从汉口撤退。"特别区"的管理局长虽然由国民政府任命,下属的市政理事会的六位成员,中国人与英国人各占三名。

汉口或九江的租界对英国来说不是很重要的。英国方面的基本方针是,在调整这些并不重要的权益给中国方面,作一定的让步以缓和紧张的同时,坚守上海、香港等更加重要的权益。

⑳"四一二"政变之后的 1927 年 4 月 18 日,蒋介石与武汉左派领导的国民政府诀别,在南京设立了国民政府。南京国民政府于 7 月 20 日确立国内经济不景气的根本原因在于协定关税与厘金的认识。于同年 9 月 1 日宣布了废除厘金和关税自主的方针。但是由于列强的强烈反对,这一政策未能得以实行。这时,按照条约对中国有协定关税的特权的是英国、美国、法

国、日本、意大利、荷兰、比利时、西班牙、葡萄牙、瑞典、丹麦、挪威这 12 个国家。

如在正文中论述到的,对于以实现了全国统一为背景的国民政府的外交攻势,美国的反应最迅速,7 月 25 日就签订了《调整中美两国关税条约》。这一条约虽然要到 1929 年 1 月 1 日才生效,在别的国家尚未放弃协定关税时,美国也保留着维持协定关税。为此国民政府展开不懈的外交努力,于 1928 年中,除了日本,与其他所有的国家缔结了以恢复关税自主权为内容的新条约或者通商条约。只有日本拒绝了中国的要求,直到 1930 年 5 月,终于签订了新的关税协定。此后,国民政府公布了《海关进口新税则》确定了新的进口税率,并于 1931 年 1 月 1 日开始实施,但是最高的税率达到 50%(1933 年开始达到 80%)。参见[石源华,1994 年,第 350 页以下]。

另一方面,对于国民政府撤销领事裁判权的要求,各国以中国的法典及司法制度尚不完备、如果撤销领事裁判权的话可能危害到外国人的生命财产为理由而拒绝了。

③ 1931 年,关税收入占国民政府年收入的 48.5%,1932 年也占到年收入的 44.8%。

② 1941 年 12 月 8 日,由于日本攻击珍珠港而开始了太平洋战争。次日,国民党中央委员会常务委员会召开紧急会议,决定中国对德国、意大利宣战。抗日战争是无宣战的战争,由此开始变成“法律上”的战争状态。[224] 1942 年 1 月 1 日,中国在《联合国家共同宣言》上署名,抗日战争成为第二次世界大战的一部分。为此专门设立了“中国战区”,蒋介石为这一战区的最高司令官,下面由中、美、英三国组成联合作战参谋部,同年 3 月,美国的史迪威就任参谋长。

③ 对中国有领事裁判权的国家有 16 个之多。国民政府是联合国的成员,且以最具影响力的美国和英国为目标开始了取消领事裁判权的交涉。针对这一问题,英、美国内存在着赞否两种议论。赞成论的主要根据是,放弃领事裁判权符合保护人类的权利与尊严这一联合国的战争目的,而且也具有鼓舞中国民众的效果。反对论的主要根据是,在现在放弃领事裁判权

为时尚早,比如预想到战后中国内乱之际,还有必要维持领事裁判权。对此,国民政府以蒋介石的夫人宋美龄为首开展外交攻势,而且日本与"汪精卫政权"之间也不断展开同样的交涉,这非常有利于中国方面。从1942年10月开始,新条约的交涉进展比较顺利,到1943年1月11日终于签订了。接到这一消息,中国各地召开了军民庆祝大会。

但是,除了美、英、日三国,与其他国家之间取消领事裁判权的问题依然存在。与大部分的国家在第二次世界大战中都成功地缔结了新条约而取消了领事裁判权,但是,与法国、瑞士、丹麦、葡萄牙之间的问题到战后才处理好,最后与葡萄牙之间缔结新条约是在1947年4月1日。参见[石源华,1994年,第581页以下]。

㉞ 在中国人民政治协商会议的共同纲领的第六十条,对应该庇护政治犯作了如下规定:"中华人民共和国对于外国人民因为维护人民利益参加和平民主斗争受其本国政府压迫而避难于中国领域境内者,应予以居留权。"

225 　　清末的革命家孙翼中在《国际法上之国事犯观》中所论述的庇护政治犯的问题,在时隔半个世纪之后在中华人民共和国的体制下得以实现了。这就是中国接受德田球一等被驱逐公职的日本共产党干部的亡命请求的法律根据。这种庇护政治犯的方针也在1954年制定的《中华人民共和国宪法》中得到继承。在这部宪法的第九十九条规定:"中华人民共和国对于任何由于拥护正义事业、参加和平运动、进行科学工作而受到迫害的外国人,给以居留的权利。"这一条文,在1970年的宪法修正案、1975年宪法及1978年宪法中都原封不动地继承着,但是到1982年宪法,这一条文被删去了。

㉟ 《雅尔塔协定》的秘密议定书中有关中国的事项如下:

一、外蒙古(即后来的蒙古人民共和国)的现状须予维持。

二、(乙)大连商业港须国际化,苏联在该港的优越权益须予保证,苏联之租用旅顺港为海军基地须予恢复。

二、(丙)对担任通往大连之出路的中东铁路和南满铁路应设立一苏、中合办的公司,以共同经营之;经谅解,苏联的优越权益须予保证,而中国须保持在满洲的全部主权。

主要参考文献

日　文

入江启四郎:《中国における外国人の地位》(东京堂,1937 年)、《中国古典と国際法》(成文堂,1966 年)。

植田捷雄:《支那租界论》(严松堂书店,1934 年)、《在支列国权益概说》(严松堂书店, 1939 年)、《支那租界地论》(日光书院,1943 年)。

大平善梧:《国際法学の移入と性法論》,《一橋論叢》第 2 卷第 3 号(1938 年)。

尾佐竹猛:《近世日本の国際観念の発達》(共立社,1932 年)。

小野川秀美:《清末政治思想研究》(みすず書房,1969 年)。

小野川秀美・島田虔次编:《辛亥革命の研究》(筑摩書房,1978 年)。

佐藤慎一:《鄭観応について——万国公法と商戦》(1)～(3)、《法学》第 47 卷第 4 号(1983 年)、第 48 卷第 4 号(1984 年)、第 49 卷第 2 号(1985 年)。

ジャン(ジャニン):《〈万国公法〉成立事情と翻訳問題》,加藤周一・丸山真男编:《日本近代思想大系 15 翻訳の思想》(岩波書店,1991 年)。

シペンス(ジョナサン):《中国を変えた西洋人顧問》(三石善吉译,讲谈社,1975 年)。

田畑茂三郎:《国家平等思想の史的系譜》(同文書院,1958 年)。

中嶋嶺雄:《中ソ対立と現代》(中央公论社,1978 年)、《香港移りゆく都市国家》(时事通信社,1985 年)。

野村浩一:《近代中国の政治と思想》(筑摩書房,1964 年)。

坂野正高:《近代中国外交史研究》(岩波書店,1970 年)、《近代中国政治外交史》(东京大学出版会,1973 年)。

マカートニー:《中国访问使节日记》(坂野正高译注,平凡社,1975 年)。

宮崎繁树:《人権と平和の国際法》(日本评论社,1968 年)。

226

吉野作造:《我国近代史における政治意識の発生》,《吉野作造选集》第11 卷(岩波书店,1995 年)。

中　文

李恩涵:《北伐前后的"革命外交"(1925—1931)》(台湾"中央研究院"近代史研究所,1993 年)。

梁为楫、郑则民编:《中国近代不平等条约选编与介绍》(中国广播电视出版社,1993 年)。

林泉编:《抗日期间排除不平等条约史料》(台湾正中书局,1983 年)。

石源华:《中华民国外交史》(上海人民出版社,1994 年)。

吴福环:《清季总理衙门研究》(文津出版社,1995 年)。

熊月之:《西学东渐与晚清社会》(上海人民出版社,1994 年)。

钟叔河:《走向世界——近代知识分子考察西方的历史》(中华书局,1985 年)。

英　文

Banno Masataka, *China and the West: The Origins of Tsungli Yamen*, Harvard University Press, 1964.

Chang, Hao, *Liang Ch'i-Ch'ao and Intellectual Transition in China, 1890 - 1907*, Harvard University Press, 1971.

Duus, Peter, "Sciense and Salvation in China: The Life and Work of W. A. P. Martin(1827 - 1916)", in Kwang-ching Liu ed., *American Missionaries in China*, East Asian Research Center, Harvard University, 1966.

Fairbank, John, *Trade and Diplomacy on The Chinese Coast: The Opening of the Treaty Ports, 1842 - 1854*, Harvard University Press, 1953.

Fairbank, John, ed., *The Chinese World Order: Traditional China's Foreign Relation*, Harvard University Press, 1968.

Fairbank, John, ed., *The Cambridge History of China*, vol. 10, *Late*

Ch'ing 1800 – 1911, part 1, Cambridge University Press, 1978.

Fairbank, John and Liu, Kwang-ching eds., *The Cambridge History of China*, vol. 11, *Late Ch'ing 1800 – 1911*, part 2, Cambridge University Press, 1980.

Fairbank, John, ed., *The Cambridge History of China*, vol. 12, *Republican China 1912 – 1949*, part 1, Cambridge University Press, 1983.

Fairbank, John and Feuerwerker, Albert eds., *The Cambridge History of China*, vol. 13, *Republican China 1912 – 1949*, part 2, Cambridge University Press, 1986.

Hsiao, Kung-chuan, *A Modern China and a New World: K'ang Yu-wei, Reformer and Utopian, 1858 – 1927*, University of Washington Perss, 1975.

Hsü, Immanuel, *China's Entrance into the Family of Nations: The Diplomatic Phase, 1858 – 1860*, Harvard University Press, 1960.

Levenson, Joseph, "'History' and 'Value': The Tensions of Intellectual Choice in Modern China", in A. Wright ed., *Studies in Chinese Thought*, Chicago University Press, 1953.

Levenson, Joseph, *Confucian China and Its Modern Fate: The Problem of Intellectual Continuity*, University of California Press, 1958.

Mancall, Mark, *China at the Center: 300 Years of Foreign Policy*, Free Press, 1983.

Oppenheim, L., *International Law, a Treatise*, vol. 1, 8th ed., Longmans Green and Co., 1963.

Wills, John Jr., *Embassies and Illusions: Dutch and Portuguese Envoys to K'ang-hsi, 1666 – 1687*, Harvard University Press, 1984.

Wright, Mary, *The Last Stand of Chinese Conservatism: The T'ung-Chih Restoration, 1862 – 1874*, Stanford University Press, 1957.

228

第二章　法国革命与中国

引　言

　　1903 年是日俄战争爆发的前一年。在这一年,由于义和团运动而惨遭失败的清政府开始推行"新政",进行政治改革。与此同时,义和团运动之际俄国所派遣的军队仍滞留在"满洲",其侵略野心路人皆知。

　　这年春天,两个留学欧洲的中国青年回国。一位是就学于柏林大学的黄克强,另一位是在巴黎大学学习的李去病。他们绕道西伯利亚回国,一路上目睹俄国在"满洲"的侵略行径,面对前途未卜的中国,他们就中国应采取的改革方案进行了激烈的讨论。以下是两人讨论内容的概要。若要先对两人进行评价的话,可以说黄克强属于冷静的改良派,李去病则是革命派的热血儿。李历述欧洲各国的革命史,认为中国也需要进行革命;针对李的观点,黄进行了以下反驳:

　　黄:但天下事那理想和那实事往往相反。你不信,只看从前法国革命时候,那罗拔士比(罗伯斯比尔)、丹顿(丹东)一流人,当初岂不是都打着自由、平等、亲爱三面大旗号吗?

怎么后来弄到互相残杀、尸横遍野、血流成渠,把全个法国都变做恐怖时代呢? 18 世纪末叶法国人岂不是说要誓把满天下民贼的血染红了这个地球吗? 怎么过了不到十几年大家却打着伙,把那皇帝的宝冠往拿破仑第一的头上奉送呢? 可见那一时高兴的理想是靠不住的哩。

李:说那里话。法国革命那里是什么罗拔士比、什么罗兰夫人这几个人可以做得来? 不过是天演自然的风潮,拿着这几个人做登场傀儡罢了。至于说到当日的行为,就是我恁么一个粗莽性情,也断不能偏袒罗拔士比一班人说他没有错处。但要把这罪案全搁在他们身上,这亦恐怕不能算做公论哩。那时若不是国王贵族党通款于外国,叫奥普两国联军带着兵来恫喝胁制,那法国人民何至愤怒失性到这般田地呢?

你说法国就是没有这场大革命,依着那路易第十六朝廷的腐败政策做下去,这法国的元气就会不伤吗? ……尚使当时法国人民,忍气吞声,一切都任那民贼爱怎么摆布便怎么摆布,只怕现在地理图里头,早已连法兰西这个名字都没有了。

他(拿破仑)的本意,要把全个欧洲弄成一个大大的民政国。你看他征服的地方,岂不是都把些自由种子撒播下去吗? 你看他编纂的法典,岂不是全属于民权的精神吗? 前头法国人,本曾说过要把普天下民贼的血染红这个地球,这句话怎么解呢? 不过是将法国自由平等的精神推行到万国罢了。那拿破仑不是实行这个主义吗?

黄:你这段议论不是实际上头的。你说一国政权,总要在大多数的人手里头。这是卢梭、边沁、约翰·密勒各位大儒的名论,但这些学理,在现世的欧洲已算是过去陈言了。

232

233

213

多数政治，在将来或有做得到的日子。但现在却是有名无实的。天下人类，自有一种天然不平等的性质，治人的居少数，被治的居多数，这是万不能免的。

我想政治进化是有个一定的阶级，万不能躐等而行。你是住在欧洲多年，看惯了别人文明的样子，把自己本国身分都忘记了。巴不得一天就把人家的好处拿轮船拿火车搬转进来，你想想这是做得到的吗？你要看真些子时势才好。

李：若讲时势，我想现在中国的时势，和那18世纪末19世纪初欧洲的时势正是同一样哩。卢梭、边沁他们的议论，在现在欧洲，自然是变成了摆设的古董，在今日中国却是最合用的。你说我躐等而进，你想跳过这人民主义的时代便闯入国家主义的时代，这真可算躐等而进了。

黄：不然，群学上的定例，必须经过一层干涉政策，才能进到自由政策。你只知道法国革命为19世纪欧洲发展的原动力，却不知道这大革命还又有他的原动力。那原动力在哪里呢？就是这柯尔贝特（Jean-Baptiste Colbert，1619—1683，法国政治家，重商主义的代表。——译者注）的干涉政策便是了。当民智未开民力未充的时候，却是像小孩儿一般，要做父母的着实管束教导他一番，将来才能成人。

李：若是用着你的和平运动，只怕你运动得来，中国早已没有了。今日的中国，破坏也破坏，不破坏也要破坏。你说破坏可怕，却有什么法儿？能够叫他不破坏么？只怕这天然的破坏，比那18世纪法国人力的破坏，还险过十倍哩。

234

两个人的争论继续进行下去，但此处就引用到这里。

实际上，这个黄克强和李去病不是现实存在的人物，而是梁启超(1873—1929)的空想小说《新中国未来记》中的主人公。①这部小说发表于 1902 年。被视为中国近代最大的记者的梁启超，在亡命日本时期，刊行杂志《新民丛报》，全力鼓吹新思想。在被认为是标志着"中国近代"史开端的鸦片战争爆发约半个世纪、法国革命爆发约一个世纪之后的 20 世纪初叶，中国的言论界迎来了法国革命论的最初高峰。《新中国未来记》作为小说，相当雄辩地刻画出当时法国革命论中中国人进退维谷的矛盾心情。法国革命能否成为未来中国改革的榜样？即使是那些主张有必要进行革命的人士，也无法对革命的代价避而不见。这个代价正如法国革命所示，是相当昂贵的。另一方面，那些主张改革的人，也无法对法国革命的历史意义和成果视而不见。这种矛盾心情，是包括作者梁启超在内的、大部分立志于改革的中国人无法回避的。如何评价法国革命这一问题，成为测试各自政治立场或思想立场的试金石。

本章旨在通过追溯中国人的法国革命论的历史发展，分析他们是如何理解法国革命的意义并给予其怎样的评价的。

本章共分四节。第一节"前史"，分析 19 世纪后半期的法国观及为数甚少的法国革命论。第二节"法国革命论的展开"，主要以 19 世纪末至辛亥革命时期的发展状况为中心。在该时期，中国人不管是持赞同态度，还是持反对态度，都对法国革命表现出了最大的兴趣，并展开了相关的论争。这一节基本沿着时间顺序叙述这些论争，并在第三节"法国革命论的论争"中，进一步分析这些论争的主要观点。在第四节"从法国革命到俄国革命"中主 235 要分析辛亥革命之后法国革命论与俄国革命论的关联性。从法国革命论这一视角来看，本章在某种程度上具备了作为中国近代思想通史的性质。

一 前 史

如前所述,中国人开始对法国革命表现出巨大关心的,是在
19 世纪末 20 世纪初。在这一时期,中国人开始意识到进行自我
政治体制改革的必要性,从而对法国革命表现出关切的态度。但
这并不是说在此之前他们对法国革命(尽管他们不是使用"革命"
这一词)闻所未闻,或对法国历史一无所知。尽管他们的信息渠
道很有限,但他们仍对法国历史有所了解,对不久前在法国发生
的政治大变动也有所耳闻(至少,他们是有机会知道的)。他们拥
有什么样的法国革命的信息,又是出于什么目的(或无目的)对这
些信息进行处理的? 这些问题,是最终形成法国革命论"高潮"的
前提,因而有必要在此对其进行考察。

最初的法国革命介绍

中国在鸦片战争惨败后,1842 年与英国签订了《南京条约》,
与西方各国开始了基于条约的外交往来。法国于两年后的 1844
年通过《黄埔条约》开始了与中国的外交往来。一部分知识分子
通过鸦片战争认识到中国所处国际局势的变化,开始编撰介绍外
国情况的万国地理书。其中的代表作有魏源的《海国图志》、徐继
畬的《瀛寰志略》。在他们的书中,就有关于法国革命的零星记
载。如鸦片战争亲历者林则徐(1785—1850)编写的《四洲志》,作
为最早的万国地理书,在"佛兰西国"一项中出现的"旧日官皆世
袭,擅赋税,调人丁,政多紊乱,后遂裁革世职"[2],恐怕就是指法
国革命。

在姚莹(1785—1853)的《康𬨎纪行》中,可以看到有关法国革

命的详细记载。他与林则徐素有交往,在鸦片战争期间曾负责防守台湾。他花费远远超过林则徐的精力来收集有关外国的资料,在几乎与魏源同一时期编写成《康辐纪行》。在该书中,关于法国历史有如下的记载(括号内为引者注):

> 中国汉代前,此国土蛮强梗化,外攻邻焚掠。罗马国率领兵平服蛮族,以其地为本国属部……万历二十五年(1597),显理王(亨利四世)复兴正教,百姓归之,为邪教之党所弑。其孙(路易十四世)接位,好武用兵,诸国来朝,骄傲凌辱,诸国怨之,纠军协攻,王愤辱而崩。当康熙五十三年(1714),其孙(路易十五世)登位,纵情背理,佞臣娼妓弄权,奢用公钱,兵败国虚。新王(路易十六世)嗣位,时北方亚墨里加(美国)与英吉利交战。王助亚墨利加战胜,然其饷钱渐减,故爵僧民三品会集,行聚敛之法,国人弃王弑之。七年国政混乱,有臣曰那波利稔以武功服众,嘉庆八年(1803)为王。九年恃强黩武,旋败失位。前王之苗裔复立,民暂安息,及王嗣位,复激民变,逐王而别择亲属立之。道光十年(1830)新王创立国家,受谏宽仁,百姓安堵。(《佛兰西》,《康辐纪行》卷十二) 237

这一段话,恐怕在1860年之前,无论是作为法国革命的相关记载,还是作为法国历史的相关记载,都是中国人自己作出的最详细记载。但是没有找到相关记载,以证明这一段话在当时中国产生了怎样的反响。对当时的中国人来说,与对外关系相比,内乱无疑更为重要、急迫。在开放口岸居住的外国人最多不过数千人,而在同一时期爆发的太平天国运动造成的伤亡人数,有人说有二千万,也有人说达到了三千万。即使有一些中国人注意到了这一段话，他们也不会感到有任何出乎意料的惊讶。君王因为荒淫无道而失其位的事情，对他们来说再平常不过了。总之，如上所述，当时的法国革命观，一般认为法国革命只不过是国王路易十六世的权力转到拿破仑手中时所发生的插曲而已。这就是中国人对法国革命的最初认识。

微不足道之国

第二次鸦片战争以后，中国与西方各国的关系进一步密切起来。英国与法国通过联合发动这场战争，强迫中国签订了《北京条约》。中国承认了与欧美列强的对等关系，从而放弃了朝贡体制的理论基础；另一方面，因为向列强提供了一系列的特权，并进而受这种不平等体制所束缚而难以自拔。外国公使正式获准可以常驻北京，与此相应，中国新设了相当于外交部的总理衙门。在外交关系的日常化中，中国人慢慢认识到西方各国行为方式的不同，开始形成了对西方各国的具体印象，而不再以"笼统的西方"这一概念来形容。19世纪后半期中国人的法国观的特点，大致可以归纳为以下三点。

第一，"传教之国"的印象。

"传教"指传播基督教，"传教之国"指中国人认为法国侵略中国，主要目的是传播基督教。值得注意的是，"传教之国"大多是与"通商之国"对比使用的。

鸦片战争前的中国，并不是完全锁国的，在广州一带，国际贸易发展到了相当的规模，其繁荣状况正如《海国图志》所言："欧罗巴各国皆以贩海为业，如英吉利、米利坚、吕宋之属，每岁商船至中国，多者百余艘，少亦三四十艘。"（《书佛兰西国后》）另一方面，在1860年中国人海外航行禁令正式实行之前，西洋各国冒生命

238

危险不远千里航海到中国的动机,中国人也难以理解。远慕中国皇帝德行而至是当时最为正式的解释,但鸦片战争之后这一解释逐渐失去了说服力。相反地,另一种解释,即为了进行贸易攫取利益而来的解释渐居上风。这些夷狄欲壑难填,处处以攫取利益为先,冒险航行到中国正是其明证。

但这个解释并不适用于所有的国家。法国即是一例。正如《海国图志》所言,"独法郎西商船最少,多则三四艘,少则一二艘",因此很难想象他们的主要目的在于贸易。鸦片战争之时,浙江巡抚刘韵珂将法国的动机解释为英国等国重视贸易、轻视传教,而法国重视传教、轻视贸易(《密陈天主教流弊请预为稽查以弭后患折》)。

这种认为法国为"传教之国"的法国观,到 19 世纪后半期更 ²³⁹ 为强烈,而且将其视作负面意义的倾向越来越突出。自从《北京条约》正式承认在内地自由传教之后,传教士开始在中国各地活动。由于他们的强行传教活动等,许多传教活动发展成为外交纠纷,最终导致各地发生了称为"教案"的反基督教暴动。其中最大的一次暴动为 1870 年的天津教案,这次冲突使中国与法国的关系恶化到几乎发动战争的地步。清末改良派先驱郑观应(1842—1922)在《盛世危言·传教》中说,"与外国之纷争,其主要火种,为通商与传教二者"。"通商之国"的代表为英国,"传教之国"的代表为法国。在他看来,"通商之国"的行为方式自私自利,令人不快,但正因为他们处处以利害关系为行动出发点,有从这一点去考虑的合理性,反而有可能对他们的举动作出预测,与他们获得妥协。而"传教之国"的行为方式,是强行宣扬被中国知识分子视为迷信的基督教,其传教活动不仅影响到地方的日常秩序,而且干涉中国对有关基督教徒的裁决以损害地方官员的权威,反对地方村镇的祭祀活动而扰乱秩序等。这些行为不仅不合理而且不正当,被认为没有比这更麻烦的了。

第二,"民主之国"的印象。

大约从 1870 年开始,一部分中国人开始注意到西方各国间政治制度的差异,并将它们归纳为"君主之国""民主之国""君民共主之国"三种类型。他们认为"君主之国"的典型是俄国,"君民共主之国"的典型是英国,而法国与美国同为"民主之国"。

他们最有好感的是实为立宪君主的"君民共主之国"。在他们看来,"君民共主之国"中,君权与民权形成恰到好处的均衡与制约关系,从而有效地防止权力的任意行使,而且议会使君意与民意得到顺利交流,很有国民一体之感。其中还有一些人赞扬道:被儒教视为理想的上古时期的"三代之治"所体现的统治精神,可以在"君民共主"的政治制度中找到,他们因而主张中国应该以英国为榜样而进行政治改革。③

在当时,"民主之国"并非褒义词。"民主之国"与意味着君主专制体制的"君主之国"一样,被视为是大权旁落、缺乏平衡稳定的政治制度。人们原本就更经常用"民主"一词来表示"人民选择的统治者"之意,而非民主主义之意。对象征美国"民主"的首任总统华盛顿,有人大为赞扬其作为开国元勋,却不世袭总统职位的做法,可与尧、舜的禅让相媲美。④而对法国"民主"的好评却几乎没有。因为从法国革命到第三共和制期间,法国在"君主之国"与"民主之国"之间令人目不暇接地反反复复,使人们认为法国缺乏稳定性和持续性。这是当时大部分人的法国观。"民主之国"的法国成为政治不安定的代名词。

第三,"每况愈下的国家"的印象。

正如《海国图志》的《书佛兰西国后》中所写:"欧罗巴用武之

国,以佛郎西为最。争先处强,不居人下;偶有凌侮,必思报复。"
中国人曾将法国看作是欧洲位居第一的军事强国。但这种观点
因1870年法国在普法战争中的大败而改变。正在这个时候,中
国开始洋务运动,着力于引进西方的武器、军事技术,对西方列强
间的力量对比,也比以往更为关注。法国这时正好惨败于普鲁
士。在这次战争爆发前曾到欧洲游历的王韬,得知战争结局之
时,曾预言由英国、法国与俄国形成的欧洲势力均衡,今后将调整
由以英国、俄国、德国三国为中心(《普法战纪前序》)。

1870年代中期,围绕国防政策问题,以左宗棠为中心的塞防 *241*
派与以李鸿章为首的海防派展开了孰轻孰重的争论。前者强调
俄国的威胁,后者关注后起之秀日本的侵略。法国尽管此时加强
了对印度支那半岛的侵略之势,中国对法国的警惕却是出人意料
地欠缺。对中国人来说,法国并非可以忽视的国家,但其威胁性
也不值得放在优先地位考虑。

因而,在19世纪后半期,中国人认为,法国既非特别值得尊
敬的国家,也非可以构成巨大威胁的国家。总之,法国是一个影
响力微乎其微的国家。如前所述,早在80年代,中国就已有人主
张学习英国进行政治改革。1898年戊戌变法的口号是学习俄国
彼得大帝的改革精神;也有人认为华盛顿拒绝世袭权力的无私精
神,可与尧、舜的禅让相媲美;但主张仿效法国进行改革的呼声一
直没有出现。19世纪末,法国革命开始引起中国人的关注,但他
们关心法国,并不是由于法国革命。而是因为对革命的热情,他
们才被法国革命所吸引。当然,法国这一"微不足道的国家"的印
象,是中国人无视法国革命的影响而形成的法国观。大概他们认
为革命作为一种手段,付出了很高的代价,如流血事件和外国武
装干涉等,但最终得到的成果是如此有限,在他们眼中,革命的魅

力也因而大打折扣。⑤

法国史与法国革命

1870 年代初，首次出现了中国人自己写的法国史专著，这就是王韬(1828—1897)的《法国志略》。写作这本书的背景中有他例外的西洋体验。王韬出生于江苏省一个读书人之家，获得生员资格后，因生活困顿，遂放弃科举考试，到上海谋生。在上海，他作为传教士麦都思(W. Medhurst)的助手，帮助将《圣经》翻译成中文。后来因被控内通太平天国，被迫避难香港。在香港期间，他曾协助传教士理雅各(J. Legge)翻译中国儒教经书。1868—1870 年理雅各回英国期间，王韬同行到英国，归国途中又游历了法国。这是中国知识分子最早的法国游历。回国后，他在香港发行了最早由中国人创办的日报《循环日报》，向中国人介绍世界的最新动态，并自己执笔写新闻论说。在论说文中，他高度赞扬英国的议会制，主张中国应进行政治改革，被人们誉为中国近代政论记者的鼻祖。他从欧洲归国后出版的第一本书，就是《法国志略》(1871 年出版)。⑥

《法国志略》最大的特征就是它是一本历史书。在它之前的书籍，如魏源的《海国图志》等，尽管也有西方各国历史的片段记录，但这些万国地理书的作者所关注的，是收集外国资料，以达到"以夷制夷"的目的。历史虽然也是他们的关心内容之一，但还称不上是完全独立的考察对象。至少对外国地理的关心，要远远凌驾于对外国历史的关心。王韬则正好相反，与地理相比，更为关心历史。对英国政治制度抱有好感的王韬，之所以对法国历史情有独钟，是发端于法国国际地位的戏剧性变化。他目击的法国，正处于强盛之时。但在他离开法国不久，法国在与普鲁士的战争中溃败,国力迅速衰退,拿破仑三世退位,成立了共和制国家。王韬认为,法国的强盛和衰退,必定都有其历史性根源。

《法国志略》从"美鲁万的氏纪"开始,主要叙述了王朝变迁的历史。法国革命出现于卷五"波旁氏纪"的最后,并在卷六"保那巴氏纪"中得到进一步的讲述。从这里可以看出,作者认为法国革命(作者没有使用"革命"一词)只是两个王朝更替过程中的一曲幕间剧,这说明作者将法国革命与中国历史上各王朝晚期出现的农民起义相提并论了。实际上,如"约各伯党"等词所反映,王韬处处留心对一些法语固有名词的音译,但当这些词用普通名词表达时,则往往是"乱党""叛党""乱民""乱徒""暴徒"等词。

《法国志略》认为法国革命爆发的原因主要有三个:

首先,是思想上的原因。孟的士求(孟德斯鸠)、屋尔体(伏尔泰)、庐骚(卢梭)等"大儒"的"自主学说",其主张制约君权、伸张民权的思想已经深入民心。其次,为经济上的原因。路易十四以来所实行的放任财政政策,使法国陷入严重的财政困境,过重的租税负担转移到法国人民的肩上,使得"齐民有田地者,终岁勤劳,仅偿税额".⑦最后,是社会性原因。大部分贵族和僧侣仍希望享有特权,从而成为愤怒的民众的攻击对象。

在这种情况下,为了打开国家财政困局,而于1789年召开的"大民会"成为转机。在这次会议上,人民的社会力量释放出来,发展成为出乎当事人预料的强大政治运动。这就是王韬的看法。"大民会"又发展为"国法议会","七月十四日,巴黎斯都人群起为乱",王政被"共和政体"所取代。在"共和政体"基础上,罗伯斯比尔开始实行独裁统治,在"国人有倡异论者,皆论死,没收家产"的形势下,势必导致以处决国王路易十六为起始的流血事件的出现。面对这种局面,王韬感慨道:"国法何在? 天理安存?"⑧在他

223

看来,法国革命正是如"天地反覆……纲纪紊乱"⑨的现象。

如上所述,王韬是第一个肯定议会制的中国人。他也认为,召开"大民会"引起政治大动乱这一件事,决不能等闲视之。为什么集合各个阶级共同讨论国政改革的议会反而成为动乱的肇始者呢?《法国志略》认为主要原因有如下三点:

第一,如"路易十五世废议会,厚课民税,擅制法律"所说,政治权力集中在国王一人手中,国王得以恣意妄为,独断专行,已使民众的愤怒发展到忍无可忍的地步,"大民会"的召开未免失之过晚。第二,大多数贵族拒绝任何将削弱自己的特权的改革,或策划阴谋,或私通外国,到处弥漫着怀疑和猜忌,从物理上消灭政见异己者也就成了理所当然之举。第三,领导者的素质和人格有问题。如马拉"专快报复",丹东则有"残暴、阴谋作乱"的倾向。在这几个因素的交互作用之下,制度问题失去了通过议会解决的可能性,转而发展为暴力冲突,并导致制度自身的最终解体。

《法国志略》着重强调的是第一个原因,即王权的偏重。其中最受非议的是路易十四"政府即我,我即政府也"的态度。⑩国王任意集中权力,剥削人民,激起了人民的反抗。人民高喊"政府即人民,人民即政府也"的口号,要求推翻王权,"君民党争"已不可能再得到和解。在这种意义上,王韬认为,法国革命是一种集权政治形式取代另一种集权政治形式的社会现象,造成这种现象的罪魁祸首正是路易十四以来君权的不断集中。王韬由此水到渠成地总结出一个政治教训:"盖人君之所以不敢挟其威虐其民者,以国宪限其权也。国民之所以不敢负其力凌其君者,以国宪定其分也。路易既不难挟其威虐其民,则为之民者亦难负其力凌其君乎哉。故欲其国之永安久治,以制国宪定君民权限为第一义也。"⑪

　　由上可见，王韬的法国革命论只是用来佐证他原有的政治改 ²⁴⁵
革论的合理性，此外，他对波旁王朝君权集中的指责，明显地包含
有对中国君权统治现状的不满。从这个意义来看，《法国志略》其
实也是一本警世之作。

　　在 19 世纪末出版的西方历史书中，由中国人自己撰写完成
的，除了《法国志略》，还有沈敦和的《英法俄德四国志略》等书。
但无论是资料的量还是质上，都远远逊于传教士们撰写翻译的
书。其中对同时代的中国人影响最大的是《泰西新史揽要》（以下
均略称为《揽要》）。这本书其实是麦肯孜的《19 世纪史》
（Mackenzie, *History of the Nineteenth Century*）的中文译本，由
传教士李提摩太（Timothy Richard）翻译，1896 年由上海广学会
出版。⑫

　　在《揽要》一书的开头，就出现了法国革命，在该书的凡例中，
将这种做法的理由列举如下："法国者欧洲乱之所由萌，亦治之所
由基也。故首二三卷先以法事为张本。"在王韬的《法国志略》中
被视作王朝更替过程的幕间剧的法国革命，在《揽要》中却成了标
志欧洲现代史开始的重要事件。

　　但是，《揽要》对法国革命背景的说明与《法国志略》极其相
似。首先，蒙特斯邱（孟德斯鸠）、福禄尔（伏尔泰）、罗索（卢梭）的
思想影响是远因。其次，王朝政府的财政困境和特权等级的贵族
（世家）、僧侣（教士）的专横是直接原因。为了打开君主专制体制
的僵局，包括"商工农"在内的三个等级的代表们，于 1789 年在凡
尔赛进行"集议"。与特权等级相对立的"商工农"代表们宣布"今
日而后，我等公议之，会名曰国会，会中人共订之律为国律"⑬，着
力于改革多年的弊政。但由于特权等级与平民间的互不信任，
愤怒的民众进攻巴士底狱，开始暴力行动。改革逐渐向革命行

动转变。

在《揽要》的说明中,颇令人玩味的是译者对"反"与"叛"两字的区别使用。袭击巴士底狱后,巴黎市民又进一步包围了王宫。看到这一切,国王路易十六问身边的随从:"是叛乱吗?"随从答道:"不,是革命。"在法国革命史书中经常被引用的这段著名对话,在《揽要》中作了如下翻译:"(王)问曰:'我民竟尽反乎?'某官侍侧对曰:'民叛……'"⑭译者李提摩太大概有意识地将"叛"与"反"两字区别开来使用,因为"反"表示对君主个人的反抗,而"叛"是以打倒体制本身为目的。法国革命不是"反"而是"叛"。

《揽要》对于美国独立战争也使用了"叛"字:"属英之亚美利驾洲人民忽焉群起叛而自立为国,并使百姓公举有才德者以为君。"⑮《揽要》认为,同样的事情,对波旁王朝体制的"叛"在法国也发生了。1789 年 8 月的国民会议,"悉削除从来之不公不便",废除了贵族、僧侣们享有的各种特权。原来由官吏操纵政治的制度,转由"公议之举";向来由贵族世袭的官职,被改为"令教士与世家悉从商农工等所议之法"。民众"积年秕政一旦扫除",不禁欣喜万分。⑯正因为法国革命实现了如此划时代的变革,所以《揽要》将其置于卷首,认为法国革命揭开了现代史的序幕。

但是,起始于划时代变革的法国革命,逐渐陷入了动荡局面。《揽要》认为原因有二:第一,通过政治平等得到权势的"愚鲁懒惰之民",马上弃正业于不顾,转而对政治指手画脚,引起饥馑蔓延, 社会越发动荡不安。第二,周边各国感到法国的激进革命所形成的威胁,出面发动了反革命的干涉战争;另一方面,法国也对各国人民发出檄文宣布:"不论何国人民,苟欲由民间主政,为国变通旧规,除其君主之权者,法即助以兵力。"⑰法国革命的国际化,又对国内产生影响,预防反革命阴谋的恐怖行为成为恐怖政治产生的温床。恐怖招致恐怖,以至于出现"被杀者不下百万人"的惨状。⑱从这种意义上来说,《揽要》在介绍法国革命取得的成果的同时,也揭露了它的阴暗面。

并不是所有的流血事件都缺乏道义上的依据。《揽要》对路易十六的处决作了如下说明:"判其狱,词曰:国会有律,犯之者视如叛贼。王已犯国会之律矣,宜加以身首异处之刑。"⑲"叛"于旧体制的民众,制定出新体制,又站在新体制的立场上,对国王本人作出"叛"的判决,将国王送上了断头台。

二 法国革命论的展开

甲午中日战争(1894—1895)之后,中国的法国革命论发展到了一个新阶段。

甲午战争的失败,中国人所受到的打击远远超过鸦片战争和第二次鸦片战争等的打击,政治思想领域宛如打开了禁忌的大门,迅速呈现出流动变化的状态。当签订屈辱和约的消息传来时,聚集在北京参加会试(科举考试的最高一级)的六百多名考生,联名向皇帝呈递意见书(公车上书),请求朝廷拒绝和约,着手改革(政治改革)。就在同一年即 1895 年,孙文发动了第一次武装起义。变法运动和革命运动的分歧,尽管在以后越走越远,但都诞生于甲午战争中国战败的刺激之下。

甲午战争的失败所带来的危机,决不是转瞬即逝的。巨额赔偿金造成慢性的财政危机,中国的战败刺激了帝国主义列强的"瓜分"热潮。它们争相夺取势力范围,造成了新的对外危机。如何处理这种危机,成为无论是变法派还是革命派都必须面临的首要任务。在他们看来,变法也好,革命也好,都不是抽象的学说,

248

而是实现中国富强，以解决危机、对抗西方列强的一种"手段"。

甲午战争以后，认为西方各国强大的原因在于机械、技术的看法，和主张只要引进西方的机械、技术，中国就会富强起来的观点，都失去了原有的说服力。中国人不得不重新从正面思考两个问题。第一，西洋诸国（或日本）急速达成富强的秘密是什么？有人说是"三百年"，有人说是"近百年"，无论哪一种说法，都说明中国人已普遍地认识到西方各国的发展壮大是在较晚近的时期实现的。第二，假如第一个问题得到解决，那么其方法在中国也有效吗？也就是说，如果中国采用同样的方法，究竟能不能达到与西方各国同样的富强？

针对第一个问题，出现了各种回答。有人认为原因在于西方各国发达的教育制度，有人主张西方各国间不断展开的竞争才是原因所在。既有人认为原因在于国家产业政策，还有人认为是国民性的不同，更有人对西方人的冒险心和自我革新能力赞不绝口。在各种各样的回答中，其中有一个回答，认为西洋诸国进行革命打倒专制体制，成功地实现了民主政体为原因之所在。这种想法，其实是那些曾认为革命手段在中国也"有效"的人，对法国革命作出的最肯定的评价。

当然，并不是所有要求改革的中国人都同情法国革命。当时既出现了否定法国革命意义的观点，也有在承认法国革命的意义的同时，又否认其革命理论对中国有效的观点。总的说来，那些迫切要求实现君主立宪制的改良派（变法派），一般都有否定或轻视法国革命的强烈倾向；主张打倒清朝统治体制的大部分革命派，都对法国革命寄予同情，这也是不争的事实。革命派对改良派这一政治路线的对立轴，与对法国革命是同情还是反感这一对立轴并非完全重合。清末的革命论，反对满族统治的民族抵抗情绪占有很大的比重，对专制体制的否定只是其中的原因之一，因此也出现了拒绝效仿法国革命的革命派。如与孙文并称的同盟会的领导黄兴，根据法国革命是由城市市民举行的"市民革命"的事实，认为即将来临的中国革命必须集合具有反满情绪的人们（在他心中始终以会党为先），进行"国民革命"（《在华兴会成立会上的讲话》）。另一方面，梁启超虽被划归为改良派成员，但正如本章开始所引用的《新中国未来记》所示，至少在某一时期之前，他曾在反对还是赞同法国革命两种观点之间摇摆不定。甲午战后，中国的法国革命论究竟是怎样发展变化的？为了弄清这个问题，我们有必要先对当时的事实经过作一个回顾。

康有为的《法国革命记》

在中国人中，最早对法国革命作出评价的，当属康有为（1858—1927）的《法国革命记》[20]。甲午战败之际，指导公车上书运动的康有为，此后曾屡次进呈意见书要求变法，1897 年底的第五次上书引起了光绪帝的注意。以此为契机，康有为迅速被提升进入权力中枢，1898 年开始了以他为实际领导者的戊戌变法运动。

戊戌变法开始前后，康有为曾将五个国家的历史总结成书，进呈给光绪皇帝，即《日本明治变政考》《俄罗斯大彼得变政考》《突厥削弱记》《波兰分灭记》和《法国革命记》五本书。

康有为编纂这些书籍的目的是相当明确的。这五个国家的历史，可以给即将来临的中国改革提供借鉴和参考之用。他之所以提到日本和俄国的历史，是为了说明像日本和俄国这些非西欧国家，也可以通过执政者强有力的政治措施，在短时期内完成西方国家耗费大量时间和精力实现的改革。在书中，康有为写道：

"大抵欧、美以三百年而造成治体，日本效欧、美以三十年而摹成治体。"（《进呈日本明治变政考序》）他推算如果中国学习日本进行大规模改革，只需要十年就可达到目的。而土耳其与波兰的历史结局，暗示着中国若拒绝进行必要的改革，将走上与它们相同的道路。与中国同为"守旧"国家的土耳其，现在国力日益衰落；波兰被列强瓜分，国家不复存在。而在戊戌变法开始的 1898 年，列强在中国各地强占租借地，划分势力范围，中国也正面临着被"瓜分"的危险。如此说来，日本与俄国是中国改革的榜样，土耳其和波兰则是反面教材。那么，《法国革命记》又是出于什么目的编写的呢？

在《法国革命记》中，康有为对法国革命造成的惨状进行了浓彩重墨的描写："流血遍全国……而伏尸百二十九万。变革三次，君主再复，而绵祸八十年。十万之贵族、百万之富家、千万之中人，暴骨如莽，奔走流离，散逃异国，城市为墟，而革变频仍，迄无安息，漩入洄渊，不知所极。"他对法国革命采取几乎与《泰西新史揽要》背道而驰的态度，认为"祸酷"的"近代革命"正是肇始于法国革命。问题是法国革命为什么会爆发？

康有为认为主要原因在于路易十六的反应。这并不是说因为路易十六是暴虐的专制君主，所以才爆发了法国革命，而是正好相反。在康有为看来，路易十六"宽裕爱民，实为恭俭之君"。他在革命爆发之后仍同意开设议会，可谓"至仁"；承认平民参加议会和制定宪法的行为，可谓"至公"。从这个意义上讲，法国革命不是路易十六个人的资格问题而导致的，而是无关个人的资格，必然会发生的革命。康有为认为，路易十六的责任在于他的这种至仁至公的行为，大多不是出于国王的本义，而是在民众的强烈要求下，才出现的行为；而且，他还缺乏临机应变的决断力，总是反复作出些微让步。他认为，王是路易十六面对事态发展时的优柔寡断态度，助长了民众的革命行动。兴致越来越高的民众的行动，就像从悬崖上滚落下来的岩石，已不可能受到人为力量的控制，并进一步发展到无以复加的地步。此时，寡不敌众成了"人理公则"。他说"如果"路易十六在革命爆发前能自己公布宪法，明确君主与平民的权限，那他势必将获得与尧舜相匹敌的荣誉，国家也会得以保持长期的安定。[21]

康有为认为，法国革命不是一件曾经发生在他国的可以无视的事件。他认为"近世万国行立宪之政，盖皆由法国革命而来"。正是法国革命开始了人民参与政治的潮流，这一潮流，又进一步发展成为世界性规模。中国若不想重蹈法国革命覆辙，清政府必须自行进行彻底改革——这就是他撰写《法国革命记》的目的所在，也是他这本书的最后结论。一百年前的法国革命，第一次通 *252* 过康有为之手，与同时代的中国问题紧密地联系在了一起。

梁启超之迷惑

开始于1898年夏的戊戌变法，在实行了短短的一百天之后，就被西太后一派的政变所扼杀。康有为与弟子梁启超一起亡命到日本，等待他们的，是一个具有新思想的世界。1898年的中国，虽然自然科学类书籍的中文译本在不断增多，但对西方思想的翻译介绍书籍，只有严复的《天演论》（T. H. Huxley, *Evolution and Ethics* 的中译本）一本书。也就是说，即便他们读了《泰西新史揽要》，从而对孟德斯鸠、卢梭等人产生兴趣，但根本不可能找到相关资料进行进一步的了解。而在日本，已经翻译出版了大量此类书籍及各种概要类书籍。对这些条件进行最充分利用的，当属梁启超。康有为在清政府外交压力下，不得已而离开日本之后,梁启超接替康有为,领导变法运动继续发展。他创办杂志《清议报》(1902 年开始改名为《新民丛报》),积极介绍包括孟德斯鸠、卢梭等人在内的西方思想,展开了被誉为"中国近代最大的新闻记者"的言论活动,对同时代的中国人的思想产生了深刻影响。㉒他的影响力之一在于他的文章条理清楚,行文流畅,结论干脆有力。但正是他,面对法国革命时,怀有一种明显的矛盾心理。

　　一般被视为与革命派相对立的改良派成员的梁启超,至少在1903 年访问美国之前,他的过激言论,在同时代的中国人中十分突出。他从进化论出发,认为中国现状属于"过渡时代"。他一方面毫不留情地批判中国的专制政体本身造成的腐败,要求建立一个国民国家;另一方面,他又尖锐批评允许这种专制政体超长期存在的中国人的奴隶根性,力陈"文明之自由"的必要性。在他看来,中国首先需要的是"破坏"。有了破坏,才能重新建设,破坏得越彻底,社会系统越可能从根本上得到革新。他认为,西方各国的历史已证明了这一真理。无论是英国,还是法国,都是经过大规模的破坏,才得以重新实现社会的进步和长期的稳定。

　　梁启超也没有忽视破坏所需要付出的巨大代价。他说:"吾读一千七百八十九年之历史,见夫杀人如麻,一日死者以十数万计,吾未尝不股慄。"(《论进步》)但同时,他又自问中国人有没有资格批评法国革命。在中国,或因自然灾害、饥馑等,或因盗贼横行,造成民众死亡无数。这种源于政治贫困的"直接间接之杀人",每年造成的死亡数量,"又岂让于法国革命时代哉!"也就是说,中国也并非没有破坏。中国历史是以民众起义的形式不断进行破坏的历史。与法国革命有理想和目的的破坏相比,中国的破坏完全是"天然无意识之破坏",对社会问题的根本性解决没有任何帮助。从这一点来看,两国的革命存在着本质的不同。中国

253

"破坏亦破坏,不破坏亦破坏",无论如何破坏都是不可避免的,因此梁启超主张应该停止重复进行"天然无意识之破坏",选择"人为之破坏"的道路。

对于梁启超的过激言论,更重视维持皇室统治的康有为进行了严厉驳斥。驳斥的论点之一,是认为梁启超鼓吹的"自由"主张,将使中国陷入像法国革命那样的动荡局面。针对这一点,梁启超尝试了以下的反驳。中国和法国民情迥异,法国人好动,一刻也停不下来,而中国人好静,历千年而不动。因此,即使卢梭的学说在法国引起了动荡,而中国正需要这种学说给政治带来活力。更何况,即便造成法国革命惨状的责任,在于以自由为幌子的革命派,自由本身却无任何责任。本来在中国,数千年来就缺乏自由的概念,而且各王朝末期的惨状决不比法国革命差多少。如果出现的惨状是为了自由,那么在平定动荡局面之后,文明可能会更进一步;如果出现的惨状并非以自由为目的,则不知这动荡局面将持续到什么时候。中国的历史,正是后一种惨状的重复。㉓ *254*

但这并不是说,梁启超对法国革命持百分之百的肯定态度。信奉进化论的他承认,为了达到政体进步的目的,就像新陈代谢一样,需要对旧政体的破坏和新政体的建设,法国革命出现的惨状只是为了达到进化目的而必须付出的代价。代价是否太高了?特别是对于处在对外困境中的中国来说这个代价是否太高了?这个疑问,始终在他脑海盘旋不去。他不断地抨击束缚于奴隶根性、智力和道德低劣的中国民众,到底有没有在破坏的基础上重新建设的能力。这种不安一直困扰着他。他这种爱恨交织的感情,在本章开头引用的未来幻想小说《新中国未来记》中体现得淋漓尽致。这部发表于 1902 年的小说中围绕革命和改革孰是孰非问题展开激烈争论的主人公黄克强和李去病两人，正是该时期梁启超的化身。

1903 年，梁启超奉康有为之命，乘船到"自由之国"美国过了数月，第一次亲身体验共和制国家。他在感叹"美国的政治是不可思议的政治"的同时，又对联邦与各州的关系百思不得其解。不久之后，他终于明白了。假如将美国的政治制度比作建筑，那么在建筑之前，这些小屋（州）就已经零散地存在了，它们无论是建筑时间还是建筑式样都要早得多，它们的存在决不会被大楼（联邦政府）所取代。小屋不是以大楼为提前才存在的，而大楼却是以小屋为前提才存在的。因此，"设或遇事变而大楼忽亡，则彼诸小房者，犹依然不破坏，稍加缮缉，复足以蔽风雨而有余"。他认为各个州是"独立自治共和国"。他总结道，美国的自由，不是来自独立和国家的成立，而是来自殖民地时期的自治传统。美国的独立战争，其目的正是维护原有的自由。这对梁启超来说，是一个全新的发现。正是这个发现，促使他与法国革命诀别。他写道："世界无突然发生之物。故使美国人前此而无自由，断不能以一次之革命战争而得此完全无上之自由。彼法兰西，以革命求自由者也，乃一变为暴民专制，再变为帝政专制，经八十余年而犹未得如美国之自由。"㉔

革命派的法国革命论的出现

在梁启超呼吁破坏的 1900 年代初期，也是革命论和革命派逐渐发展成熟，并走上历史舞台的时期。孙文早在 1895 年就组织兴中会开始了革命活动，但他的势力在 1900 年以前还是微弱不堪的。1895 年第一次武装起义失败后，他不得不逃亡他乡，1896 年秋在伦敦滞留期间，被清政府驻英公使馆囚禁，通过英国

255

外交部的干涉,才最终得以释放。这件事情发生之后,他在国际上获得了革命家的声誉,但除了华侨,他在普通中国人中的影响几近于零。孙文在夏威夷和香港所受的西方教育,与实行科举制度的中国社会格格不入。因此在国内,人们并不承认他是知识分子,无论是社会威信还是社会影响,都无法与科举出身的康有为、梁启超等人相比。

具有讽刺意味的是,正是清朝政府给革命派制造了壮大力量的机会。1900 年义和团运动期间,清政府正式向列强宣战。随之而来的失败,使清政府背上巨额的赔偿金。为了缓解内外矛盾,清政府被迫推行政治改革。这次改革,包括修改科举制度(1905 年废除)、教育改革等内容。要想走上仕途,西方的学问变得比儒教经典更为重要。在这种背景下,不计其数的公费和私费留学生涌向日本求学。1900 年只有一百名左右留学生,此时开始以等比级数增加,到高峰期的 1905 年达到了约八千名。这些 ²⁵⁶ 留学生后来成为革命派的主要人才库。对以西方学问为武装的他们来说,只有孙文才是他们的先驱,是革命的知识分子。

作为在日华侨的后裔,冯自由(1882—1958)14 岁就加入了兴中会横滨支部。他后来回忆:"大抵其时留学生之革命思想,纯然出于自动,绝非受何方面宣传之影响。盖人人皆心醉自由平等天赋人权之学说,各以庐骚、福禄特尔、华盛顿、丹顿、罗伯斯比诸伟人相期许。"(《中华民国开国前革命史》)

当时被视为革命派言论活动先驱的,是杂志《开智录》(1900年创刊)和《译书汇编》(1900 年创刊)。其中《开智录》,曾登载了评论义和团的文章等,作为当时知识分子自己编的杂志,具有相当独特的一面。这本杂志曾连载了题为《法国革命史》的论文。㉕这篇文章由冯自由摘译涩江保的《法国革命战史》而成。因为《开智录》只维持了短短的几期，所以这篇文章尚未介绍完孟德斯鸠、卢梭等人革命思想的渊源就不了了之了。但译者的翻译意图在开头的一节就明确地表达了出来。人们动辄就嘲讽法国革命为虎头蛇尾、昙花一现的幻影。"虽然"，冯自由继续写道，这个革命的目的，是一扫封建余习，打破门阀积弊，提倡平等主义，建设新社会。通过革命本身达成的目的，即使不多，但所有目的都间接得以实现，因此法国革命的功绩可以说是伟大的。

这一有"虽然"一词的文脉之差，正是革命派与改良派对法国革命看法的分歧点。无论是康有为还是梁启超都承认法国革命
257 的历史意义。然而他们着重强调了这次革命的负面影响。革命派也决不是不知道法国革命的负面影响。然而他们对法国革命的历史意义作了着重强调。《法国革命史》是革命派从自己立场出发发出的第一声"虽然"。

继《法国革命史》之后，留学生还翻译了几本日本人写的讨论法国革命的书。㉖首先是中江兆民的《革命前佛朗西二世记事》的中译本《法国革命前事略》，1901 年由日本出洋学生编译所出版。翌年的 1902 年福本诚著、马君武译的《法兰西近世史》出版。1903 年青年会翻译了奥田竹松的《佛兰西革命史》，以《法兰西革命史》为书名在上海出版。中译本《人权宣言》的出版，也在这一年。因此，20 世纪初期，中国人迅速积累了大量有关法国革命的知识。

中译本《人权宣言》出版的 1903 年，正是与改良派针锋相对的革命论，从革命派与激进改良派原本混在一起的混沌状态中分离而出的一年。这一年，出版了章炳麟的《驳康有为论革命书》、陈天华的《猛回头》、邹容的《革命军》等小册子。这些小册子强烈批判改良论，认为立宪君主制只是清政府用来挽救其统治的工具

而已,因此他们疾呼驱逐异民族、打倒专制政体。邹容的《革命军》的销售量超过百万部,成为当时的畅销书。该书中的法国革命观,对同时代的中国年轻人产生了很大的影响。

邹容(1885—1905)也是日本留学生。他在1902年作为私费留学生来到日本,曾就学于弘文书院,后因与清政府监督官员发生纠纷,被迫回国。对在日本期间执笔撰写的《革命军》进行推敲之后,1903年由上海大同书局出版。这是邹容18岁那年春天的事。

他在《革命军》一书的开头写道:"革命者,天演之公例也;革命者,世界之公理也。"这个时期,在中国人中影响最大的西方思想是进化论,其次是卢梭的民约论,这些思想正是邹容自己的革命理论的基础。他认为,从进化论来看,所有的事物都处于进化的过程中,若将经过进化实现的新旧交替过程定义为"革命",则所有的事物都不断经历着革命。"纵观上下古今,宗教道德,政治学术,一视一缔之微物,皆莫不数经革命之掏漉。"但是,并不是所有的革命都有同样的价值。对人类来说,最有意义的革命,是发生在近代西方的革命。"闻之1688年英国之革命、1775年美国之革命、1870年法国之革命,为世界应乎天顺乎人之革命,去腐败而存良善之革命,由野蛮而进文明之革命,除奴隶而为主人之革命,牺牲个人以利天下、牺牲贵族以利平民,使人人享其平等自由之幸福。"在邹容脑中,法国革命始终闪耀着玫瑰色的光环。这些由"天赋人权"理念所引导的革命,将人类社会推上了新的文明阶段,引用他的说法,就是"文明之革命"。㉗

邹容认为,如果革命是基于进化理论的普遍性现象,那么中国也必定存在革命。他说,中国有革命,但不是"文明之革命"。自秦始皇统一以来,中国一直处于专制体制之下,实行愚民政策,

258

将民众当作奴隶对待。这种情况下出现的革命，只是野心家用来争夺专制君主地位的手段。只要不存在理想的火花，无论流多少血，都不可能通过革命诞生新的社会、取得文明的进步。这种革命，邹容称之为"野蛮之革命"。他认为，中国的历史是"野蛮之革命"的反复史，为了断绝这种反复，需要实行"文明之革命"。因此，中国人必须知道何谓"文明之革命"。他写道："吾幸夫吾同胞之得卢梭《民约论》、孟德斯鸠《万法精理》、密勒约翰《自由之理》、《法国革命史》、《美国独立檄文》等书译而读之也。是非吾同胞之大幸也夫！"在他看来，包括《法国革命史》在内的这些书籍，正是引导中国人走向"文明之革命"的指南。

《革命军》出版之时，上海的革命运动也正在蓬勃发展着。中国教育会和爱国学社的蔡元培等人是运动的中心人物，爱国学社事实上的机关杂志《苏报》，刊载了附于《革命军》一书中的章炳麟的序文。因书中有诽谤皇帝的文章，清政府斥之为大逆不道，向上海的租界当局施加高压，邹容和章炳麟被租界当局逮捕。这就是所谓的"苏报案"。租界法院判决邹容两年徒刑，在即将刑满的1905年，他病死于狱中。如引文所示，《革命军》的论点相当单纯朴素，从而具有一种震撼人心的力量，再加上邹容的悲惨命运所起的辅助作用，对当时的中国产生了巨大的影响。这本书对20世纪初期的中国人的影响之大，恐怕远远超过孙文的三民主义。在《革命军》看来，法国革命最为光辉耀眼。据说即使在"苏报案"之后，蔡元培主持的爱国女学校中，仍坚持将法国革命史作为必修课程来讲授。

邹容病死狱中的1905年，中国同盟会在东京成立。该组织由1903年之后的四年里先后成立的华兴会和光复会，与早就成立的兴中会合并形成，孙文为总理。同盟会的机关报为《民报》。

置于该报各期的刊首的图像,雄辩地说明了同盟会对法国革命的态度。首先,第一期登载了"世界第一之民权主义大家卢梭"的肖像,第二期刊载了"法兰西第一次革命之真景"。接着,第五期登载了路易十六上断头台的画面,并加以"专制君主之末路"的解说词。第十期又登载了法国国民会议的图画和攻陷巴士底狱的图画。

《民报》与由梁启超一手主持的杂志《新民丛报》之间,展开了激烈的论战。如上所述,梁启超已从"破坏"说中自行引退。他立场鲜明地指出,革命并不能解决中国的问题,而只是更加恶化中国面临的危机而已。论战的胜利与否,密切关系到能否将年轻的 [260] 留学生吸引到自己的阵营中来。因此,两者间的论战达到白热化的程度。论战的争论重点中,包含有许多与法国革命直接或间接有关的问题,因为这些问题涉及多个方面,所以放到下一节讨论。在这里,主要介绍康有为与汪东之间的论争。

论　　争

戊戌变法失败后被烙上大逆不道之印的康有为,在华侨的帮助之下,以新加坡等处为中心继续进行政治活动。1904 年春他从香港乘船赴欧洲旅行,翌年夏访问了法国。以这次见闻为基础,他执笔撰写《法兰西游记》,并于 1906 年出版。《法兰西游记》除一些旅行记录外,还附有记载法国的产业、地理等的"法国之形势"、法国历史简介的"法国创兴沿革"、法国革命史评注的"法国大革命记",其中的"法国大革命记"同年以《法国革命史论》的题名转载于《新民丛报》第八十五号。

戊戌变法之际,写《法国革命记》以宣扬为了预防革命发生,需要进行改革的康有为,似乎在亲自访问法国之后,对法国革命愈加反感了。在"法国之形势"中,他指出法国的经济、工业在近百年里远远落在英国之后,最近又开始落在德国之后。他认为前者的罪魁祸首在于法国革命造成的长期社会动荡,后者的原因在于法国人"自由散漫"的民族性格。据康有为解释,立宪君主制的英国呈现出的政治安定、君主制的德国的强有力的政治领导,正是实现"富强"所必不可少的条件,法国因为爆发了革命,而自行放弃了这些条件。因此,"今吾国人多好述法国革命自由之说""而欲师之"的现状,对康有为来说是难以理解的。㉘

"法国大革命记"与八年前所写的《法国革命记》最不同之处,在于康有为对法国革命理念的全面肯定。他承认"人权平等""主权在民""普通选举"是"天下公理之至""大同世之极则",也赞同"自由""平等"的价值。㉙原本应该追求这些正确理念的法国革命,却为什么"乃假博爱之名以为屠队,用自由之义以为囚狱,假平等之说以杀夺富资,剪除才望,称自然之美而纵淫盗"㉚,而陷入秩序颠倒之状况呢?

在康有为看来,主要原因在于理念与现实的不符。他再次对儒教根本思想进行重新解释,认为儒教是以孔子为教主的教派学说,这种学说的核心在于将人类发展史分为"据乱世""升平世""太平世"三个阶段进行阐述的"三世进化之说"。只有"大同世之极则"才是适用于进化之最高阶段的规则,若直接使用于低次元的阶段,无论是多么正确的理念,都难免会产生混乱。人类社会必须循阶段而进化,因此妄图一举实现理想社会根本不可能。他认为,利用武力强行实现这种不可能之时,就会从理想与现实的裂缝中喷射出暴力。理想越高,盲信程度也越高,这种情况将导致大的社会性对立和动荡的产生。无论是在高度评价法国革命理念这一点上,还是通过"进化"的框架考察法国革命这一点上,康有为的"法国大革命记"与邹容的《革命军》都有相通之处。但是,他们的结论是截然不同的。

康有为认为,法国革命之所以出现如此动荡,责任在于"拉飞咽"(Marquis de La Fayette,1757—1834)等立宪君主派的政治家和"及伦的"(Girondis)党之类的稳健革命派。"拉飞咽"虽曾对美国独立战争大力相助,但在法国革命之际,他从改专制体制为立宪政治的单纯动机出发,作出在美国有效的"政治平等"在法国也有效的错误诊断。这一错误的处方引发动荡局面,使他最终背弃了"拥护王室"的本意。㉛至于"及伦的"党,他们大多为有学问有名望、有"不忍人之心"的高洁之士,是出于将民众从强权政治的痛苦中解放出来的善意而参加革命的。尽管如此,采取革命这一激进手段的他们,却被迅速发展起来的暴民夺走了主动权,失去了控制政治状况的能力,不仅没有实现原来的目的,反而为与目的背道而驰的独裁政治开辟了道路,给民众带来痛苦,最终连他们自己的命都送上了。㉜

像《法国志略》中的王韬等这些对法国革命的动荡局面状态持批评态度的人,一般都认为造成动荡局面的责任在于民众和雅各宾派。就这一点来看,对"拉飞咽"和"及伦的"党态度苛刻的康有为的看法显得极为异常。对残喘于法国革命前的旧制度之下的民众的无知,康有为极为不满,但又始终寄予同情。但这种态度,决没有免于追究民众、雅各宾派等责任的意思。就他的立场来看,民众、雅各宾派等原本就没有资格成为承担政治责任的主体。他始终确信,"经世"之责,是知识分子＝政治家应该承担的责任。民众即便是庇护及监督的对象,却不是政治的主体;至于"残虐无道"的雅各宾派,则连知识分子＝政治家都称不上。在康有为看来,具有名望、才识和慈悲心的"拉飞咽"和"及伦的"党成员,才是承担着既实现改革又实现安定的存在。他们基于对理想和现实的距离的错误测定,提出激进改革政策,将雅各宾派这样的阴谋家及民众引入政治之中,结果使事态更加恶化。康有为谴责的是他们的这一政治责任。这种观点,毫无疑问,是对将法国革命视为榜样的"轻躁"的中国知识分子发出的警告。

　　康有为一边批评法国知识分子,同时,又承认革命前的法国存在着严重、深刻的社会问题及民众处于水深火热之中的事实。他强调:第一,封建制度下贵族和僧侣的专横跋扈,第二,政府租税和刑罚的苛酷及不平等,使得承受这种"压迫之苦"又饱受饥饿之苦的民众,最终站起来驱逐"民贼"。民众的这种行为本身,在康有为看来也是合乎道理的。尽管康有为作出了这种让步,但他承认法国革命必然性的动机,是想说明在中国,不存在这种"压迫之苦",因此也不存在有必要进行革命的条件。他说,"中国薄税之制""为地球万国古今所未有"[33],中国之刑法(与法国相比)轻且公平[34]。此外,中国不存在世袭贵族和享有特权的僧侣等。自秦、汉时代废封建制度采用郡县制以后,世袭贵族已绝迹,"人人平等,无封建之压制"。政府干涉少,使"民久自由,学业、宗教、士、农、工、商,皆听自为之"成为可能。[35]也就是说,中国社会现状,已经是自由和平等了,与法国革命前的旧制度的"野蛮之俗""压迫苛暴之政"有着本质的不同。

　　就这样,康有为认为,中国的革命派正在犯与法国革命时期的知识分子相同的错误。曾目睹美国独立战争胜利的"拉飞咽",无视历史所赋予的前提条件的不同,将同样的理念带入了法国。而受法国革命不良影响的中国革命派,现在却无视社会条件的差异,正在将这一理念引入到中国来。理念与现实的乖离之处,势必将产生动荡和无秩序。当然,中国并不是不存在问题。康有为承认尤其在"物质"和"民权"这两点上,中国也有需要改善的地方。㊱虽然这样,但法国型的革命决不可能解决问题。他强调,在安定的社会秩序下,改善教育,提高民众的知识和道德水准的做法,才是有利于解决问题的最适当方法。

康有为的《法国革命史论》在《新民丛报》上刊登不久,《民报》就发表了题为《正明夷法国革命史论》(明夷是康有为的笔名)的批评文章。这是章炳麟怂恿弟子汪东(1890—1963)写的。章炳麟曾因"苏报事件"与邹容一起被捕入狱,被判处三年徒刑,1906年出狱后,一直担任《民报》主笔。汪东继这篇批判康有为的文章之后,为了匡正康有为的错误,又自己执笔写了《法国革命史论》,在《民报》上连载。

汪东首先揭露了装扮出客观面目的康有为的法国革命论,其实是受自己"尊君"的先入观支配的政治思想。康有为之所以对"拉飞咽"和米拉等人作出过高评价,原因在于他的评判是以是否具备拥护皇室的"忠诚"为基准。因此,国家、国民及人类等,一般都欠缺对超越皇室之人的"忠诚"观,一旦"忠诚"的基准被颠倒过来,他们其实不过是一些"无定着直无恒者之小人"㊲。

汪东又对康有为的法国革命论的思想基础感伤主义进行了批判。康有为以有无"不忍人之心"为基准,对法国革命中的人物和党派进行评判,并对"及伦的"党作出了高度评价。据康有为解释,"不忍人之心",是指难以忍受他人所体验的一种不合理的痛苦状态,是人类本性中先天固有的感情。他认为这个"不忍人之心",才是引导人类实现更好的生存状态,最终实现"大同"世界的原动力。

"及伦的"党成员的政治行动的动机,正是"不忍人之心"。他以这个为理由,对"及伦的"党作出了高度评价。

264

汪东也不否认这种所谓的博爱之情的动机的重要性。"然而",他说,不能就依靠这一点对革命过程中的人的行为作出裁断。对革命而言,杀人流血是不可避免的,有时候也需要容忍杀人流血。"及伦的"党之所以应该批判,是因为他们"不忍"歼灭雅各宾党,结果招致了更大规模的杀人流血事件。既然"凡革命一起,诸恶象随之不可逃避,若影之逐形",那么革命决不是徒有其表的漂亮事。博爱之情虽然重要,但缺乏现实主义的博爱之情,无疑会招致不良后果。汪东认为,有时候,与特意"忍耐"相比,拥有将不良事态的发生率减少到最低程度的远见和果断,对从政者来说更为重要。㊳

那么,中国的革命派具有这种将对中国革命不利的事件的发生率减少到最低程度的远见吗?汪东说:"有。"他认为,法国革命期间产生的动荡局面、引起的大量流血事件,是由于众多党派林立,互相攻讦排斥,以及各政治党派对民众进行政治动员阴谋扩大自己势力的行为,才最终导致"乱民"的行动失去控制。据汪东看来,中国不存在革命团体分裂、林立等情况,而且革命运动的中心人物"皆中等社会",没有"乱民"在内。就这两点来看,中国革命胜于法国革命。对"乱民"的憎恶,决不是改良派的专利权。㊴

汪东对康有为批评最强烈之处,在于对中国现状的认识上。康有为认为,即使在存在着大量贵族和特权僧侣,人民忍受着封建压榨之苦的法国,发生革命是无可避免的事;早已告别封建、在郡县体制下享受着实质性的"自由""平等"的中国人,却是不需要革命的。但在汪东看来,这只能是"病狂之言"。废除封建制度,实现郡县制,即便是"专制之进化",但决不会是民众的"自由平等"的实现。"以贵族分治则为压制一人专擅便为平等"的说法,是没有任何根据的。而且,若硬要使用"贵族政治"这个词的话,

265

现在的中国正是"贵族政治"。因为,统治者满族以自己是满族为根据,正在对汉族行使着各种世袭特权。中国过去的贵族政治是将同一个民族分成不同的阶级,而清朝(元朝也相同)的贵族体制是以民族的不同为阶级的不同,但少数特权阶级统治大多数人的实质没有任何改变。汪东接着分析说,总之,中国的现状,是在历史延续下来的专制体制之上,又加上清朝贵族特有的贵族体制的"贵族专制政体",中国人(汉族)所处的境况的"不自由、不平等",不比革命前的法国差。⑩

在汪东看来,中国的现状,与革命前的法国的状况极为相似。"法国当18世纪,在上者之专恣与夫文士党锢之狱,民之困、议论之沸腾,无一不与中国类"。因而汪东说,"欲取往事以为师资,则法国为最善"。仿效法国革命,决不是什么耻辱之事。"欧洲列国之革命,靡不由传播于法者。"⑪

与康有为极力主张法国与中国政治社会之不同相比,汪东强调了两者的相似性。在汪东看来,革命前的法国与20世纪初期的中国的社会状况,在"不自由与不平等"上,是基本相似。法国革命时期的流血冲突,虽令人难以认同,但法国革命因此超越国境得到广泛传播,成为欧洲各国"近代革命"的原动力。而且,这种影响现在又传到了中国。与革命前的法国面临同样问题的中国,视法国革命为榜样的做法,从这个意义上来讲,是当然之举。中国人应该考虑的是怎样将动荡与流血的代价降到最低限度这个问题,而不是革命的是非问题。

调侃与恫吓

康有为与汪东的论战,是辛亥革命前关于法国革命的最后一次论战,同时也是革命派与改良派之间的最后一次论战。此时,

245

同盟会已决定在中国各地发动武装起义,而清政府自己也诏告天下宣布实行立宪预备(1906 年),中国各地立宪派各政党也在不断组织化。两派都认为"言论之时代"已过去,"实行之时代"已来临。1907 年梁启超创立政闻社,从言论活动中退出,翌年,《民报》也停刊了。

在《民报》登载汪东的文章的 1907 年,巴黎出版了一份新的杂志。这是李石曾、吴稚晖等在巴黎居住的中国无政府主义者们一手创办的《新世纪》。如主持者李石曾 1902 年曾任中国公使馆参事官等,这些无政府主义者们在法国的居留时间相当长,与以日本为舞台就法国革命进行激烈论战的中国人只能通过书籍了解法国的状况形成鲜明的对比。而且,对法国具有丰富认识的无政府主义者们,在同时代的政治激进派中,对法国革命保持着一种最潇洒的态度。他们主要接受克鲁泡特金的思想,主张国家的消亡,标榜科学,盼望着"世界大同"的来临,因此他们认为东京的革命家们以法国革命为榜样的做法是时代错误,而以排满民族主义为依据的做法又太狭隘了。

1908 年 7 月 18 日发行的《新世纪》第五十六号上,登载了题为《七月十四日之巴黎》的一篇报道。这篇《新世纪》所登载的唯一一篇关于法国革命的文章,主要描写了四天前的革命纪念日当天巴黎的街头风景。以"革命"为笔名的作者,自述其现场报道的执笔动机说:"虽彼时革命之程度,在今日视之绝不足道,然自此次革命既起之后,革命之名词遂光烛世界,共知革命者,即为'自由'、'博爱'、'平等'之代名词也。然则此次革命程度虽低,要可许为近时代全世界'革命之母'。"作者认为革命纪念日是回顾现在世界是否实现自由、平等、博爱的最佳时机,为了寻找适当的材料,来到了巴黎的街头,但现实让人灰心丧气。因为他所见到"法国人民对此纪念之典,不过为无意识之习惯举动,在今日普通人之观念,且视为放假游戏之节日而已"。革命纪念日在其本土现在成了风俗,已看不到任何革命精神持续和复活的迹象。这篇 *268* 《新世纪》的报道所具有的调侃口吻,与东京的革命家们对法国革命的热烈赞美形成对比,在某种意义上,为辛亥革命后对法国革命的讨论埋下了伏笔。

1911 年 10 月 10 日,在武昌爆发的新军起义,打响了辛亥革命的第一枪。革命迅速蔓延到全国,翌年 1 月 1 日,共和制的中华民国宣告成立。虽然最后都成立了共和制,但辛亥革命的发展呈现出与法国革命迥然不同的景象。由革命的组织者立宪派乡绅阶层组成的谘议局(1909 年各省设立的地方长官咨询机构,实质上的地方议会),因为害怕内战引起动荡局面的进一步扩大,而早早地脱离清朝宣布独立,革命因而在大部分省份取得了迅速的发展。不仅没有出现改良派一直担心的民主专制的动荡局面,而且,也没有诞生革命派期待已久的强有力的革命政权。

作为妥协的产物,中华民国临时政府脆弱不堪,清朝政府依然在北京维持着统治,掌握清朝军事大权的袁世凯,表现出想获取渔翁之利的野心。临时政府与袁世凯达成妥协,以袁世凯逼清朝皇帝退位为条件,孙文将自己的临时大总统职位让给他。对不愿退位的皇室势力,袁世凯提出若自行退位,支付年金,也可以在紫禁城里居住的优待条件,同时又通过部下进行种种恫吓。据说让皇室真正感到害怕的,是下面的一句话:"读法兰西革命之史,若生顺舆情,何至路易之子孙,靡有孑遗也。"㊷

早在 1898 年康有为就曾督促光绪皇帝,为了避免重蹈路易十六的命运,必须自行改革,坚决实行戊戌变法。如今袁世凯恫吓宣统帝,为了避免重蹈路易十六的命运,必须自行退位。2 月

12 日，宣统帝退位，持续了两个半世纪的清朝宣告寿终正寝。恐
269 怕这是法国革命的教训，在中国革命中最具有现实意义的一瞬。

三 法国革命论的论争

20 世纪初期，以《新民丛报》和《民报》为舞台，以引进立宪君
主制为政治目标的改良派，与力争立即实现共和制的革命派之
间，展开了激烈的论战。论战大致可以用"革命之是非"来概括，
但争论重点涉及多个方面，其中有不少牵涉到法国革命。以下，
我想对这些牵涉到法国革命的主要的论争进行介绍和分析。

论争一：进化与革命

进化论是清末系统介绍到中国的最早的西方思想，也是对中
国人影响最为深远的西方思想。以严复翻译出版《天演论》（1898
年）为契机，在日本出版的流亡变法派和留学生等编的各种杂志，
竞相介绍进化论的相关文献，20 世纪初期，开始给进化论冠以
"公例"一词。因为这是不需要证明的普遍法则。

作为"公例"的进化论，为改良派和革命派提供了对变革论十
分有利的理论基础。因为经过"淘汰"出现的新事物，根据"优胜
劣败之理"，是"优胜者"。而且，如何将自己的政治路线与进化论
相结合，是改良派和革命派双方的重要课题。因为将两者成功地
结合起来的一方，将独占进化论这一武器，在论战中获胜的可能
性也更高。

270 如上所述，在《革命军》中邹容认为革命是进化现象之一。因
为革命起着从根本破坏陈旧不好的事物，使社会获得新生，沿着
进化轨道发展的作用，法国革命就是其中最成功的例子。

针对这种观点,改良派强调进化的阶段性。据他们看来,尤其在政治领域,按照专制政体→立宪君主政体→共和政体的阶段发展,才是"政体进化"的法则。如果无视法则,妄图跳跃发展,只会招致动荡。法国革命妄图从专制政体直接跳跃到共和政体,结果以失败告终,政治动荡在革命后持续了 80 年,其最大原因就在于对法则的忽视。

论争二:专制与革命

"专制"一词,是戊戌变法后经日本传到中国的词汇。在论战中,他们都承认中国的现状是专制政体,法国革命前的旧制度也是专制政体。但问题是,同为专制政体,为什么法国爆发了革命,而中国没有。

当然,也有人认为中国有革命的先例。如陈天华著《中国革命史论》,从农民起义也是革命的立场出发,认为中国历史是一系列以挫折而告终的革命的连环。�43这种看法,虽然后来成为中国共产党编史工作的先驱,但在当时是很少见的例外。将"文明之革命"与"野蛮之革命"严格区分开来,认为法国革命是"文明之革命"的典型的邹容,认为中国历史上只有"野蛮之革命"。梁启超也写了《中国历史上革命之研究》,认为中国历史上只有"野心的革命""私人革命",正如法国革命由"议员大多数之发起而市民从而附和也",近代西方的革命全是"团体之革命",与中国革命性质迥然不同。�44当时人们普遍认为中国历史上不存在足以与法国革命相匹敌的革命。问题在于为什么没有。对这个问题的解释,与中国人将来能否进行这样的革命密切相连。

一种解释着眼于两国思想或学说的不同。在法国,孟德斯鸠、伏尔泰、卢梭这样的大思想家辈出,将对专制的批判观点灌输

给人民,同时还将人民引向民主主义的方向。而在将皇帝的统治
正当化的儒教思想传统中,是不会发生这种事情的。邹容的观点
中,还暗示在帝国主义侵略激化状态下,中国人之所以愿意与西
方接触,是因为中国人乐于获得阅读卢梭等人的著作的机会,只
要能给中国指引出一条正确的思想路线,那么中国也有可能出现
"文明之革命"。此外,著有《明夷待访录》一书的明末清初的思想
家黄宗羲,在这个时期忽然被称为"中国之卢梭"。这种做法,是
为了从中国历史中寻找与卢梭相似的人物,即使这样的人物并不
多,但可以证明民主主义是中国自行产生的思想,因此使中国人
可以完全接受卢梭等人的学说。⑤

　　还有一种解释主要围绕两国专制政体状况之不同展开。如
上所述,该时期的中国人以进化论为基础,认为政体在历史中分
阶段进化。政体进化,应该从家庭出发,经过部族制、贵族制(封
建制),达到专制,再经立宪君主制向共和制发展。从这种政体进
化观点来看,即便是专制政体,与其说是"绝对恶",不如说是作为
进化的一个阶段的"必要恶",比贵族政体要"优越"。立足于这一
前提,可以发现中国政治的特色主要有以下两点:在始皇帝的时
代,就已对贵族政治进行清算,在世界上最早进入了专制阶段;但
这种专制阶段持续了约两千年的超长时期。而法国(或西方)在
"政体进化"过程中直到最近才将中国甩在后面。法国贵族政治
(封建制)持续到最近,还没有完全清除干净,就直接进入专制阶
段(绝对主义)。法国人民认为,在贵族政体和专制政体共同统治
下,他们所受的痛苦已超出了容忍的限度,因而发动革命将贵族
统治和专制统治一起推翻,建立了"革命民主政体"。也就是说,
因为法国"一直落后",所以进行革命,"结果"一下跳到了政体进
化的最前面。⑥

　　这个解释,与对原本应"进步"的中国仍停留在专制阶段的解释结合在一起后,才告一段落。对于这个理由,有两种解释。第一,中国的专制政体与法国的相比,更为温和。如上所述,康有为的《法国革命记》是这种立场的代表,不存在世袭贵族、特权僧侣的中国,人们只要通过科举考试,就有可能成为官僚,而科举考试资格又完全没有对身份、出身等的限制,因此,认为中国社会实质上是平等的。进而在职业、信仰或居住方面没有什么限制,民众事实上享受着很多自由。依据这种看法,因为是平等和自由兼具的温和体制,所以中国的专制体制得以长期存在,没有必要特地为了平等和自由而发动革命。

　　第二种解释,以梁启超的《新民说》《自由书》等为代表。他同意康有为的中国的专制体制是相对温和的看法,但他对该问题看得更为深刻。中国民众在专制体制下忍受着痛苦。而一旦科举考试通过,就可以成为统治者中的一员,因此他们不是通过推翻体制从痛苦中解放出来,而是通过自己成为统治者中之一员,将痛苦转嫁到他人身上,这种态度在中国人中已极为普遍化。梁启超称这种态度为"奴性"("奴隶根性"),认为这种态度正是中国的专政体制得以长期存在的秘密所在。因此,如果不改变潜伏在中国人身上的、已成为第二自然的思维方式,中国的专制体制就不会有任何改变。为了推翻中国的专制体制,仅仅靠政治革命是不够的,还需要精神革命和文化革命等。㊼

　　梁启超又对康有为的自由观进行了批评。中国的民众,与旧制度下的法国民众相比,确实自由多了。但这种自由,是来自覆盖中国博大的国土和人口的统治网的疏漏,只是"事实上之自由",不是得到确认的正式权利。在皇帝的统治达不到的地区,中国民众可以享受"无限之自由",而一旦皇帝开始恣意妄为,这种

273

自由将立即转变为"无限之不自由"。㊽他称"事实上之自由"为"野蛮之自由",与作为权利确定下来的"文明之自由"相区别。在中国存在的只是"野蛮之自由",这与法国革命实现的"文明之自由"有着本质的不同。

梁启超对"两种自由"的分类,被同时代的大多数人所接受。但与法国革命形成鲜明对照的,是为中国"文明之自由"构建基础的不是"天赋之权",而是"强者之权"。㊾如上文提到的被冯自由评为革命派杂志先驱的、最早将卢梭的《民约论》介绍到中国的《译书汇编》,在该杂志第一期上与《民约论》一起还登载了《权利竞争论》的译文。在进化论作为"公例"得到众人认可的情况下,《权利竞争论》的命题即世界存在的权利皆取决于斗争,要比"民约论"的所谓强者之权利皆非真权利而不过是虚名的命题理应更有说服力。㊿所谓"文明之自由",归根到底,是大多数被统治者通过实力打倒少数的统治者所获得的权利。当时中国人重视的是,与其说是"个人之自由",不如说是"民族之自由""国家之自由"。国际社会正是以最大规模展开"生存竞争"之场所,中国人现在面临的各种困难处境,其原因也被认为是源于国际社会认为中国是"弱者""无权利"的看法。

论争三:民主与革命

自王韬写《法国志略》的 1870 年代以来,中国人开始使用"君主之国""民主之国""君民共主之国"等范畴来给西方各国的政治体制进行分类。如上所述,"民主"一词主要用于表示人民选择统治者之意,一言以蔽之,"民主之国"的政治稳定性比"君民共主之国"差,一般是作为贬义词使用的。"民主"作为褒义词使用,是在甲午战争之后,最明显的例子如 1899 年写《劝学篇》以反对激进变法运动的张之洞，就认为“民主”之说与“男女平等”“父子同罪”同为最违反中国传统伦理之说，而予以批判。此外，戊戌变法失败后亡命日本的梁启超，与日本的社会科学接触之后，扔掉了原来的政体分类范畴，转而开始使用“民主（共和）”“立宪君主”“专制”三个范畴对政体进行分类，加上梁启超的文章所具有的影响力，到了 20 世纪初期，中国人已普遍使用这些范畴。(51)

就像正是康有为将“民主”描述为“公理”一样，在以民主政体为最终目标这一点上，改良派与革命派的做法是不约而同的。双方争论的重点在于是否应该立即实现民主政体。革命派主张立即实现，他们认为民主政体既然是最新最好的政体，理所当然应该实现这个政体。孙文以铁道建设为例，阐述了立即引进民主政体的正确性。在中国建设铁道时，对铁道进行更新，需不需要淘汰那些有明显缺陷的旧型号的机车，慢慢引进新型号的机车呢？当然应该引进最新最好的机车。这个道理同样适用于政体改革。(52)

针对这种观点，改良派的批判要点，借用孙文的比喻，就是在
轨道的配备、机车手的训练等都还不充分的情况下，如果引进最 275
新的机车，肯定会出事故，引进的理应最好的东西反而招致最坏的结果。他们又从法国革命中寻找实例。法国革命确实是以打倒君主专制体制为目标的革命。但革命将无知的民众引向政治舞台，这些民众又受一小撮阴谋家的煽动，将与自己的党派对立的指导者一个个杀害，独自享有权力。也就是说，法国革命表面上是民主体制，但实质成立的是一小部分人滥用权力的“民主专制”体制。不久后，民众对政治的动荡局面失去了耐心，又放弃得到的自由，转而期待出现一个强有力的、稳定的政治权威。这时登场的是拿破仑。他又开始实行“皇室专制”体制。也就是说，法

国革命的成果不是专制的打倒,而是新专制的诞生。

原本应以推翻专制和实现民主政体为目标的法国革命,结果却产生了与原来的目的相矛盾的民主专制体制,改良派认为其原因在于民众的知识水平低和政治不够成熟。在民众的政治能力还不成熟的情况下,如果用暴力强制推行民主制,当然会出现煽动政治家的飞扬跋扈局面。因此,若以实现"真的"民主为目标的话,即使绕了远路,也应该先通过教育提高民众的知识和道德水准,所以,中国目前需要的正是"开明专制"(启蒙专制)。一部分改良派认为,法国以推翻专制为理想的革命,结果带来了与理想背道而驰的民主专制。与此对应,中国的这种初看是绕了远路的开明专制,从长期来看,却是使中国实现民主体制"软着陆"的捷径。㊼

革命派对这种观点的批判主要有两点。第一,他们认为法国革命出现民主专制,无疑是政治环境的产物。反对变革的贵族们处处搞阴谋,周边各国又发动反革命的干涉战争,在这种情况下,革命权力亟需集中以应付这种局面,因而独裁是不得已之举,与民众有无政治能力没有任何关系。第二,即使中国民众的政治能力还不够成熟,这也不是可以通过启蒙专制君主所提供的教育可以得到解决的。对民众来说,最好的政治教育方法是通过革命运动实地学习。

论争四:革命与国际环境

革命代价太高,中国到底能不能承受得了这种代价?这个问题也是争论重点之一。在国土和人口都不超过中国 1/10 的法国,革命的动荡局面持续了 80 年。康有为以这一事实为依据,警告说,中国"若有大乱,以法乱之例推之,必将数百年而后定"㊽。

他又强调在法国革命中死去的人达 129 万人，如果同样的事情在中国发生，恐怕没有 4 亿人的牺牲，动荡局面是不会终止的。

但关于代价问题，最让人担心的是外国侵略的可能性。将中国作为资本输出市场的各帝国主义列强，以德国占领胶州湾（1897 年）为契机，各自划定排他性的势力范围，完成了对中国的瓜分。中国虽然还拥有领土主权，但中国人将这种局面看作是"瓜分"的危机，担心如果事态进一步恶化，中国也会被完全殖民地化。始于戊戌变法的激进改革运动，也始终保持着这一对外危机意识，在论战之时，还抱有对"瓜分"处境的恐惧心理。因此，革命将导致外国干涉，使中国成为殖民地国家的可能性，是革命派和改良派双方都不得不认真思考的问题。

面对这种情况，中国人引用了两个先例作为参考。一是 1900 年爆发的义和团运动。这一开始于山东的人民起义，发展成为"扶清灭洋"运动，引起外国的军事干涉，结果清政府被迫支付相当于六年国库收入的四亿五千万两巨额赔偿金。他们对这件事还记忆犹新。强调这件事的，是改良派。如果中国进行革命，从中国民众的理性水准来看，会再次出现类似义和团运动的事件。这样一来，列强肯定会以保护居留民为由进行军事干涉，革命很可能将导致"瓜分"局面的出现。⑤

在这个问题上，革命派处于不利的局面。当然也有人主张义和团阻止了"瓜分"。⑤看到义和团运动中民众的抵抗力量后，列强明白直接统治中国的代价太高，从而放弃了将中国完全殖民地化的想法。但只有极少数人持有这种看法，大多数人仍认为不久的革命决不能重蹈义和团运动的覆辙。作为热情的民族主义者，陈天华认为革命的目标之一是恢复主权。他严格区分"野蛮之排外"与"文明之排外"，认为义和团以杀害外国人、盲目排斥外来事物为目的的行为是“野蛮之排外”，而在遵守国际法的同时，致力于恢复国家应有的主权的做法，是“文明之排外”，而革命派应该选择的是后一种做法。据陈天华推测，如果选择“文明之排外”，列强就会失去干涉的借口，大部分革命派则更加包容，认为为了防止干涉，不得不继承原有的不平等条约。

还有一个先例是法国革命。法国革命之时，害怕受到革命影响的周边各国，结成反革命联盟，对法国革命进行军事干涉。这对中国人来说是难以忽视的教训。因而改良派认为，如果革命内战长期持续下去，极有可能会招致列强的干涉。

针对这一观点，革命派着重强调了时代的不同。法国革命爆发之时，周边诸国都是专制国家，害怕革命所宣传的“自由”“平等”思想传到自己国家，因此才进行反革命的武装干涉。但法国革命已过去了一百多年，形势有了很大的改变。自由和平等的精神已传遍全世界，在欧美各国，这种精神早已被人们普遍接受。中国人通过革命想实现的，正是这已被国际社会普遍接受的精
278 神，因此，与法国革命引起干涉相反，中国革命无疑会受到国际社会的欢迎。不仅如此，就像法国帮助美国独立战争一样，欧美各国还会支持中国革命。(57)具有这种看法的革命派，在《民报之六大主义》(58)中，添了下面一条：“要求世界列国赞成中国革新之事业。”

革命派的计划，在改革派看来过于乐观。他们对白人是否会真心帮助黄种人的革新事业持怀疑态度。康有为说可以看一看最近发生在菲律宾的实例。“吕宋之阿坤鸦度始与美国立约相助，乃发兵称自立以拒西班牙，及阿坤鸦度既背西班牙，美即背约而取阿坤鸦度矣。”“自由之国”的美国尚且如此，在革命之时如果期待外国援助，结果“以救国之故，而终鬻国”。(59)

梁启超从与革命派完全相反的角度说明了国际社会的蜕变。他说，以法国革命为契机，世界进入了"民族主义"时代。"民族主义"的基石是卢梭的民约论，这种学说是在国内承认"人民之独立"，在国际社会承认"国之独立"，以"不使他族侵我之自由，我亦毋侵他族之自由"为原则的"光明正大公平"的思想。但到了19世纪后半期，在欧美各国，随着经济的发展，国家自身已无法满足其需要，转而开始向国外寻求发展。在这种情况下，欧美各国的民族主义开始向"民族帝国主义"的性质转变。在国内，国家有机体说取代了社会契约论；在国际社会中，各国自恃是优等民族，将监督劣等民族视为自己的义务，开始武力推动亚洲、非洲的殖民地化。同时，起源于法国革命的民族主义浪潮，到了19世纪后半期，终于抵达亚洲，现在已将中国卷入其中。他认为，现在的国际形势是，已变质为民族帝国主义的列强势必将包围觉醒的中国，无论中国人将自由和平等的旗帜举得多高，列强不但不会提供支援，甚至还会继续他们的侵略活动。[60]

279

革命派为了驳斥改良派的观点，特意使用乐观态度阐述了自己的看法，但对列强干涉的恐惧心理无疑一直存在于他们的意识之中。1911年10月辛亥革命爆发，由于革命力量在军事上处于劣势等，战线出现胶着状态时，在这种恐惧心理的作用下，革命派与袁世凯匆忙达成妥协。毫无疑问，正是这种心理，直接导致了辛亥革命的不彻底性。

四 从法国革命到俄国革命

1912年1月1日中华民国成立，到了正好七年后的1919年1月1日，在北京创刊了一本新的杂志，即《新潮》。[61]后来成为清华大学校长的罗家伦(1897—1969)在《新潮》创刊号上,发表了一篇题为《今日之世界新潮》的文章。他强调俄国、匈牙利、德国的革命才是"新潮"的起点,并得出结论:"现在的革命不是以前的革命了。以前的革命是法国式的革命,以后的革命是俄国式的革命","法国式的革命是政治革命,俄国式的革命是社会革命"。辛亥革命过后不到十年,法国革命就被打上"落后于时代"的烙印。

在辛亥革命之前,中国人对俄国革命并不是无动于衷,而是正好相反。如在改良派的杂志《新民丛报》中,1902年曾出现一则《革命! 俄罗斯革命!》的报道,在介绍了俄国革命风潮从学生转向体力劳动者、士兵等的事实情况后,进一步总结道:"夫使俄国或迫于革命而立宪乎? 或求立宪不得而卒收功于革命乎? 则自今以往地球上完全专制之大国惟余一支那矣。"㉒同时,革命派的杂志《民报》在创刊号(1905年)上,虽有些地方与俄国的第一次革命混为一谈,但已对俄国革命表现出极大关注。㉓中国人认为,当时的俄国与中国并称"完全专制之大国",法国革命、中国革命与俄国革命都面临着摆脱专制体制的任务,因而基本上可以看作是有着相同性质的革命。与19世纪对法国革命的关心,即"历史的"关心相比,中国人对俄国革命的关注正是"同时代"的关心。

本来,实现了辛亥革命的中国,应为先俄国一步达到了目标而兴奋,但事实证明,辛亥革命后中国人反而有一种更深的挫折感。如在罗家伦文章中所流露出来的,这种挫折感进一步发展为一种认同,即辛亥革命发生后不到十年,俄国就遥遥领先于中国。从这种意义来看,民国初期政治思想的发展,其实也是这样一种区分过程,即联结法国革命、中国革命与俄国革命的等号变成了不等号,法国革命和俄国革命被区分为"旧式革命"与"新式革命"，或"政治革命"与"社会革命"的过程。下面，我着重分析这个过程。

陈独秀与法国革命再评价

1912 年 1 月 1 日，中华民国成立。但这个亚洲第一个共和国不久就处于袁世凯的独裁统治之下，1913 年宣告国会停止，1914 年末宣布大总统职位可以终身化、世袭化，1916 年 1 月袁世凯宣布复辟帝制。改良派的革命将带来新的专制的预言，此时看来，不幸言中了。

原本对革命抱有期待心理的人们，此时也不得不进行痛苦的反思。辛亥革命成功驱逐了专制体制的罪魁祸首皇帝。作为政治革命应是成功的辛亥革命，为何在短时期内又重现专制体制？一部分人认为原因就在于辛亥革命是"政治革命"。支撑着专制体制的思想、意识等仍然根植于中国人大脑深处。在漫长的历史发展中，专制体制所积累的文化，仍然不自觉地支配着中国人的思维、行动等。只要不改变这种内在的思想意识等而建立新的文化，无论政治革命如何发展变化，都不可能根绝专制体制的出现。在这种想法支配下，他们开始了"新文化运动"。运动的舞台就是1915 年创刊发行的《新青年》（当初名为《青年杂志》），杂志编辑的中心人物是陈独秀（1879—1942）。

《新青年》第一期上，登载了陈独秀的《法兰西人与近世文明》一文。在这篇文章中，陈独秀认为法国人对近代文明的主要贡献，是拉马尔克的进化论及圣西门、傅立叶等人以来的社会主义，以及法国革命。他强调法国革命中最具有人类史意义的是《人权宣言》。他认为正是这个宣言确立了"人人于法律之前一切平等"的"近代之民主性社会"的原则，建立了以"平等、自由、博爱"为基调的近代文明结构。

辛亥革命以前，拥护法国革命的中国人觉得最难自圆其说的是，大量的刑罚所象征的革命时期出现的暴力问题。对倡导言论自由的他们来说，对于从肉体上消灭异己之说的雅各宾派的独裁统治，只能从国际环境恶化等原因来为这种现象进行辩解。但陈独秀的文章中，具有代表性意义的是，他完全无视这个暴力问题，而始终将考察重心放在法国革命对文明建设的贡献上。出现这种变化的原因之一，在于该时期的陈独秀认为，若要谈暴力，无疑德国的"军国主义"比法国革命有过之而无不及。他写这篇文章之时，正是第一次世界大战最酣之时，同时又是德国在军事上处于优势之时。陈独秀从"民主主义与军国主义"的战争、"公理与强权"的战争的观点对这场战争进行描述。这种观点，换句话说，也就是"文明与野蛮"的战争。对陈独秀来说，凭借军事上的优势武力侵略他国的德国，只不过是近代文明的脱离者，而正是被迫苦战的法国对近代文明的形成作出了重大贡献。

众所周知，新文化运动提出了"德先生"和"赛先生"的口号。这个"德先生"，作为与辛亥革命前的志士们使用的、与"专制"相对比的"民主制"，在意义上有很大的差别。如果说"民主制"是与政治体制相关联的概念，那么"德先生"则是与每个个人的生活方式相关联的概念，是立志于改变独立个体在家庭、学校、工作单位等"非"政治领域的意识、行动等，以建立一个"民主社会"的概念。其最大的批判对象，不是政治家，而是以儒教伦理为代表的旧道德。因为在他们看来，儒教伦理才是对个人独立最大的障碍。更让新文化运动的领导者陈独秀倾倒的，是发表《人权宣言》的法国革命，而不是打倒专制的法国革命。他认为正是《人权宣言》确立了每个人在"法之下平等"这一"民主性社会"的原理。

社会革命论的谱系

在陈独秀等人看来，第一次世界大战协约国的胜利，是"公理之胜利"，认为这种胜利应当标志着一个新的世界在"民主主义"引导下的开始。但兴奋迅速转变成痛苦的失望。1919 年巴黎和会无视中国代表提出的废除不平等条约的要求，将德国在山东省的权益转让给日本。这个消息传到中国后，五四运动爆发了。

新文化运动与五四运动无论在领导者还是思想上，都保持着多方面的连续性，同时又有不少不连续的方面。新文化运动对西 283 方文明的憧憬和期待心理，五四运动时变成了对帝国主义的憎恨和排斥心理。新文化运动着眼于单个个人的思想觉醒和文化变革的迂远的方式，被五四运动的直接诉诸政治行动的激进方式所取代。

这种无法忍受文化的迂远变革，而采取政治行动以在短时期内解决问题的方式的出现，只要它始终保持着它的激进性，将有可能导致辛亥革命时期的政治革命论的复活。当然，这种复活不是单纯意义上的复活。"五四"的激进主义，无疑与新文化运动一样，了解辛亥革命这样的"政治革命"的局限性，但又试图采取不同于新文化运动的方式，打破"政治革命"的局限性。这种方式的关键，就是"社会革命"。

仅仅靠"政治革命"就可以了吗（或"社会革命"不也是必要的吗）？对这个问题的思索，早在辛亥革命之前就开始了。如最早把马克思介绍到中国的朱执信（1885—1920），在《民报》第五号（1906 年 6 月）发表了一篇文章，题为《论社会革命当与政治革命并行》。⑥朱执信所谓的"社会革命"是要废除或改革产生经济性不平等的制度（尤其是对自由放任与个人所有权的绝对性），截然不同于以改变政治性不平等为目标的"政治革命"。他的论点中最令人回味的是,他将"社会革命"和"政治革命"结合起来,并以此为中心,试着将三个革命(法国革命、俄国革命、中国革命)类型化。

在朱执信看来,法国革命正是"政治革命"。因为法国革命"绝无社会革命之分子存于其间也",而且"人权宣言"有"助长竞争及绝对承认私有财产权"的作用。不仅仅是法国革命,欧洲各国也是"牺牲社会革命以成政治革命",因此第二次革命(社会革命)现在必然会来临。然而由于政治组织和经济组织分离已久,社会革命决不会与政治革命同时进行。他预言"如法,苟为社会革命,其必无改共和立宪制"。

284

另一方面,因为"俄国之经济制度尚未脱封建时代之状态,其挟经济上势力者,大抵为贵族、僧侣、地主,而是三者固皆有政治上势力之阶级也",所以对于俄国革命,朱执信认为应是"政治革命"与"社会革命"并行之革命。也就是说,朱执信认为俄国由于政治权力与经济权力的所在一致,只要缺少"政治革命"与"社会革命"中之任何一方,都不可能实现社会性平等。

那么中国革命应该是什么革命呢?朱执信的理解是,俄国与中国的经济条件不同。作为政治权力拥有者的"满洲之族,则以禁营业故贫困太半",因此不同于俄国,中国政治权力与经济权力的所在并不一致。另一方面,中国已存在"放任竞争、绝对承认私有财产权之制度",其贫富之差尚且与欧洲各国并不悬殊,但若放任不管,则具备为"社会革命"所需的潜在条件。若如此,可以欧洲诸国为第二次革命所苦为反面教材,立足于贫富之差比较小的现状下,在进行"政治革命"之时,也同时进行"社会革命",才是中国的上上之策。朱执信的结论是,中国与俄国情况不同,需要同时实现"政治革命"与"社会革命"。尽管他的表达方式不同,但无疑与孙文的"民生主义"的初衷是相同的。

自由与面包

辛亥革命之后,俄国再次成为中国人的关注对象。这发生在1917年二月革命爆发之时。这一年,作为协约国成员之一,中国也加入第一次世界大战。新文化运动的知识分子视这次战争为"民主主义对军国主义"的战争,因而"世界最大之专制国"的俄国成为"民主主义"阵营的一员这个事实,很难被他们接受。因此,当俄国爆发二月革命,推翻专制体制时,他们举手欢迎,视之为民主主义必将胜利的证明。而正因为这样,当俄国发生十月革命时,他们又难以掩饰自己的张皇失措。⑥

最早对十月革命作出肯定反应的是陈独秀,及同为新文化运动主要发起人之一的北京大学教授李大钊(1888—1927)。李大钊在十月革命爆发半年多之后的1918年7月,在杂志《言治》上发表《法俄革命之比较观》一文,对法国革命与俄国革命进行比较。在当时缺乏俄国革命的信息而导致人们对俄国革命有一种恐惧的状况下,李大钊所立足的前提是:"新文明之创造"是"肇基于艰难恐怖之中","人群演进之途辙,其最大之成功,固皆在最大牺牲、最大痛苦之后"。在李大钊看来,最大的实例是法国革命,"于法兰西革命之血潮之中",诞生了"十九世纪全世界之文明"。他认为同样的事情如今又出现于俄国。而且,"二十世纪初叶以后之文明",将"苗发今日之俄国革命之血潮之中"。

此外,李大钊还注意到两次革命之间的不同。法国人通过法国革命要追求的是"自由",俄国人逐过俄国革命追求的是"面包"。前者追求"理性之解放",后者追求"欲望之满足"。因此,倘

285

若以前者为标准衡量后者,其动机是"鄙",结果是"恶"。在法国革命之时,人人皆有"爱国的精神",因此能确立基于自由与民主之秩序,以防范外敌入侵。而现在的俄国人没有这样的"爱国的精神"。由此可见,不应该以法国革命为标准来看俄国革命。那么,应该以什么为标准来评价俄国革命呢?

286 李大钊评价俄国革命的根据,正证明了不能用法国革命的标准评价俄国革命的意义。在他看来,法国革命是"立于国家主义上之革命","是政治的革命而兼含社会的革命之意味者"。与此相对,俄国革命是"立于社会主义上之革命","是社会的革命而并着世界的革命之彩色者也"。也就是说,这两种革命的性质截然不同。俄国人也许没有"爱国的精神",但有"爱人的精神"。"爱国的精神"究其根本是"战争之泉源",而从"爱人的精神"中可以看到世界"和平之曙光"。

李大钊认为,俄国原本是欧洲最落后的国家,与法国、英国等先进国家相比,"俄国文明之进步,殊为最迟,其迟约有三世纪之久"。但与法国、英国等文明现在已烂熟,难以有更大的进步相比,俄国正因为落后,还留有"发展之余力"。而且,俄国今后的发展,决不会追随欧洲先进国家的发展。位于西方文明与东方文明边境的俄国,受东方文明的宗教性影响,始终视"神""独裁君主""民"三者为"理想",现在又受西方文明的政治性动荡的影响,否定基于"自由"与"人道"思想的"神""独裁君主",并坚持让"民"掌握所有的权力。兼具东西文明特点的"新文明"很可能会从中诞生。在李大钊看来,就像法国革命是"十九世纪全世界人类之普遍心理变动之表征",俄国革命是"二十世纪全世界人类之普遍心理变动之显兆"。象征两者之差异的,正是"自由"与"面包"。⑯

早在朱执信谈论俄国应该"社会革命"与"政治革命"并行之

时，"没有脱离封建时代之状态"的俄国，不仅比欧洲各先进国家落后，还比中国落后。现在根据李大钊的观点，落后的俄国，正因为落后反而跃到世界史的最前端。这对为"政治革命"辛亥革命的局限性所苦的中国人来说，意味着新的光辉目标的出现。先进国家不会永远是先进国家，先进国家也不仅仅局限于欧洲各国。正像星星之火可以燎原，人类进化的历史性使命的承担者，从英国、法国转到德国，又逐渐转移到位于欧亚大陆夹缝中的落后国家俄国手中。中国不需要为自己是落后国家而烦恼，也不必为自己是东方文明一员而烦恼。中国需要的是利用作为亚洲落后国家的"特权"，积极加入到世界历史的发展潮流中，使自己获得新生。

从法国革命到法国文化

李大钊的论文发表之时，对俄国革命给予肯定评价的人寥寥无几。随着时间的流逝，越来越多的知识分子认识到俄国革命的积极意义。本节开头引用的罗家伦的《今日之世界新潮》，发表于1919年1月，同年5月，《新青年》出版"马克思主义研究特集号"。他们不是因为被马克思主义所吸引而关心俄国革命，而是被俄国革命所吸引而关心马克思主义。他们之所以被俄国革命所吸引，是因为他们感到"救世主的神谕"⑰预告新世界的到来。

证明他们这种感觉的，或许是《加拉罕宣言》。这个宣言是苏俄政府单方面宣布无偿废除帝制俄罗斯在中国的不平等特权，发表于1919年7月，翌年年初传到中国。这件事发生于巴黎和会无视中国代表提出的废除不平等条约要求之后不久。中国代表知道中国的不平等条约与第一次世界大战没有直接关系，但根据巴黎和会是基于公理建设新的世界秩序的会议，特意提出该项要求的。"帝国主义"国家无视中国的要求，并将巴黎和会变成重新划分殖民地与势力范围之会议，而法国是这些国家中的一员。巴黎和会使新文化运动的知识分子们受到打击，而《加拉罕宣言》又给他们带来了希望。正如李大钊所预言，俄国革命或许是"世界和平之曙光"。至少，法国革命带来的是"战争"与"帝国主义"这一点是没有问题的。1921 年 7 月中国共产党成立，中心人物是曾是新文化运动发起人的陈独秀、李大钊等人。这件事在某种意义上，并不让人感到吃惊，而且到了 1920 年代，人们已不再将法国革命与中国革命相提并论了。

1920 年 10 月，杂志《少年中国》出版"法国特集"。杂志发行单位"少年中国学会"由李大钊等人成立于前一年的 7 月，该学会有不少海外会员，并在巴黎设立了分会。⑱ 从 1910 年末开始，大量中国人涌入因一战而劳动力缺乏的法国，一边工作一边学习。《少年中国》的"法国特集"号，也是以在法国的留学生为中心编集而成，作为中国人自己编写的法国介绍文献，这恐怕是鸦片战争之后最详细的一本了。但这本特集号中所登载的文章，如《法国近代社会学》《法国近世文学之趋势》，或《19 世纪法国之美术》等，都是与法国革命没有任何关系的文章。这说明，与对法国革命的漠不关心形成鲜明对照，此时开始出现了对法国文化的真正关心。

20 世纪初期访问法国的康有为，在目睹博物馆、美术馆等法国文物之后，也对"我之文明远胜于法"一事深信不疑。他说，法国原是"起于深林之游牧之野蛮"，经"中世千年之黑暗"诞生了哲学，当时正是中国的乾隆朝，机械、技术之发展始于短短数十年以前的道光朝。与"数千年文明之中国"相比，法国就像是"十龄之学童"在"儒林文人"前自夸一样。⑲康有为的见解，一方面是从士大夫对中国文明的自负心理出发的,同时也是对中国人对法国革命的憧憬心态提出的警告。新文化运动全盘否定了中国的旧文明,而包括反对者与肯定者在内,都已对法国革命失去了真正的兴趣。在这一时期,终于出现了从正面看待法国文化的趋势。 289

小　结

　　中国共产党的创建者们,舍法国革命而取俄国革命时,正梦想着立即在中国实现社会主义革命。他们认为实现最新、最好的东西是理所当然之举。这种态度,与辛亥革命前使用铁道比喻主张立即实现共和革命的孙文是不谋而合的。但具有讽刺意味的是,他们的梦想,被组织者共产国际泼了一盆冷水。共产国际要求中国共产党的不是社会主义革命,而是实行"民族民主主义革命";不是无产阶级的专制统治,而是与民族资产阶级的合作。资产阶级革命的历史性意义早就为人们所怀疑,为什么现在必须得实行呢? 共产国际的决定引起中国共产党的不满。

　　总之,在共产国际强有力的权威和指导下,国共进行合作,开始组织以实现对外独立和国内统一为目标的"国民革命"。从理论上讲,这次革命采取两个阶段革命的战略方针,先进行资产阶级革命,再进行社会主义革命。但从第一阶段的革命过渡到第二阶段的革命需要什么过程及多少时间,共产国际的回答十分暧昧,常常根据苏联的国家利益和苏联共产党内的权力斗争需要而变动,但至少有一点是一贯的,即第一阶段革命仅仅是向第二阶段革命过渡的必要步骤,并不具有固有的目标价值。

290 　　1926 年夏,北伐战争开始,从广州出发的国民革命军顺利北进。国民政府迁到武汉,武汉成为国民党左派和共产党的大本营。在武汉发行的《中央日报》的副刊《中央副刊》(日刊),于1927 年 7 月 14 日发行第一百十一期,这一期是法国革命特刊。特刊登载的文章有《法国革命期间之文学》《法国革命之两个美术品之说明》等,其题目本身就雄辩地说明了文章的兴趣所在。实际上,可以用一句话来总括他们的观点,即若详细考察,法国革命看似成功实则失败。笔者们断定其“失败”的理由,在于法国革命失去了当初所具有的国际联合精神,不仅没有将自由、平等的精神推广到全世界,创造一个“无种别无国性之社会”,反而侵略世界弱小国家。在他们看来,法国革命值得学习的,只是革命家们不怕死的精神。⑦

　　在这期特刊发行的三个月之前,蒋介石在上海发动“四一二”反共政变。在武汉,国民党左派与共产党的合作关系事实上也濒于破裂的边缘。8 月 1 日,决意与国民党分道扬镳的共产党在南昌武装起义。与“资产阶级”的分裂,更加拉大了法国革命与中国革命的距离。

　　中国共产党的领导者最早摆脱共产国际的影响,站在独立自主的立场上总结中国革命的历史意义的,是《新民主主义论》(1940 年)等毛泽东在延安窑洞里写的一系列著作。《新民主主义论》明确规定中国革命的目的是变“半殖民地、半封建”的中国社会为“独立的民主主义社会”,因此中国革命不同于俄国革命等的“无产阶级社会主义革命”。另一方面,既然不是以资产阶级专政为目标,中国革命也必须与法国革命等旧类型的“资产阶级民主主义”区别开来,因此用“新民主主义革命”的名称来规定中国革命的性质。

"新民主主义革命"的核心,不是在脆弱妥协的资产阶级领导下,而是在共产党的领导下,以工人阶级为主导,实现资产阶级革命的历史性任务。中国新民主主义革命运动始于五四运动,这之前的辛亥革命的革命性质是"资产阶级(或小资产阶级)领导下的旧民主主义革命"。新文化运动的领导者们曾将辛亥革命不彻底的原因归为"仅仅是政治革命",现在认为其原因在于它是"旧民主主义革命"。

"新民主主义革命"不必要继承"旧民主主义革命"的价值观。毛泽东在抗日战争开始不久的1937年曾写有《反对自由主义》一文,断定"自由主义的来源,在于小资产阶级的自私自利性,以个人利益放在第一位,革命利益放在第二位",革命组织中的自由主义是"腐蚀剂",是"有害"之物。㉑新文化运动的领导者们追求的"个人的自由""个性"等价值,被评价为"资产阶级文化""资产阶级自由主义"而遭到全部否定。《新民主主义论》中唯一肯定"自由"的地方只有一处,即"要把一个政治上受压迫、经济上受剥削的中国,变为一个政治上自由和经济上繁荣的中国"这一讲到革命目标的地方。因此,毛泽东超越了新文化运动的启蒙家们,与清末的认为在"瓜分"的危机下,国家与民族的"自由"优先于个人的"自由"的革命家们在思想上有着某种连续性。

中国知识分子意识到这件事的意义是在较为晚近的时候。在帝国主义侵略中国的"亡国"危机中,为了"救亡"而不得不强调国民的团结、压抑个人的"自由",这种做法持续到中华人民共和国成立之后。这种做法使人民的"封建"意识和行为方式得以继续保留,因此才会盲目地导致"文化大革命"的爆发。一部分知识分子认识到有必要重拾以"德先生"和"赛先生"为口号的新文化运动的精神,纠正因"救亡"优先而遭到忽视的"启蒙"的地位。⑫这些思想成了后来"民主化"运动的重要精神支柱,恐怕是不能否定的。

注　释

注释中频繁出现的文献用以下的方式略记:

《政论集》——汤志钧编《康有为政论集》(上)(中华书局,1981年)

《走向》——钟叔河编《走向世界丛书》"康有为·梁启超·钱单士厘卷"(岳麓书社,1985年)。该书收录有康有为的《意大利游记》《法兰西游记》,梁启超的《新大陆游记》。

《揽要》——马恳西《泰西新史揽要》(李提摩太译,上海广学会,光绪二十一年)

《大系》——西顺藏、岛田虔次编《中国古典文学大系　清末民国初政治评论集》(平凡社,1971年)

① 见梁启超《新中国未来记》第三回,《饮冰室专集》第八十九卷,第20—30页(原载《新小说》第一至第三号)。引用文依据《大系》所收的岛田虔次的名译,概括了《驳论第六》到《驳论第二十二》的部分。

② 《四洲志》(《小方壶斋舆地丛抄再补编》第十二帙所收)第20页。

③ 如王韬的《纪英国政治》等。

④ 见徐继畲《北亚墨利加米利坚合众国》,《瀛寰志略》卷九。徐继畲曾历任鸦片战争之后被迫开放口岸的福建省布政使、巡抚等职,作为西洋通,他于1848年刊印发行《瀛寰志略》,但这本书也是他被弹劾的原因之一,1852年徐继畲下野。1860年代中期他又复职,曾任总理衙门行走等职。1867年前任美国公使的蒲安臣曾说他赠给徐继畲一张华盛顿的肖像画(F. Drake, *China Chart the World*; *Hsu Chi-yu and His Geography of 1848*, Harvard University Press, 1975, p. 188)。

⑤ 如康有为曾利用这一点批评法国革命。他说:"然则法国之制独善,

法国之力独强,法民之乐更甚,由之可也。今各国之宪法,以法国为最不善,国既民主,亦不能强……民之乐利,反不能如欧洲各国。此则近百年来欧洲言革命不革命之明效大验矣。"(《答南北美洲诸华商论中国只可行立宪不可行革命书》,《政论集》,第 475 页。)

⑥《法国志略》有两种版本。原刊本于 1871 年出版,据王韬自己解释,1870 年从欧洲回国后不久,他看到丁雨生编的《地球图说》后,对其地理偏向颇为不满,遂立志编纂一本着重于历史与最近时势的书。约费时半年,最终完成了《法国志略》。该书共六卷,包括《沄兰西总志》三卷、《法京巴黎斯志》一卷、《法兰西郡邑志》二卷。1890 年改订版《重订法国志略》二十四卷本由上海淞隐庐出版。据王韬所言,这本书取材于日本冈千仞的《法兰西志》、冈本监辅的《万国史记》,并参考了《西国近事汇编》及《近时之日报》等文。

冈千仞的《法兰西志》源于包括《法国史》(*Histoire de France*,1863 年)在内的犹里(Victor Duruy)的三本法国史概论。这三本书由高桥二郎选译,冈千仞最后删定,1878 年刊行。1879 年 5 月,时任日本东京府书籍馆干事的冈千仞,与栗本锄云等人一起邀请王韬赴日。继《法国志略》之后,王韬的《普法战纪》(1872 年)在日本被翻刻发行,王韬的文名在日本人气飞速上升。王韬在日期间受到日本文人学者的热烈欢迎。在三个多月的游历期里,冈千仞始终与他形影不离。很可能在这期间,冈千仞将《法兰西志》亲手送给王韬。关于这两个人的交往细节,请参考中田吉信的《冈千仞与王韬》(《参考书志研究》第十三号,1976 年 8 月)。 *294*

笔者撰写此书时,曾参考了日本东京都立中央图书馆实藤文库藏的《重订法国志略》。本来应该将原刊本和重订本作一个比较,但没能找到原刊本。

⑦《法国志略》,二十二 a。

⑧《法国志略》,三十三 a。

⑨《法国志略》,三十三 a。

⑩《法国志略》,三十三 b。

⑪《法国志略》,三十三 b。

⑫ 李提摩太,英国人,新教传教士。1870 年到中国赴任,1891 年接任韦廉臣(Alexander Williamson)之职,担任上海广学会总办,着力于向中国人普及欧美文化。据《揽要》的序文所载,他最初兴起翻译《揽要》之念是在 1891 年初到上海之时。他后来给蔡尔康当助手,开始了翻译工作。在清末西方人翻译的书中,《揽要》(二十四卷)是最受中国人欢迎的一本书。当时出现了大量盗版书,"仅仅四川一省就有十九种翻版"(王树槐:《外人与戊戌变法》,台湾"中央研究院"近代史研究所,1965 年,第 42 页)。可以说,这本书为 19 世纪末中国人了解世界历史(现代史)提供了最多的信息。康有为在戊戌变法期间,曾将这本书及后面所提到的各国历史书一起呈进给光绪皇帝。

⑬《揽要》卷一,九 a。

⑭《揽要》卷一,十一 a。

⑮《揽要》卷一,六 b。

⑯ 见《揽要》卷一,九 b。

⑰《揽要》卷一,十三 b。

⑱ 见《揽要》卷一,十六 b。

⑲《揽要》卷一,十六 a。

⑳《法国革命记》及后面所提到的《日本明治变政考》等进呈给皇帝的书籍和文本,全部引自《政论集》。这是目前有关康有为的政论文的最标准的资料集。但以黄彰健的《戊戌变法史研究》(台湾"中央研究院"语言研究所,1970 年)为首,学者们对这些进呈本及戊戌变法期间康有为写的奏折的可靠性提出了疑问。因为奏折类是在距戊戌变法十年之后,由康有为自己出版的《戊戌奏稿》(1911 年出版)中唯一一次以全本出现,与《德宗实录》《军机处档案》等处所收资料有文言上的差异。而关于进呈本,除去序文后,与 1898 年上海大同译书局出版的《俄彼得变政记》完全相同。至于《法国革命记》,在康有为自己的《自编年谱》中,记为"戊戌七月,进呈《法国变政记》",但《戊戌奏稿》所收录的序文是《进呈法国革命记序》,连题目都发生了变化。不仅是题目名称,连内容也有康有为在事后篡改的痕迹。

295

目前,对这个问题进行的最全面的考证,当属孔祥吉的《康有为变法奏议研究》(辽宁教育出版社,1988 年)。孔祥吉花费大量精力,在故宫博物院等处发掘出所藏的未公开发行的资料,甚至找到了进呈本《日本变政考》实物本身,弄清了至今不明的各个事件的相互关系。但尚未找到《法国革命记》的实物。据孔祥吉推测,如果康有为确曾进呈过《法国变政考》,在随进呈书同时上奏的奏折《杰士上书汇录》中应当有所记载,但在该奏折中并无任何记载,因此估计这本书没有被进呈过。而且从内容看来,现行的序文的文章,更像是辛亥革命爆发前夕的文章,而不是戊戌变法期间的(《康有为变法奏议研究》,第 388 页)。康有为写于 1902 年春的《答南北美洲诸华商论中国只可行立宪不可行革命书》中,关于法国革命的段落与《法国革命记》的序文大致相同。而且,1895 年之后,康有为与《揽要》的译者李提摩太开始结交往来,在戊戌变法期间,康甚至曾推荐李提摩太为皇帝的顾问,因此很有可能康通过与李提摩太的个人私交,得到不少包括法国革命在内的西方历史知识。因此,即使康有为 1898 年时已有了《法国革命记》所示的见解,也不会令人感到吃惊。

㉑ 见康有为《进呈法国革命记序》,《政论集》,第 308—309 页。

㉒ 对于梁启超到日本后,究竟通过哪些书来学习西方思想这一问题,请参考宫村治雄的《梁启超的西方思想家论》,载于《中国——社会与文化》第五号,东京大学中国学会,1990 年。他在该文对这个问题进行了详细的分析。

㉓ 引自光绪二十六年(1900 年)四月一日梁启超写给康有为的书简,见《梁启超年谱长篇》,上海人民出版社,1983 年,第 234—238 页。

㉔ 梁启超:《新大陆游记》,《走向》,第 569—570 页。

㉕《开智录》其"改良第一期",出版于 1900 年 12 月,第六期停刊。《法 ²⁹⁶国革命史》初载于第一期,除第五期外,共连载五期,没有最终载完。

㉖ 主要参考了谭汝谦主编《中国译日本书综合目录》(中文大学出版社,1980 年)及中国社会科学院历史研究所编《八十年来史学书目》(中国社会科学出版社,1984 年)等书。

㉗ 见邹容《革命军》中的第一章绪论。岛田虔次、小野信尔编《辛亥革命的思想》(筑摩书房,1968年)中收录了小野信尔的日文翻译及解说。

㉘ 见《走向》,第261页。

㉙ 见《走向》,第296页。

㉚ 见《走向》,第320页。

㉛ 见《走向》,第295页。

㉜ 见《走向》,第303页。

㉝ 见《走向》,第331页。

㉞ 见《走向》,第334页。

㉟ 见《走向》,第337页。

㊱ 见《走向》,第340页。

㊲ 汪东:《正明夷法国革命史论》,《民报》第十一号,第58页。

㊳ 见汪东《正明夷法国革命史论》,《民报》第十一号,第62页。

㊴ 见汪东《正明夷法国革命史论》,《民报》第十一号,第71～72页。

㊵ 汪东:《正明夷法国革命史论》,《民报》第十一号,第66～67页。

㊶ 汪东:《法国革命史论》,《民报》第十三号,第61页。另,汪东在此文末尾有"著者附识",曰:"本论取材于河津祐之所译佛国革命史及文学士奥田竹松所著佛兰西革命史,旁览文学士有贺长雄、文学士本多浅次郎所著西洋历史,参以文学士烟山专太郎之所讲述。而其撰述章句,则多本友人所译法兰西革命史(即奥田竹松本)。烟山为有贺高弟,著者素服其史识,故论断间亦间有所採述焉。"(第73页)

㊷ 爱新觉罗·溥仪:《我的前半生》(上),小野忍等译,筑摩书房,1977年,第42页。

㊸ 陈天华是华兴会组织的革命运动的领导人。1903年留学日本,写有《猛回头》《警世钟》等文章,宣扬革命。1905年同盟会成立后,仍是主持机关报《民报》的中心人物,同年12月为了抗议《清国留学生取缔规则》,促进中国知识分子的觉醒,在大森海岸投海自杀。《中国革命史论》连载于《民报》第一号、第二号,因他的逝世而中断。见刘晴波编《陈天华集》(湖南人民出

ᡞ㊶

版社,1982年)。

㊹ 见梁启超《中国历史上革命之研究》,《饮冰室文集》卷十,第35页之后(原载《新民丛报》第四十六号)。

㊺ 清末的革命论具有反专制和反满族的两面性。作为反专制的原典依据是《明夷待访录》,这本书突出儒教民本主义的一面;反满族的原典依据是《扬州十日记》,这本书描述了满族入关当初的暴虐行径。

中国人习惯于将黄宗羲视为"中国之卢梭",无疑是在接受卢梭的思想 *297* 之后。据岛田虔次推断,最早使用这种称呼的,是梁启超发表在《新民丛报》第十四号(1902年8月)的一篇文章(岛田虔次《中国革命的先驱者们》,筑摩书房,1965年,第128页之后)。梁启超曾于前一年在杂志《清议报》上发表《卢梭学案》一文。梁启超个人的政治立场1902年前后开始,慢慢走向"保守化"。但他始终坚持将黄宗羲看作"中国之卢梭",在他写的可以称作是打破儒教独尊局面的、第一篇真正的中国思想通史的《论中国学术思想变迁之大势》中,他也坚持这种看法(同文自1902年始,连载于《新民丛报》上,包括黄宗羲部分的《近世之学术》一章发表于1904年)。黄宗羲在整个中国思想史中第一次被作为"中国之卢梭"确定下来。

此外,革命派的文献中明显表彰"中国之卢梭"的,是陈天华的《狮子吼》(《民报》第二号开始连载)。《狮子吼》中,主人公之间有过以下交谈(岛田虔次译《中国革命之先驱者们》,第112页开始,其中有部分省略):

> 当初法国暴君专制,贵族弄权。那情形和我现在中国差不远。那老先生生出不平的心来,做了一本《民约论》。不及数十年,法国遂接革了数次命,终成一个民主国,都是受这《民约论》的赐哩。
>
> 可惜我中国遂没有一个卢骚!
>
> 有! 明末清初有一个大圣人。是孟子以后第一个人,他的学问、他的品行比卢骚还要高几倍……就是黄梨洲先生,他著的书有一种名叫《明夷待访录》……虽不及《民约论》之完备,民约之理却已包括在内。

㊻ 见梁启超《中国专制政治进化史论》,《饮冰室文集》卷九,第82页(原

载于《新民丛报》第十七号)。

㊼ 梁启超在很多文章中都使用了"奴性"(或"奴隶根性")一词批评中国人的思维模式。其中,《论自由》(《新民说》第九节)对"自由"与"奴隶根性"的关系作了最全面的论述。

㊽ 见梁启超《国家思想变迁异同论》,《饮冰室文集》卷六,第 18 页(原载于《清议报》第九十四册,1902 年)。

㊾ 如梁启超解释说:"强权与自由权,其本体必非二物也,其名虽相异。要之,其所主者在排除他力之妨碍以得己所欲,此则无毫厘之异者也。"而且站在"通过生存竞争与优胜劣败产生强权"的前提上,将人类的"进步"看作"强权"的发展过程之一。在他看来,第一阶段是"从皆无强权,故平等"的状态。第二阶段是持强权者和无强权者区别开来的阶段,正如贵族与平民或男子与女子的关系,两者间出现不平等的支配与被支配关系。第三阶段是被支配者通过获得社会实力实现平等的阶段。他认为,到了这一阶段,"人人皆有强权故复平等"(《论强权》,《自由书》第 30 页之后)。顺便提一句,梁启超于 1899 年发表该文,比《卢梭学案》的发表早两年。这说明,梁启超在接受卢梭的学说之前,就已经在用进化论和强权理论解释自由与平等了。

㊿ 见伊耶陵《权利竞争论》,《译书汇编》第一号第 93 页。卢梭的《民约论》在同书的第 90 页。

51 梁启超到日本半年后发表的《各国宪法异同论》(《清议报》第十二册,1899 年 4 月)的开头,就宣布要放弃原来的范畴,自觉使用新范畴。

52 见《在东京中国留学生欢迎大会的演说》,《孙中山全集》第一卷,中华书局,1981 年,第 280 页。

53 见梁启超《开明专制论》,《饮冰室文集》卷十七。原文自《新民丛报》第七十三期(1906 年 1 月)开始连载。藤田敬一的选择收入《大系》。

54 康有为:《答南北美洲诸华商论中国只可行立宪不可行革命书》,《政论集》,第 480 页。

55 如梁启超的《暴动与外国干涉》,《饮冰室文集》卷十九。原载于《新民丛报》第八十二期(1906 年 7 月)。

(56) 见《义和团有功于中国说》,原载于《开智录》。后收入《辛亥革命前十年间时论选集》一卷上(三联书店,1960 年)。

(57) 见汪东《正明夷法国革命史论》,《民报》第十三号,第 18 页。

(58)《民报之六大主义》,指由胡汉民执笔,刊登在《民报》第三期的同盟会纲领性文章。其他五项是"倾覆现今之恶劣政府""建设共和政体""土地国有""维持世界真正之和平""主张中国日本两国之国民的联合"。 299

(59) 见康有为《答南北美洲诸华商论中国只可行立宪不可行革命书》,《政论集》,第 481 页。

(60) 见梁启超《国家思想变迁异同论》,《饮冰室文集》卷九,第 19 页之后。梁启超执笔写《论近世国民竞争之大势及中国之前途》(1899 年)之时,注意到近代欧洲各国间的相互竞争,及除此之外的古典式的国家间对立的不同,并使用了"国民竞争"和"国家竞争"概念区分这两种情况。但在写《国家思想变迁异同论》(1901 年)之时,转而对欧洲社会内部竞争的变质产生兴趣,又使用"民族主义"和"民族帝国主义"概念说明这种变质情况。并在《论民族竞争之大势》(1902 年)中,使用"民族帝国主义"概念对国际社会的现状进行分析。后来梁启超使用这种国际政治观与革命派进行论战。

(61)《新潮》是由新潮社于 1919 年 1 月创刊发行的月刊(1922 年 3 月停刊),新潮社主要成员是北京大学的学生,《新潮》的英文名为 *The Renaissance*。发起人为罗家伦、傅斯年等人,顾颉刚为初期的 25 名社员之一,后来周作人也加入。在杂志发行期间,曾得到陈独秀、胡适等人士的支持和帮助,具有新一代《新青年》的性质,对旧文化持坚决的批判态度。刊载罗家伦的《今日世界之新潮》的第一卷第一号上,也刊载了傅斯年的《社会革命——俄国式的革命》一文。舒衡哲(Vera Schwarcz)著 *The Chinese Enlightment*(California University Press,1986 年)中,对包括《新潮》的作用在内的新文化运动作了十分详细的分析。

(62)《新民丛报》第九号(1902 年 6 月)。文章虽未署名,但实为梁启超的文章。除这篇文章外,梁启超还发表了《论俄罗斯虚无党》(《新民丛报》第四十号)、《俄国虚无党之大活动》(《新民丛报》第五十一号)、《俄国立宪政治之动机》(《新民丛报》第五十八号)、《呜呼俄国之立宪问题》(《新民丛报》第五十九号)、《俄国革命之影响》(《新民丛报》第六十一号)等文章,一直关注着俄国的政治动向。

(63) 如宋教仁的《一九〇五年露国之革命》(《民报》第三号、第七号)等。

(64) 朱执信:《论社会革命当与政治革命并行》,除最早载于《民报》第五号外,还可见于《朱执信集》(中华书局,1979 年)、《辛亥革命前十年间时论选
300 集》等资料集中。野村浩一的翻译收入《大系》。

(65) 在俄国二月革命与十月革命之间的 1917 年夏,上海的法国租界内出现一个大型娱乐场所,即“大世界”。法国租界当局为繁华的共同租界抢尽风头所苦,由总领事亲自出面招揽所建,成为上海最大的娱乐场所,后来落入毒品组织头领黄金荣之手,成为黑帮的资金来源地。大世界于 7 月 14 日开张,这一天正是法国革命爆发 128 周年纪念日。

(66) 见李大钊《法俄革命之比较观》,《李大钊文集》(上),人民出版社,1984 年,第 572—575 页。

(67) B. I. Schwartz, *Chinese Communism and the Rise of Mao*, Harper &Row, 1967, p. 12.

(68) 少年中国学会于 1919 年 7 月正式成立,1925 年停止活动。总会设在北京,在南京、成都、巴黎设立分会。会员在政治上、思想上差别很大,李大钊、曾琦同为发起人之一,毛泽东也是成员之一。机关杂志《少年中国》由上海亚东图书馆发行,不时出版“妇女号”“宗教问题号”等特刊。“法国特集”(第二卷第四号),一般认为为巴黎分会所编辑,但尚不确定。作为参考,现将该期所登载的主要文章名列举如下:李璜《某法国人学者之“进化”观》、李璜《法国之近代社会学》、周无《法国近世文学之倾向》、华林《19 世纪法国之美术》、李劼人《卢浮宫之绘画》、曾琦《法国革命之特征》。此外,该书还登载启事预告“少年中国学会丛书”之一、李璜翻译的《法兰西学术史略》将于近日出版。

(69) 见康有为《法国创兴沿革》,《走向》,第 294 页;《法国大革命记》,《走向》,第336—340 页。

⑦ 见曾仲鸣《法国革命期间的文学》,《中央副刊》第一百十一期,第2页。

⑦ 毛泽东:《反对自由主义》,《毛泽东选集》第二卷,人民出版社,1952年,第319页。

⑦ 如李泽厚《启蒙与救亡的双重变奏》(收入《中国现代思想史论》,东方出版社,1987年)等。该论文的日文翻译(《啓蒙と救国の二重変奏》)与李泽厚的其他主要论文一起收入《中国の文化心理構造——現代中国走解く鍵》(坂元ひろ子等译,平凡社,1989年)。

第三章 近代中国的体制构想

在 20 世纪初的中国,出现了各种各样的对不远的将来中国政治体制状况的构想。这一章将追溯这些构想的提倡者围绕关于中国"专制"问题的思考轨迹并加以分析。

一 体制构想的历史射程

最初的体制选择

限于史料记载,中国人最初面临选择体制的问题是在公元前 221 年的时候。这一年,秦灭掉齐而统一了天下。从春秋时代开始的周之东迁(公元前 770 年)算来时隔 549 年、从战国时代开始的晋之三分天下(公元前 453 年)算来时隔 232 年之后又成立了统一政权。对中国历史上最初运用"皇帝"的称号的始皇帝而言,从战时体制向和平体制的转移,即用什么样的政治框架来统治以武力统一的天下,这一问题成为最优先的课题摆在了他的面前。

根据《史记》的记载,丞相王绾针对这一问题提出了模仿周代的旧制拥立皇族为王,将其分封到偏远之地。就是所谓的封建制。在群臣的赞成附和之声中,以作为法家而知名的廷尉李斯提出了坚决的反对。按照他的分析,周代之所以衰落而致天下大

乱,就是因为被分封在各地的皇族经过几代之后,自立性增强而　³⁰⁴
相互争执的结果。因此,秦如果采用封建制就会重蹈周代的覆辙
而不可能实现永远的和平。

取代封建制,李斯所主张的在已经占领的地区实施的郡县
制,在全国范围内得到了推广。按照他的提案,全国都是皇帝的
直辖地区,由皇帝派遣不能世袭的官吏进行统治。在中国,这是
史无前例的极端的中央集权的体制构想。

在这两种选择面前,秦始皇果断地选择了郡县制。他之所以
强行焚书坑儒,其目的之一就是要防止再度引发关于体制选择的
议论,而企图抹杀像儒家那样将古代理想化而批判新制度这种主
张复古的言论。

但是,秦王朝在极短的时间内就被反叛推翻了。与始皇帝所
期待的相反,郡县制并没有能够保障永久的和平。另一方面,代
秦而起的汉王朝,采用郡国制,虽然在直辖地采用郡县制,但是剩
下的地域作为诸侯王而分封给一族,承认其世袭地位。这样改变
了过度的中央集权,而部分地复活了封建制,以图用血缘的纽带
来维持统治的持续安定。但是诸侯王与中央政权之间的紧张不
断升级,在汉王朝成立约半个世纪后,诸侯王联合起来进行了反
叛。封建制也还是不能保障永远的安定。

第二次划时代的选择

从始皇帝的决断之后经过了 2 100 年的岁月到 20 世纪初,
中国人再一次面临了选择体制的问题。

清朝末期是对外危机急剧增大的时期。甲午战争的失败,带
来了领土割让与巨额赔款的负担,1897 年冬列强开始瓜分势力
范围的竞争,到第二年夏便将中国瓜分完毕。进而义和团事件的　³⁰⁵

失败,清政府被课以四亿五千万两白银的巨额赔款,这几乎相当于甲午战争赔款的两倍。而且俄罗斯因此而派出的军队就留在"满洲",表示出要以武力合并的态势。如果任其下去,整个中国就会像非洲大陆一样,被分割为列强的殖民地。中国人将被奴化的恐怖,对这一时期的中国人来说,是具有极高的现实性的。

在强烈的危机意识的支配下,许多人开始意识到对原来的政治体制作部分的调整,已经不能保障中国的生存了。就是由西太后等保守派笼罩的清政府,在义和团事件之后的 1901 年 1 月也发布了"罪己诏"进行自我批评而开始实行被称为"新政"的政治改革。如果说此前中国政治争论的焦点是是否改革的问题的话,那么这一时期,不得不改革已经作为当然的前提,问题已经变成了改革应该以怎样的规模、什么样的顺序及速度进行的问题了。因而,无论怎样改革,使中国强大到足以能够对付"瓜分"的危机,这已经是不可忽视的课题。为此,必须构想新的政治体制。

新的政治体制是指不同于郡县制和封建制的政治体制。从始皇帝的决断至此两千余年间,中国人不断地反问"究竟封建制与郡县制孰优"这一问题。这两千多年间,尽管经历过二十多次的朝代更替,中国人关于政治体制的议论一贯地都是以这一问题为基轴而展开,从来没有在封建制与郡县制之外构想过第三种政治体制。这样,许多王朝一方面采用基于郡县制的政治体制,另一方面又由以封建制为理想的儒教将其统治正当化。因此,即便是将从封建制到郡县制的变化视为必然,而主张郡县制的历史优越性的学说,或者是列举郡县制的缺陷、为改正此缺陷而主张复活封建制的学说,都具有各自的根据和界限,而不能最终解决这一论争。

306　　　　而且这种议论的框架就是在受到"西方的冲击"之后仍然没有立即改变。例如,推测为 1860 年代初执笔的冯桂芬(1809—

1874)的《校邠庐抗议》，其中有以最早主张引进西方科学而著名的"采西学议"一章，但是在论及统治的形式时却主张封建制的复活（《复宗法议》）。当然冯桂芬的主张决不是基于留恋过去的落后于时代的议论，而是以太平天国起义为契机而根据乡绅阶层社会实力的增强，要求强化地方自治的具有活生生的现实感为基础的政治改革论。这种具有革新内容的议论，乍一看却不得不采用复活古老的封建制理念这一形式，可见封建制与郡县制这一议论框架的强韧的惯性。

20 世纪初中国人的体制选择，在中国人开始从封建制和郡县制的议论框架中解放出来这一点上，具有划时代的意义。在中国体制构想史上，如果将始皇帝的选择作为第一次划时代的选择的话，那么 20 世纪初的这次选择恐怕就可以说是第二次划时代的选择了。

语汇的变化

第二次划时代的体制构想，与此前的体制构想明显的区别，在于构想体制所用的语汇发生了很大的变化。

20 世纪初是中国真正开始接受西方思想的时期。甲午战争以前，翻译成中文的西方著作大部分都是自然科学及技术、国际法方面的文献，几乎没有思想或社会科学领域的著作。并不是禁止翻译这方面的书籍，而是认为没有必要在人文或社会科学方面向西方人学习。甲午战争之后，情况为之一变。作为海军士官具 *307* 有留学英国的经验的严复于 1898 年刊行了《天演论》（对 T. H. Huxley, *Evolution and Ethics* 的翻译），以此为起点，西方思想如决堤之水开始介绍到中国来。严复自己还翻译了孟德斯鸠的《论法的精神》（译名为《法意》）、穆勒的《自由论》（译名为《群己权界论》》等共八种著作。而与之相比发挥更大作用的是进入 20 世纪之后急剧增加的中国留日学生的启蒙活动。他们将已经翻译为日文的西方文献再译成中文而介绍到中国。如果也包括那些概要性的介绍，从古希腊一直到同时代这 2 500 年间的西方思想，在 20 世纪的最初 10 年间，都在中国人的眼前展现过。

在所介绍的西方的书籍中，占的比率最高的是社会科学方面的书籍，特别是政治学、政治史方面的书籍。这虽然是由于对这一领域新知识的需求最大，同时通过接受这些翻译的书籍，中国人关于政治的语汇体系也发生了根本的变化。大幅度吸取了日本的用语，中国人就开始用这些新概念来构想中国将来的政治体制。在"瓜分"危机日益加剧的过程中，为了建立具有对付这种危机的能力的政治体制，中国人认为有必要对构想体制的用语本身进行刷新。

关于体制构想用语的变化，回过头来也就意味着说明中国过去的政治体制的用语发生了变化。此前用"封建制"或"郡县制"的名称来称呼的政治体制，就要用新的概念来加以说明。这些新概念是可以用来分析欧洲或日本的过去的政治体制的概念，在这种意义上，与封建制或郡县制相比，是具有更高程度的普遍性的概念。中国人通过运用这些概念，从比较史的角度来看待中国过去的政治体制，这样，就有可能来重新探讨其意义或功能。

308   各种各样的体制构想

20 世纪初，在立志于进行体制变革的中国人面前出现了极为多样的可供选择的政治体制。主张通过开设国会与实施宪法将中国转换成为"立宪君主制"的国家的改良派，从支持者的人数看是最多的。另一方面，要求废除君主制本身和驱逐满族这一异民族统治者、主张立即建立"共和制"的革命论，以年轻一代为中心的支持者不断增加。

这种立宪君主制的改良论与共和制的革命论，如同椭圆的两个焦点，的确处于围绕选择政治体制这一议论的核心位置，但是可供选择的并不止这些。比如，有的人恐怕激进的政治变革导致社会秩序解体，而主张以没有权力的皇帝（或者孔子的子孙）来作为维持中国统一的象征性的、道德性的权威的"虚君共和"。也有的人认为在不断地应付对外危机中，为了实现提高国民知识水平这一使中国再生不可缺少的长期课题，而应该重新组织富有启蒙精神的强大的中央集权体制，因此主张有必要实行"开明专制"。相反，有人提倡强化地方自治，在迫不得已的情况下应该通过"各省独立"来解决殖民地化的危机。更进一步，有人不仅不是要重新构筑中国的政治体制，而是对政治权力的存在本身就提出了异议，为了实现"无政府共产"社会甚至不惜采取恐怖行动。这种多样的政治体制构想大概到辛亥革命之前都登台亮相了。第二次划时代的体制构想时期，也是中国史无前例、规模多样的体制构想涌现的时期。

围绕专制的一致性认识

不论怎样的体制构想，只要不是梦想或幻想，都有以下三个不可缺少的构成要素。第一，现行的政治体制是什么性质的？这种对政治体制的现状分析，是从现行的政治体制是历史地形成的这一观点出发的，因此当然包含有历史分析。第二，将来可能（或希望）实现什么样的政治体制？即政治体制的未来图景。第三，就是将现状分析与未来图景以什么方法结合起来这一变革的方法论。

20 世纪初中国出现的各种各样的体制构想，是关于其未来图景的。它们不仅多样，而且往往是相互排斥的，因此展开了反复的激烈的论争。但是在对现状的分析上，各持不同的未来图景的论者之间，其意见却奇妙地一致。这就是将从秦始皇开始到20世纪初延绵不绝的中国的政治体制都一并视为专制政体。就是说，原来用"郡县制"来称呼的东西，现在用"专制政体"来称呼了。关于这一点，不论是改良派还是革良派或者无政府主义者，都是这样。即使是在清朝自身着手立宪准备的1905年之后，就是政府的官吏，也用"专制"这一词来评价中国的现状。这真是惊人的认识上的一致。

但是在仅仅十年之前，还不存在这样的一致认识。在甲午战争之前，许多知识分子都理所当然地认为，清朝不仅不是专制政体，反而是世界上稀有的以德治主义为原理的政治体制。就是"专制"这一词语本身在十年前也不存在。"专制"和其他许多专门用语一样，都是20世纪初从日本引进来的语言。这些用语不仅在转瞬之间被广为流传，而且一直到现在，将王朝下的中国的政治体制视为专制政体也没有提出疑问。信奉马克思主义的现代中国史家也用"封建专制"来规定王朝下的中国政治体制的性格。在这种意义上，可以说在体制构想史上，"专制"这一词语的引进和普及，正是第二次划时代的时期的最具特征的事情。这一激进的转换与广泛的意见一致是怎样产生的呢？这也是以"近代中国的体制构想"为标题的这一章之所以以"专制问题"为焦点的理由之一。

对专制的不同评价

成为20世纪初中国的流行语的"专制"一词，与其他词语相结合，从而增加了不少新的政治概念。翻开了解当时中国知识分子的新语汇的最好的工具书《民报索引》(1905 年创刊的中国同盟会的机关刊物《民报》的语汇索引。小野川秀美编,京都大学人文科学研究所,上卷,1970 年;下卷,1972 年),就可以看到许多含有专制的术语,例如君主专制、君权专制、帝王专制、暴君专制、民主专制、民权专制、开明专制、议院专制、议会专制、满洲专制、异族专制、贵族专制、地主专制、绅士专制、寺院专制、进化的专制、阶级专制等,将近二十种之多。

含有"专制"的这些复合概念,在两种意义上带有论争的性质。

第一,是对这些给予肯定的评价,还是给予否定的评价,存在着不一致的意见。几乎绝大多数的情况,因为含有"专制"一词,就视之为否定的意义了。但是,如开明专制等是用于肯定的意义的。为了紧急实行教育普及与工业建设等这些中国所必需的革新政策,认为需要有一个高高凌驾于现实之上的强有力的政治指导者的论者中,有敢于主张开明专制的。专制并不一定是带有否定意义的。

第二,即使是否定专制的情况,对关于什么样的专制是"最恶"的尚存在着不一致的评价。认为贵族专制最恶的,也许是将缺乏贵族制的中国的君主专制给予了比较高的评价(后面将提到,中国没有贵族制是当时的主流见解)。或者像将君主专制视为最恶的,很可能是主张应该直接打倒君主专制而实行共和制。而认为让无知的群众来行使权力的民主专制的暴力与无秩序是最恶的,大概是对立即转化为共和制抱有戒备心理而反对革命的表现吧。

311

总之,"专制"这一概念,尽管带有否定的意味,但是在 20 世纪初的中国,正是这一概念从反面使得各种各样的政治立场与体制构想正当化了。这是以"近代中国的体制构想"为这一章的标题而特别注意"专制问题"的另一个理由。

二　世界史与中国的专制

君主之国·民主之国·君民共主之国

鸦片战争之后,有关西方各国的情报通过魏源的《海国图志》等一连串的万国地理书及传教士的著作传到中国,其中,有关政治制度的情报也不少。但是,不仅仅停留在情报记述方面,以某种基准对外国的政治体制进行理论上的分类,而且试图在这种分类中找到中国政治体制的位置的,是从王韬或郑观应这些于1880 年前后开始著述活动的所谓"条约港知识分子"开始的。

条约港知识分子是中国在与西方各国的接触中产生出来的新型知识分子。他们多由于家庭贫困而终止了科举考试,到上海等通商口岸从事买办或发行报纸等职业,这样,平常就有与外国人接触的机会。在科举制度照样进行(1905 年才废除),而知识分子完全没有将西方的知识视为必要的状态中,他们在当时具有杰出的西方知识,而且也没有进入仕途,因此他们能够从相对的

312　视角来理解中国本身。

他们都将西方各国的政体分成"君主之国""民主之国"及"君民共主之国"三种类型。这种分类是基于当时中国人认为国家是由"君"与"民"构成的这一"常识",出于对国家的决策权由谁掌握这一问题的关心而形成的。国家决策由"君"决定就是"君主之国",由"民"决定就是"民主之国"("民主"也意味着总统),由"君"与"民"共同决定就是"君民共主之国"。

这三种类型完全是根据逻辑上的推论而作出的分类。而条约港知识分子对其中的"君民共主之国"明显地持有好感。这是因为一方面，当时世界上最"富强"的英国是"君民共主之国"。与当时大多数中国人的想法不同，他们认为英国的"富强"不仅仅在于大炮与军舰，而且直觉到与其政治制度有紧密的联系。另一方面，这种评价在理论上，也可以看旦是基于朴素形态的混合政体论的想法。不论是"君主之国"还是"民主之国"，单独的政体由于缺少控制权力的机制，就容易陷入不安定状态。他们认为只有建立在"君"与"民"相互制衡的关系上的"君民共主"才是贤明的，才能够实现安定的持续的统治。

"君主之国"的问题在于统治者对权力与权威的垄断。王韬评价"君主之国"说是如同以尧、舜那样的圣人为统治者的美好制度（《纪英国政治》）。这里已经包含有尖锐的矛盾了。圣人是例外的人物，如果没有这种例外的人物就不能发挥其长处的制度，其本身无疑就是有缺陷的制度。如果是以昏君做统治者时，在"君主之国"就不可能有抑制统治者恣意妄为的机制。俄罗斯被视为"君主之国"的典型。区分"君主之国"与"君民共主之国"在制度上的标志，莫如求之于议会制度的有无。如果议会存在，"民意"不仅具有反映到国政上的制度上的通道，即由于可以更准确 *313* 地了解"民情"，"君"作出贤明的政治决断的可能性就更高，而且由于"君意"与"民意"之间的相互抑制，就可以防止某一方面的恣意妄为。

问题在于中国属于这三种政体中的哪一种。中国当然不是"民主之国"，那么究竟是属于"君主之国"还是"君民共主之国"呢？条约港知识分子的认识大概如下：

第一，古代封建制时代的中国是"君民共主之国"。因为那时国家统治的规模很小，"君"与"民"的关系非常紧密。而且在那里，诸侯以下，存在着卿大夫等多种身份层次，即便是"君"也没有垄断权威和权力。虽然出现过暴君的事实，但是应该考虑"民意"与"民情"而行政，这作为统治的准则一贯存在。甚至有人主张在封建时代的中国存在着实质上与议会相当的制度。

第二，随着郡县制的成立中国变质成为"君主之国"了。统一帝国这一广大的政治空间的出现，使"君"和"民"之间的距离不仅在水平方向上，而且在垂直方向上也扩大了，"君"和"民"之间的关系变得疏远了。由皇帝任命的官僚，是依附于皇帝的存在，不能有过去世袭诸侯那样的自立性，权威和权力由皇帝所垄断。因此，皇帝忘记了"民"的存在，只是基于保持自己与本家族的权力这一"自私"的动机来进行统治。在他们看来，清朝在本质上也已经是"君主之国"了。

条约港知识分子常常被称为"初期变法派"。因为在以输入西方机械、技术为主流的洋务运动的全盛期，他们较早地主张要进行中国的制度改革。他们的改革论的核心是开设议会，将"君主之国"的中国改变成"君民共主之国"。在他们的脑子里，恐怕是要模仿英国而实现中国的"富强"。但是，以文章的形式公开发表的他们的改革正当化的理论与此不同。"模仿富强的英国"这样的理论，会引起当时还具有浓厚的中华意识的大多数知识分子的反感。他们以只有"君民共主"才是儒教民本主义所赞美的中国本来的制度这一理念为理由，试图使改革正当化。英国的政治体制为"君民共主"，这是偶然的一致。尽管如此，就是偶然的一致，也在那里实现了"富强"，这又成为证明"君民共主"正确的有力的旁证。

从他们的逻辑来看，始皇帝以来的"君主之国"的中国，是脱

离了本来的"君民共主之国"的中国,因此,他们的改革论是以向
"君民共主之国""复古"的形式展开的。这至少在形式上,与过去
两千年间不断地批判郡县制的封建论者具有相同的逻辑。条约
港知识分子的新知识与观点,被传统的封建论这张糯米纸所包住
了。其结果,无论怎样讨厌西方的中国人也不能反对他们的这一
逻辑。因此,不管是否赞成他们的引进议会制度的这一改革结
论,将各国的政体分成"君主""民主""君民共主",他们的这种议
论框架本身在 19 世纪 80—90 年代的确已经逐渐为许多中国人
所接受。

从君主之国到君主专制

1901 年 6 月,在《清议报》杂志上发表的题为《立宪法议》的
论文中,梁启超(1873—1929)这样写道:"世界之政体有三种:一
曰君主专制政体,二曰君主立宪政体,三曰民主立宪政体。"然后
附有这样的注释:"三种政体,旧译为君主、民主、君民共主,名义
不合,故更定今名。"由条约港知识分子所普及的政体的三种分类
于是转换成了梁启超的三种新分类。此前所称呼的"君主之国" ³¹⁵
随之改称为"君主专制政体"。

写这篇文章时,梁启超在日本。他作为策划戊戌变法的中心
人物,由于西太后的政变,九死一生得以亡命日本,到日本后不
久,于 1898 年 11 月便在横滨创立了《清议报》杂志。被打上大逆
不道的烙印、一旦回国就会被处死的他,以《清议报》为舞台,坚持
不懈地向故国呼吁政治改革的必要性,从异国挑起了言论战。

亡命日本使梁启超的言论发生了质变。亡命之前,他的关于
中国政治改革的议论的骨架,处于其师、戊戌变法的领导者康有
为的压倒性的影响之下。政治改革,是在从根本上重新理解儒教

经书的基础上,以儒教的创始人孔子就是政治改革家,正是为了实现孔子的理念才有必要进行中国的政治改革这种学说才得以正当化的。但是亡命日本之后的梁启超,已经通过大量阅读日译的西方书籍及日本研究者所写的西方研究著作,不断地吸收了新的知识和学问体系。他在《清议报》上最初介绍的欧美政治学说,是伯伦知理(Bluntsch'li,Johann Caspar,1808—1881,瑞士的法学家、政治家)的《国家论》(对平田东助的翻译的重译。从1899年4月刊《清议报》第十一册开始连载)。以这次翻译为契机,他的有关政治体制的用语体系发生了根本性的改变,已经全面采用了日本所用的词语。他所用的"专制"一词,就是从这时开始的。因此,此后没过几年,将中国的现状视为君主专制政体,又成了中国人的新"常识"。这种急剧的变化是如何产生的呢?

这恐怕是多种原因复合作用的结果。

第一,甲午战争之后,中国的失败并不被认为是偶发性的现象,人们越来越注意从贫弱的历史性、构造性方面来探讨原因。"积弱"这一词语的流行就是这种表现之一。在探索历史性、构造性的原因的过程中,以批判的眼光看待政治体制的状况的人数不断增加。甲午战争之前还是无名之辈的"条约港知识分子"郑观应的著作,在战后成为最畅销的书,就是这种反映。

第二,义和团运动的加速发展。袒护野蛮的暴民运动(当时许多中国人这样认为)而向列强宣战,无论在谁看来都是轻率之举。但是西太后斥责反对的大臣而强行开战,其结果带来了巨额的赔款及俄国占领"满洲"。有人将这种事态的原因归结为西太后个人的性格,但是也有不少人进一步从容许西太后如此独裁的政治体制本身的性格中寻找根源。投身于以打倒清政府为目标的革命运动的青年迅速增加,是义和团事件之后的事。

第三,梁启超的影响力也是一个重要的原因。梁启超直接应用在日本获得的新知识来分析中国所面临的问题的文章发表在《清议报》与《新民丛报》上。这些论文被称为"新民体",是用接近口语的简易文体写成,即使那些不具有中国古典方面的特别知识的人也能够容易地读懂。《清议报》与《新民丛报》大量地带回中国,给年轻一代以压倒性的影响。他们通过梁启超的文章,理解了中国正面临着过渡时期的意义。后来与革命派尖锐对立的梁启超,在革命路线与改良路线尚未分化的 20 世纪初,也是呼吁在"建设"之前进行"破坏"的必要性的最激进的思想家。在义和团之后含含糊糊的对清朝的厌恶气氛中,他的文章也定下了自己的理论方向。

第四,特别在关于中国的专制问题方面,孟德斯鸠的"权威"也是不可忽视的要因。严复完成《论法的精神》的翻译虽然是在 1909 年,在此之前,以梁启超的《蒙的斯鸠的学说》(《清议报》第三十二册,1899 年 12 月)介绍为开端,1900 年末中国留日学生刊行的杂志《译书汇编》以《万法精理》为题,开始翻译连载(最终约译出了 1/8),此外部分的翻译与介绍不知其数。在 20 世纪初,³¹⁷孟德斯鸠是在中国人之间最为流行的西方思想家之一。孟德斯鸠在其《论法的精神》中论述"君主专制"政体之际就是将中华帝国视为典型的。因此接触到《论法的精神》的许多中国人看到这里有关"君主专制"的论述,就原原本本地作为对中国现实政治的说明而毫无保留地接受了。中国的政体,就是在以"恐怖"为原理的世界中也是最恶的政体的这种印象,在以留学生为中心的中国人中迅速地得到了巩固。

这样,1890 年代流行的君主、民主、君民共主的三分法,刚刚进入 20 世纪就销声匿迹了。取而代之的是君主专制、共和(民主立宪)、君主立宪这种新的三分法。这样,中国与俄国并列成为世界上两大君主专制国家的这种印象,立即成为中国人的共识。

从政体类型论到政体进化论

从君主、民主、君民共主的旧三分法到君主专制、共和(民主立宪)、君主立宪这种新的三分法,其意义不仅仅是用语的变化。旧的分类中含有混合政体论的思想,代之而起的新的分类法是以"立宪"与"非立宪"为基准,其意义发生了很大的变化。应该存在制约君主的国家最高规范,这种观念还不为条约港知识分子所知。因此以这一基准为前提的话,三种政体中唯有君主专制为非立宪政体,几乎没有什么议论的余地,它就被认定是三种政体中"最恶"的政体。

尽管如此,20 世纪初的中国人并不以仅仅知道这种新的三分法为满足。如孟德斯鸠的《论法的精神》所述,新的三分法在本质上是政体的类型论。但是中国的读者并不满足于这种类型论。对他们来说,与知道中国的现状是君主专制相比,知道将它改变成其他政体的方法更加重要。他们所关心的重点,与其说是政体的类型,不如说是政体之间相互转化的关系。

318　　转化关系中特别关注的问题是政体的"进化"关系。这也是因为在 20 世纪初所介绍的诸多西方思想中,进化论具有压倒一切的影响力的缘故。如前所述,近代中国最初翻译的西方思想的书籍是严复将赫胥黎的《进化与伦理》译成《天演论》。而亡命日本之后的梁启超所最费精力介绍的也是进化论。介绍到中国的进化论是社会进化论,中国人将其作为"公例"来接受,相信不仅是自然现象,而且社会现象也可以用"优胜劣败""适者生存"等进化的法则来说明。如果这样,各政体之间的关系,也应该而且必须用进化的关系来说明。

最初试图解决这一问题的是梁启超。接受了社会有机体观念的他，宛如在生物有机体中可以将从原始生命到高等生命的过程作为由单一的法则支配的进化过程来说明一样，认为从最原初的社会集团（当时将社会集团称为"群"）部族到最高层次的社会集团国家的过程，也可以描述成一贯的不可逆转的进化过程。

在梁启超看来，通过生存竞争及淘汰，部族被统合成大部族，大部族进而统合成小国家。在一定地域许多小国家并存的状态，而大凡小国家的统治者的地位为世袭的，这就是贵族制产生的根据。小国家仍然不断地展开生存竞争，最终出现统治这一地域的政治上的统一国家。因为这一统一的过程完全是依靠实力进行的，最初所诞生的统一国家必然采取将权力集中于统治者的君主专制政体。

一旦统一国家诞生，决定政体进化的最大因素就在于国内统治者与被统治者之间的力的关系。因此，专制政体之下能力（民智、民力、民德）不断上升、实力不断增强的被统治者就开始要求 ³¹⁹ 实现民权，并对君主专制政体进行改造。这样，如果君主贤明，对被统治者的要求早作让步的话，就可以维持住君主制本身，而产生立宪君主制。英国的情况就是如此。相反，如果专制的压迫更加强烈，而且对民众的要求也不肯让步，那么君主制本身就成为被打倒的对象，于是出现了共和制。法国的情况就是这样。以上所述就是梁启超的政体进化论的概要。

梁启超认为这种政体进化是不受地域限制的普遍的社会历史法则。但是，在不同的国家（或地域）这一法则表现的方式之不同是不言而喻的。正是由于表现方式的不同，各个国家才具有自己的特色。梁启超认为只有对照普遍的尺度才能明确个别的东西的意义。强调中国与西方的不同就认为两者没有关系的说法以及将西方历史上的先例直接作为中国的样板的说法,都是他批判的对象。这样一来,问题是按照政体进化的法则分析,中国的特色何在呢?

在中国,政体进化的显著特色,梁启超认为有以下两点:

第一,中国君主专制的时期特别长。与认为中国从"君民共主"到"君主"的转折点在始皇帝的条约港知识分子一样,梁启超也认为秦始皇对中国君主专制的创立具有划时代的意义。这样,中国的君主专制就持续了两千多年。而西方君主专制的创立,最多不过是数百年以前的事(在梁启超脑子里的是绝对主义体制)。

第二,在中国,贵族制消失得极早。按照梁启超的解释,在战国时代的生存竞争中,各国为了强化自身的力量而实行以能力为中心的人事制度,大大地动摇了世袭贵族制的基础。而秦始皇采用的郡县制则从本质上瓦解了世袭贵族制。这样的话,中国的贵族制在两千多年之前就已经消亡了。而在西方,贵族制持续到近世(在他脑子里的是封建领主),在很多情况下,还与君主专制(和平的乃至敌对的)共存,其社会影响往往波及今天。

就是说,在梁启超看来,在世界历史上,缺乏贵族制的君主专制超长时期的持续存在正是中国政体进化的基本特色。人不能逃脱进化的法则。这样,不论是以引进共和制为目标还是以立宪君主制的改革为目标,对于大凡想要进行中国的政治变革的人来说,都不能忽视这种既定的历史条件。问题是这种既定的历史条件对中国的体制构想究竟带来了什么影响呢?

三 专制与自由

共和制与立宪君主制的论争

1905 年成立了以孙文为总理的中国同盟会,此后数年之间与改良派围绕着共和制与立宪君主制的是非展开了论争。尽管孙文早在 1894 年就组织了兴中会从事革命活动,但那是由华侨及会党支持的孤立的运动,从质和量上实现革命运动的飞跃的是由于进入 20 世纪之后迅速增加的中国留日学生加入到这一运动中来才开始的。在同盟会的机关刊物《民报》这一舞台上,担当批判改良派的重担的是汪精卫等留日学生。对此,改良派在《新民丛报》这一舞台上,几乎是梁启超一夫当关。具有讽刺意味的是,作为论争对手的革命派青年的知识来源,与其说是来自孙文,不 *321* 如说更多地是从梁启超那里吸取知识养分。他们常常将用从梁启超那里学到的知识和理论结构来反戈一击,批判梁启超。

论争的焦点各种各样,而且十分激烈,看上去两大阵营只有对立的方面,而实际上共通之点也绝不少。特别是关于体制构想问题,在最核心的部分,两大阵营有两点是共同的。其一,革命派与梁启超都将中国的现状视为君主专制体制;其二,革命派与梁启超都将共和制作为中国体制改造的终极目标(如梁启超在其未来小说《新中国未来记》中描写 60 年之后中国将为共和制所示,他是以共和制作为终极目标的)。就是说,革命派与梁启超在关于中国政治体制的现状及终极目标上具有共通的认识,两者的主要对立,是围绕着以什么方式来联结现状与终极目标这一问题而发生的。革命派主张通过暴力革命打倒君主专制体制而直接转换成共和体制,而梁启超则主张中间应该有一个立宪君主制的阶段,因此不是革命而是有必要实行改良。

革命派通过限定体制变革的选择项而企图使其路线正当化。支持他们的主张的最大的论据,其一是满洲这一异民族统治者没有自发地转换成立宪君主制的意识和能力(汪精卫《希望满洲立宪者盍听诸》,《民报》第三号);其二是既然实行变革,就应该引进最新最好的体制(孙文《演说录》,《民报》第一号)。共和制以外的选择项,不论是在可能性还是妥当性上,作为选择项都没有意义,这就是革命派路线正当化的论据。

与此相对照,梁启超则试图通过扩大选择的幅度而使其路线正当化。他提醒注意"民主专制"这一新的选择项。就是说,如果以"民主"与"君主"、"专制"与"立宪"这两个坐标轴来决定政治体制的基本特性的话,从孟德斯鸠那里学到的众所周知的立宪君主制、立宪民主制(共和制)、君主专制这三者并没有网罗所有的政治体制,此外还应该可以设定民主专制这一政治体制。民主专制是指原封不动地驱使在政治上尚未成熟的民众的感情而行使政治权利的暴民政治。民主专制并不是仅仅只有逻辑存在的可能性。这就像在法国革命时期雅各宾专政中所看到的那样,那是作为变革时期的历史先例而存在的。

君主专制转换为共和制,意味着一举解决从君主制到民主制和从专制到立宪制这二重课题。梁启超指出,在民众的知识和道德水平还十分低下的状态下力图实现从君主专制到共和制的二重飞跃,这是极为困难的,却很可能陷入与自己意愿相反的民主专制。按照他的评价,民主专制比君主专制更加危险。因为在民主专制下,由政治家煽动操纵的民众肆意地用暴力破坏既存的社会秩序而创造出无秩序状态,而且可以以民意为名使其正当化,这样就已经不存在抑制暴力的手段了。与此相比，无论看起来多么迂远，首先将君主专制转换为立宪君主制，在此基础上，通过扎实的教育来提高民众的政治能力，使中国实现共和制的"软着陆"，这才是最适当的方法。政治如果是可能性的技术的话，梁启超主张与其选择追求最好的目标而导致最坏的结果，还不如求其次善而现实地改造中国，这样才是更加贤明的选择。

　　革命派与梁启超，为了使各自的主张正当化而提出了各种各样的论点。比如，对中国民众的政治能力的评价问题、对清政府自我改良能力的评价问题（日俄战争中，君主立宪国的日本战胜了君主专制国的俄国，此后清政府也开始了立宪准备）、对法国革命的评价问题（法国革命是否获得了与其破坏与流血的代价相称的成果），或者是对国际政治状况的评价问题（处于"瓜分"危机中的中国如果革命内乱持续不断，欧美列强是实行军事干涉还是会支持革命），等等，解答这些问题已经不是本章的课题。

　　本章笔者想考察的问题是革命派与改良派的"自由"观的问题。我们通常将自由与专制视为对立的存在，为了实现自由就必须否定专制。如果以这种先入之见为前提，那么就会认为在中国，打倒君主专制的运动就是以实现自由为目标的运动，打倒君主专制最热心的革命派人士就是最热烈的自由的拥护者。果真如此吗？20世纪初的革命派，是为了追求自由而拼命地参加革命运动的吗？革命派与改良派的对立是由于自由观的不同而产生的吗？这样，他们本来就认为自由与专制是对立的吗？

初期革命派的自由观

　　1905年成立的中国同盟会在世界观上并不是磐石一块的政党。它本来是由兴中会（据点在华南）、华兴会（长江中游）、

323

光复会（长江下游）这三个地域与人缘都不同的革命团体联合而成的宽松的组织，其成员之间在性格与理念方面都存在着很大的不同。孙文的三民主义，除了兴中会一系的人，在同盟会中只不过是一个幌子。对自由的见解，在初期革命派之间也存在着不少的偏差，其中表现出最具特色的见解的是下面两篇文章。

一篇是 1903 年邹容（1885—1905）发表的《革命军》。一个18 岁的青年在短期的日本留学之后而执笔的这篇文章，与同年发表的章炳麟的《驳康有为论革命书》及陈天华的《猛回头》一起，是作为此前未定型的变革思想到使革命的思想结晶化的具有催化剂作用的文章，其中再加上《革命军》这篇文章的缘故，作者邹容被捕入狱而死于狱中这种悲剧性的命运，使得它在鼓吹革命方面具有最大的影响力（据说刊行近百万部）。

邹容站在"有生之初，无人不自由，无人不平等"的前提上，主张自由与平等是"天赋之权利"。君主的出现，像最初尧、舜这样的君主是公益事业的服务者，为大众尽义务的，因此，民众尊敬他们视之为"君"。他们是代表者而决不是统治者。民众也并不因此而失去其自由。然而，随着时代的发展，这一原理被迷失了。后世的君主"举民众所有而独有之，以为一家一姓之私产，而自尊曰君，曰皇帝，使天下之人无一平等，无一自由"。其最大的转机是始皇帝，自秦始皇统一天下，"奴其民，为专制政体。多援符瑞不经之说，愚弄黔首，骄诬天命，攘国人所有而独有之"。

因此在邹容看来，革命应该是"除奴隶而为主人"之革命，"使人人享受自由平等之幸福"的革命，更应该是"恢复天赋之权利"的革命。他认为自由与专制是二律背反的关系，打倒君主专制体制是为了恢复中国民众曾经存在过的自由的不可缺少的条件。
在君主专制体制下作为奴隶的中国民众,只有在共和体制下才能
重新获得自由。因此邹容的《革命军》以"'中华共和国'四万万同
胞的自由万岁"这句口号结尾。

另一篇是陈天华(1875—1905)的《论中国宜改创民主政体》
(《民报》第一号)。与邹容一样是留日学生的陈天华很早就投身
于革命运动,参加了华兴会的设立(1903年),著有《猛回头》《警
世钟》等小册子鼓吹革命。同盟会创立时任书记兼《民报》编辑委
员,除了前面的论文还发表有《中国革命史论》等,为抗议日本政
府颁布的《清国留学生取缔规则》而自杀,其壮烈牺牲给同时代的
青年以很大的冲击。

在主张打倒专制政体立即实现共和政体这一"最美最宜"的
政体的这篇文章中,陈天华所希望的共和制是"总体之自由"而非
"个人之自由"的实现。"总体"是指作为集合体的中国国民或汉
民族,"总体之自由"就是将他们从专制君主及满族的统治下解放
出来、从帝国主义的威胁下解放出来。为了实现"总体之自由",
陈天华认为"个人之自由"甚至是有害的。因为完全实现"个人之
自由"的话,就会陷入无政府状态,而在面临"瓜分"危机的中国,
还根本不存在这种余裕。相反,在危机中,为了确保"总体之自
由"就不得不限制"个人之自由"。特别是在民众知识水平还很低
的阶段,既然还无法期待他们有什么确切的政治判断,那么就有
必要由选举出来的指导者代行民意以行使判断权。不仅如此,陈
天华还认为在革命之后,还有必要实行由强有力的权力集中来提
高民智的"开明专制"。

邹容的自由观与陈天华的自由观之间存在着很大的不同。
在邹容看来,革命是为了恢复"天赋之自由"所必要的,如果革命

325

政府再度陷入专制体制,人民为了保全自由有权利再次革命打倒政府。对此,陈天华则认为,革命是为了实现"总体之自由"所必要的,为了确保"总体之自由",革命政府有必要保持强大的指导力,为此,可以容许政府实行开明专制。使革命派中这种自由观的分歧明显化的是梁启超。

天赋的自由与强者的自由

梁启超对邹容的"天赋之自由"观念这一自明的前提从正面提出了异议。

梁启超并不是轻视自由。相反,刊行《清议报》的他,连载栏目就是以"自由书"作标题。他指出"思想自由、言论自由、出版自由,此三大自由者,实惟一切文明之母"(《本馆第一百册祝词并论报馆之责任及本馆之经历》,《清议报》第一百册),自觉地将拥护和扩大自由作为自己的使命。在对自由的价值的高度评价中,邹容与梁启超之间几乎没有什么区别。尽管如此,在关于自由的根据问题上,两者的议论正好相反。

梁启超本来就不承认"天赋权利"的观念。当然他充分了解近代欧美这一观念激励过许多人并以此为基础而实现了一些有意义的社会变革,但是他深信社会进化论。他在日本接触并接受了许多欧美学说,而他接触最早、受影响最深的是进化论。进化论对梁启超而言是用来说明横跨自然和社会领域的各种事情的法则性的公例,包括民约论在内的其他一切学说,都可以通过进化论的框架来理解和接受。

如果以进化论为前提,梁启超判断"天赋权利"就只是一种假设。因为在他看来,进化是基于"优胜劣败"的法则而发生的现象,优者与劣者,或者说强者与弱者之间存在着差距是理所当然的，社会就是通过"淘汰"劣者或弱者而进化的。所有的东西生来就具有平等的权利，这是不符合进化论法则的。事实上能够有的权利只有一个，那就是强者对弱者的权利，即"强权"（《论权利思想》，《新民丛报》第六号）。

站在只有强权这一前提下，如何来说明自由呢？梁启超的说 327明极为明快："强权与自由权，其本体必非二物也，其名称虽相异。要之，其所主者在排除他力之妨碍，以得己之所欲，此则无毫厘之异者也。"（《论强权》，《清议报》第三十一册）就是说按照他的解释，只有强权者才有自由可言，反过来说，弱者的自由就被否定掉了。这与前面所说的拥护自由不是相矛盾了吗？

在梁启超的立场上看，这"决不矛盾"。因为在他看来，人类进化的历史至少一方面是强权拥有者的扩大的历史，在这种意义上也就是自由扩大的历史。在社会进化的某一阶段，强权集中于少数人的倾向十分强烈，政体进化中的君主专制阶段就是其典型。同样的事情，在社会的其他领域也可以看到，比如在宗教领域的寺院专制或者经济领域的资本家统治。强权之所以集中于少数人手中，是因为在行使权力的手段方面，他们与大多数人之间存在着实质性的差距，这时，只有他们可以强制他者接受自己的意思，这种意义上，就是自由。但是仅仅依靠力的统治不能持续，而且被统治者也不会永远满足于单方面的统治，这就必然发生被统治者要求自由的运动，而其反抗统治者的强权的运动也是强权。根据梁启超的解释，追求自由的运动就是被统治者获得强权的运动。因此，随着被统治者的知识和道德能力的提高，以多数人的强权凌驾于少数人的强权是不可避免的。梁启超认为这正是自由的扩大，自由无论如何是应该通过奋斗而获取的（《论自由》，《新民丛报》第七号、第八号）。

文明的自由与野蛮的自由

梁启超进一步对邹容"有生之初,无人不自由,无人不平等"的主张提出了异议。

在梁启超看来,在社会进化的初级阶段因为社会组织的控制力很弱,人们任自己的意志与欲望而动的余地很大,因此可以说有存在"无人不自由"的状态的可能性。但是这只不过是在文明未发达的社会仅仅作为"自由之俗"的事实而存在的,这里并没有"自由之德"。这并不是自由的社会秩序,而不过仅仅是无拘束的状态而已。这就是人们本来所希望的状态吗? 特别是生活在 20世纪的中国人所值得追求的自由吗? ——这是梁启超对邹容的见解提出的疑问。

梁启超所说的"自由之德",就是社会成员之间相互承认自由的价值,即在社会成员之间都达成了以不侵犯他人的自由作为自己追求自由的界限。因此,对侵犯了这一界限者必须给予社会制裁。对侵犯自由界限者进行制裁,这是文明社会的条件。反过来说,在文明社会,自由与制裁常常是互为表里的关系。这样说来,文明社会在外形上看要远远比未开化的社会不自由(《自由与制裁》,《清议报》第八十二册)。

在文明社会,个人追求自由的界限,梁启超认为在现实中由法律来确定。但是这种法律必须是通过自己行使参政权而参与立法过程制定的。遵守自己立法的法律,与被专制君主制定的恣意的法律所束缚,即使外形上相似,其精神则完全不同。遵守自己立法的法律,是服从自己的意志,决非不自由。正是由于遵守自己立法的法律,才使得自己的自由与他人的自由同时实现,梁

启超所不懈追求的确立立宪体制的主要目标就在这里。梁启超

称这种自由为"文明之自由",而将邹容所说的原始社会中的自由称之为"野蛮之自由",这样就在范畴上将两者区别开来。

如果以梁启超的立场为前提,邹容的见解犯了两重错误。第一,他将恢复"野蛮之自由"作为革命的目的。对 20 世纪的中国人来说,目标无论如何是要实现"文明之自由",而这对中国人来说还是未知的课题。第二,他认为君主专制政体下"野蛮之自由"消失了。在梁启超看来,中国的君主专制政体是大幅度容许"野蛮之自由"的体制。这一点正是中国的君主专制政体的最大的特色。

直接的专制与间接的专制

中国的国土十分辽阔。从地图上看,中国的面积几乎可以与乌拉尔以西的欧洲相当。即使是欧洲最大的国家,最多也不过是中国一两个省的规模。在梁启超看来,尽管说中国专制君主的权力如何强大,实际上,这样广阔的国土及在这里居住的庞大的人口不过是由一小撮的官僚机构来统治的。其统治能力自有其物理性的界限,这种统治不可能深入民众日常生活的各个角落。例如,他说,中国民众"迁移、居住、选择职业、信仰、集会不都是自由的吗?"(《自由与制裁》,《清议报》第八十二册)只要履行纳税义务、不犯罪,中国民众在君主专制政体之下,许多情况下都享受着"无限之自由"。当然这种自由不过是来源于统治能力的界限的事实上的自由,因为不是作为权利来保障的,一旦专制权利发作,"无限之自由"常常有可能一转而变成"无限之不自由"。在这种意义上,这不过是"野蛮之自由"。尽管不过是"野蛮之自由",但是存在着充分的自由这一事实,在考虑中国的君主专制政体的特色时是极为重要的。因为在梁启超看来,这一点正是与欧洲的君

330

305

主专制政体的根本区别所在(《国家思想变迁异同论》,《清议报》第九十五册)。

　　与中国相比,在远远狭窄的政治空间重叠地存在着多种多样的权力,是欧洲的君主专制政体的特色。中国的君主专制政体确立于两千年以前的始皇帝时代,而且一扫了贵族政体。相比之下,欧洲的君主专制政体到近世才诞生,而且大多与贵族、教会的权力相并存。因为各种各样的这些权力就如同集中到中国的一两个省的规模上,所以统治的网眼远远比中国密集,能够深入民众日常生活的各个角落。在欧洲的君主专制政体下,民众是极不自由的。这里连中国君主专制政体下的"野蛮之自由"都看不见。

　　按照梁启超的解释,缺乏"野蛮之自由"正是促使欧洲"文明之自由"诞生的最大要因。因为如前所述,他认为强权与自由权是不可分的,自由的扩大是应该以扩大求自由者的强权的形式去争取的。这样,因为这种权力重叠而民众连"野蛮之自由"都没有,所以在欧洲首先产生了追求自由的斗争。梁启超认为这存在着两种类型。一种是在英国,贵族与民众联合起来反抗专制君主,控制专制权利的恣意行使而创造出确保自由的体制。这就是立宪君主制。梁启超说尽管世袭贵族制是最不平等的可恶的制度,但是至少在英国它对自由的实现作出了贡献。另一种是在法国,因为民众受到专制君主及贵族统治的双重压迫,无法忍受的民众起来一举打倒君主制与贵族而树立了共和政体。这就是法国革命。就是说,欧洲的"文明之自由"既不是因为欧洲本来就是自由而产生的,也不是从政体进化方面"发展"而来的。而是因为与中国相比远远不自由、远远"落后"而诞生的。在这种意义上,欧洲的"文明之自由"乃是历史的反论的产物(《中国专制政治进化史论》,《新民丛报》第八号以下连载)。

331

另一方面，正是由于中国的君主专制政体事实上容许许多"野蛮之自由"，因此得以持续存在。梁启超问道："比如，中国有信仰自由吗？"他的回答是"有"。专制君主体制下，特别是通过科举，儒教在中国社会具有压倒性的影响，这是事实。但是，儒教决不禁止人们去信佛教或道教，在儒教内部对经书的解释也是自由的。儒教中也没有祭司和教会等组织。梁启超解释说，儒教是学问是伦理，而决不是宗教。这一解释成为这一时代许多中国人的"常识"，甚至常常可以看到"中国是无宗教的国家"这种表述。正是因为如此，梁启超的老师康有为认为应该将儒教宗教化以与基督教相对抗，而展开了"孔教"运动，这种运动毋宁说正是从正面与传统的儒教解释相对立的。

梁启超认为缺乏世袭贵族制的中国的君主专制，是具有很大程度的社会平等的体制。中国的君主专制政体，是通过科举而采用官吏的，而科举与身份、家庭、职业、财产等无关，只要是男子几乎所有的人都具有参加考试的资格的制度。农民的儿子，只要科举及第，至少在理论上也可以做大臣；而大臣的儿子，如果不能通过科举考试也不能当官。因此，梁启超断言中国没有固定的阶级和社会身份。中国是"无阶级之国"的看法，不限于梁启超，而是这个时代的中国人的"常识"。

这样，同样是君主专制政体这一范畴，不自由、不平等的欧洲的君主专制体制与自由平等的中国的君主专制体制，其性格不能不说大相径庭。梁启超将前者称为"直接之专制""有形之专制"，后者称为"间接之专制""无形之专制"来加以区别。严酷的"直接之专制"产生了被统治者的抵抗及其对自由的渴望。与此相对，温和的"间接之专制"则没有引起这些。中国的君主专制政体能够超长时期地统治达两千年以上，其秘密就在"间接之专制"这一点上

（《中国专制政治进化史论》,《新民丛报》第八号以下连载）。

自由精神与奴隶根性

　　像梁启超所说的,如果中国的君主专制体制是温和的"间接之专制"的话,那么为什么还必须对它进行变革呢? 即便是"野蛮之自由",中国已经存在很大程度的自由。这样,他所说的"文明之自由",不同于"天赋之自由",不是普遍的规范。它是在君主专制强大,而且压制严酷的近世欧洲这既定的历史条件下诞生的,在这种意义上说,"文明之自由"终究是特定的历史状况的产物。这样的话,那么在君主专制的统治能力低下、被统治者并未受到完全的控制的中国,为什么还必须要去追求"文明之自由"的实现呢?

　　梁启超认为,在中国,君主专制的统治能力低下不是不要"文明之自由"的理由,相反,由于统治能力低下"文明之自由"倒是必要的。因为连被统治者的"野蛮之自由"都容许的这种统治能力低下的政治体制,当然不仅是在国内,在对外方面也必然是不能发动充分的强权的政治体制。这种政治体制的国家,在列强相互展开激烈的"生存竞争"的 20 世纪的国际社会,肯定会被"淘汰"。梁启超认为不具有充分的统治能力的中国的专制君主体制之所以能够超长时期地存在,其原因之一是在中国的周围常常只有文化上处于劣势的夷狄,而没有面临过"优胜劣败"的国际环境。但是 19 世纪后半期以来,中国所处的国际环境发生了急剧的变化。现在中国所面临的是欧洲列强,特别是甲午战争之后在"瓜分"的危机中,中国面临着被"淘汰"的命运。这种统治能力低下的政治体制,如果任其下去不仅不能对付危机,而且如果中国被殖民地化,连"野蛮之自由"也将失去。

　　在梁启超的思想中,欧洲列强的"强大"与"文明之自由"之间具有密切的关系。如前所述，"文明之自由"是具有参政权的民众参与法律的制定，通过遵守自己所制定的法律而同时实现自己与他人的自由的制度。通过这种机制，每个人的能力都可以自由地发挥，而又不会造成混乱，这样就会有助于社会整体能力的提高。"野蛮之自由"只不过是缺乏制度保障的事实上的自由，每个人能力的自由发挥往往与自由的滥用相表里，决不能对提高整个社会的能力有什么帮助。因此，为了使中国强大到足以应对生存竞争的程度，非实现"文明之自由"不可。为此，必须将君主专制转换为立宪君主制，不论满族、汉族一律给予参政权，从而创造出作为政治上的国民的"中国国民"。要而言之，梁启超是将 20 世纪初的中国放在需要"文明之自由"的历史环境中。

尽管如此，如前所述，自由权与强权为同义的，自由是应该争取的，这是梁启超的基本立场。将参政权"自上"给予中国民众，中国果真就实现了"文明之自由"了吗？"国民"就诞生了吗？恐怕这一点是梁启超最大的困境。

中国民众在"间接的专制"下长期地享受了事实上的自由。这种自由，并不是作为权利保障人人都是公平的。根据专制权力的恣意程度，每个人享有自由的程度有多的时候，也有完全失去的时候。这种环境中的民众会想到，与其共同起来反抗统治者而要求扩大一般性的自由，还不如迎合统治者的权威而追求仅仅扩大自己的自由这样更为有利。这种迎合权威、始终追求的只是扩大自己的利益的态度和想法，梁启超称之为"奴隶根性"（奴性）。他认为"奴隶根性"是在长期处于"间接之专制"之下的中国民众的精神构造中打下的负面烙印。因为只要"奴隶根性"起主导作用，"争取"自由这种主动的态度就不会在中国人之间产生。

"奴隶根性"的最大问题在于它与"间接之专制"的积极的方

334

面也是不可分的。例如科举，如前所述，不论身份、家庭、财产，几乎对所有的男性都门户开放，就这一点而言，在世界上也是稀有的平等制度，梁启超对此也给予了高度的评价。但是从反面来看，科举长期地强迫考生采取背诵经书与八股文的写法这种形式上的学习（从幼儿学习开始到最终及第，平均年龄为 35 岁左右）。科举考试的答案不需要有独创性。只有那些能够充分地适应和接受那些有关经书的解释与文章的写法的既定权威的人，才能通过科举考试。许多有为的青年勤于适应权威的竞争，最成功的可以接近皇帝，而扩大其个人自由。这种意义上，象征平等的科举，同时又是"奴隶根性"再生产的温床。

梁启超认为正是由于这种"奴隶根性"的广泛存在，中国的专制政体才得以超长期存在。尽管各个王朝不断更替，而未触动专制体制本身，这不仅仅是由于"间接之专制"很大程度地容许"野蛮之自由"，民众的"奴隶根性"的支持也不可忽视。在这种意义上，"奴隶根性"是所谓"内在的专制"。如果不克服这种"内在的专制"，中国就不可能实现"文明之自由"。

但是，这与选择君主立宪制还是选择共和制的这种体制选择是不同层次的问题。这是不管支持何种体制选择的人都必须回答的问题。同时，至少在辛亥革命之前，这也是不管支持何种体制选择的人都没有回答的问题。

再论革命派的自由观

在今天，自由这个名词究竟要怎么样应用呢？如果用到个人，就成一片散沙。万不可再用到个人上去，要用到国家上去。个人不可太过自由，国家要得完全自由。到了国家能够行动自由，中国便是强盛的国家。

如果没有一点背景常识来读上面的文章的话，大概会推测这篇文章的作者是属于"反革命"阵营的"反动的国家主义者"吧。这样推测的话那就错了。这篇文章的作者是孙文（1866—1925），这是众所周知的他晚年的《三民主义》讲演的一部分。

如前所述，在初期革命派中，同时存在着强调"天赋之自由"的邹容的自由观与强调"总体之自由"的陈天华的自由观。不论是邹容还是陈天华，在驱逐异民族统治者满族、恢复汉族的民族主体性这一"排满"民族主义方面，意见几乎是完全一致的。但是每当论及自由与革命的关系，两者之间对自由的本质的理解就存在着分歧。因此，否定"天赋之自由"而强调"强者之自由"、区分"文明之自由"与"野蛮之自由"的梁启超的主张，通过同革命派的论争，就契入了革命派论说本身内在的分歧之中。上面引用的孙文的文章，是由于论争而引起分裂之后的革命派的具有象征性的立场之一（但是有力的立场）。要而言之，他放弃了邹容的自由观。

邹容的"天赋之自由"的思想来自卢梭的《民约论》（具有讽刺 ³³⁶ 意味的是，最初介绍卢梭的是《清议报》第九十八册以下连载的梁启超的《卢骚学案》，这是对中江兆民翻译的《理学沿革史》的部分重译）。邹容的印象中，《民约论》是叙说"天赋之自由"这一真理（公理）的书籍，法国革命就是人们通过《民约论》而认识到真理所发生的"文明之革命"。使同样的革命在中国再现，这是邹容对中国革命的基本构想。孙文完全颠倒了邹容的这一构想。

孙文首先对照"进化的道理"否定了《民约论》理论的妥当性。"《民约论》中立论的根据，是说人民的权利是生而自由平等的……但就历史上进化的道理说，民权不是天生出来的……故推到进化的历史上，并没有卢梭所说的那种民权事实。这就是卢

梭的言论没有根据。"(《民权主义》第一讲)

按照孙文的解释,自由始终是根据"时势与潮流",即某一特定的历史条件下,作为自然发生的运动而产生出来的。曾经在法国的确存在着产生那样的自由的"时势与潮流"。在君主专制体制下,"人民所受不自由、不平等的痛苦真是水深火热。以为非争到自由平等,什么问题都不能解决,所以拼命去争自由、打平等"(《民权主义》第三讲)。正是由于已经出现了这种状态,卢梭的《民约论》即使"没有根据",也能够广为人们所接受。在这种意义上,《民约论》在当时的法国,至少同"时势与潮流"之间具有恰当的关联性。

但是在孙文看来,20 世纪初的中国与 18 世纪的法国,在历史环境与条件方面都不相同。中国不存在曾经在法国具有的产生自由的"时势与潮流"。"中国人向来不懂什么是争自由平等,当中原因,就是中国的专制和欧洲比较,实在没有什么厉害……人民便不觉得什么痛苦,因为不觉得痛苦,便不为这个道理去奋斗。"孙文对中国君主专制体制的评价,基本上承袭了梁启超的观点。中国的专制君主统治的最大目的在于保全他的地位。如果人民的行动有危及皇位的危险的话,就会遭到彻底的镇压,"如果人民不侵犯皇位,无论他们是做什么事,皇帝便不理会"(《民权主义》第二讲)。孙文也认为中国的君主专制政体是温和的、充满自由的。

当然,专制君主统治下的中国民众,并非没有苦恼。对大部分的民众来说,最切实的苦恼的原因是贫困。但是这种苦恼与欧洲专制君主统治下民众所体会到的不自由的痛苦具有质的不同。在中国自由是很充分的。在这种环境下,《民约论》与"天赋之自由"都是没有意义的。"如果专拿自由平等去提倡民气,便是离事实太远,和人民没有切肤之痛,他们便没有感觉,一定不来附和。"(《民权主义》第三讲)在孙文看来,本来在理论上就欠妥当的《民约论》,在中国甚至连同"时势与潮流"都缺乏适当的关联性。

使孙文伤脑筋的,在中国不是自由不足,而是自由过剩。"一片散沙",孙文对中国民众的这一有名的概括,是形容每个中国人像沙粒一样处于无拘束的自由状态,而缺乏作为国民(或民族)的凝聚力。不论是贫困,还是帝国主义的压迫,中国人所受的苦恼的根源,就在于这种自由的过剩与凝聚力的欠缺。对孙文来说,革命之所以必要,不是为了实现自由,而是为了清除这种过剩的自由。"由于中国人自由太多,所以中国要革命……(中国的革命)和欧洲革命的目的相反。"(《民权主义》第二讲)孙文所想象的革命就宛如往散漫的沙砾中灌入水泥而企图使之凝固一样。通过每一个颗粒的"不自由"而使整个组织强化,因此而达成在生存竞争中能够"自由"地活动的目的。

孙文的革命构想由"军政""训政""宪政"三个阶段构成。即使革命成功,打倒了君主专制政体,在实行立宪政治之前必须经过"训政"的阶段。这种"训政",事实上就是由革命政府进行独裁的时期。在这一时期,就是要对"自由过剩"的民众进行彻底的规范教育。这里,只是用语的不同,实际上与陈天华所说的"开明专制"在本质上是类似的。

将中国的君主专制体制视为容许自由的温和的体制,在这一点上,梁启超与孙文是共同的。但是,一方面梁启超始终固执于"文明之自由"而认识到"奴隶根性"这一"内在的专制"问题;另一方面孙文厌恶"过剩的自由"而探索到革命后"开明专制"的必要性。这是在辛亥革命之前的中国,专制论所到达的一个理论高度。

小　结

　　1911 年 10 月 10 日,在长江中游的城市武汉以军队起义为契机,爆发了辛亥革命。革命迅速波及全国,各省竞相宣布从清朝独立。次年 1 月 1 日,以孙文为临时大总统的中华民国临时政府成立,2 月 12 日清朝最后的皇帝宣统帝退位。像革命派所预言和期待的那样,通过革命,君主专制体制一举转变成为共和制。

　　但是,继孙文之后就任大总统的袁世凯,以军事力量为背景 *339* 而使专制化的倾向不断加强,1916 年 1 月袁世凯即位做了皇帝。君主专制体制仅仅在四年之后又复活了。由于被称为"第三次革命"的反袁运动的高涨,袁世凯在数月之后宣布撤销帝制,但随着袁世凯的去世(1916 年 6 月),各地的军阀自立化的倾向不断加强,开始了被称为"军人专制"(李大钊语)的军阀割据的时代。在这种意义上,共和国的诞生,与革命派期待的相反,专制问题并未结束,而成了新的专制的出发点。

　　其中,继承梁启超所提起的"内在的专制"这一问题的,是以《新青年》(1915 年 9 月创刊)为据点的陈独秀、李大钊、胡适等知识分子。他们以"科学"与"民主"为口号,以欧美社会为模型,提倡创造出从非合理权威下解放出来的自由、自立的个人。其中吴虞(1871—1949)发表了《家族制度为专制主义之根据论》(《新青年》第二卷第六号),尖锐地批判了家族制度。他认为,正是家长对孩子行使绝对权力的"家族专制",培养了盲从权威的态度,是政治上专制的温床。因此儒教才最尊重家族伦理。《新青年》的知识分子强烈地意识到文化与政治的关联。为了根除政治上的专制,必须在文化上进行根本的变革。这样,他们所发动的运动被称为"新文化运动"。这无非是以克服梁启超所说的"内在的专制"为目标的运动。

但是以文化的进路为优先的时期十分短暂。1919 年 5 月 4 日，因为对巴黎和会处理山东问题的不满，北京的学生举行了游行活动，反日运动迅速扩展到全国的城市。以五四运动为契机，为了解决军阀割据及帝国主义压迫这些问题，不得不以政治的进路优先的意识占据了领先位置。所谓政治的进路，就是首先夺取政治权力，通过行使夺取的政治权力，以解决包括文化问题在内的各种问题的战略。由中国国民党（1919 年创立）与中国共产党（1921 年创立）两个政党的合作而从 1924 年开始的"国民革命"，就是政治的进路的体现。与辛亥革命前一样，政治的季节再度造访了中国。

中国共产党为了使自己的政治立场正当化，使用了"专政"这一概念。"专政"是指无产阶级的专政。从共产党的立场来说，所有的"专制"都必须否定，唯有无产阶级的"专政"不论在理论上还是历史上都是正当的。因为只有无产阶级才是建设社会主义制度的主力军，压制反对它的"反动"势力的"专政"，是他们理所当然的权利。这样，无产阶级的"专政"一旦被正当化，既然只有共产党才是无产阶级利益的正当的代表，那么中国共产党的专政也就自动地被正当化了。承当某种历史使命的社会集团，在社会秩序的转换期，将拥有压制其他个人或集团那种强力的指导权视为正当的，在这一点上，"专政"可以说是在"开明专制"（陈天华语）与"训政"（孙文语）的延长线上。而在否定"个人的自由"、以"民族的自由"为优先这一点上，孙文与毛泽东也是相通的。孙文以中国民众为"一盘散沙"的状态为理由，毛泽东以这是"资产阶级的自由"为理由，都否定了"个人的自由"。

毛泽东于 1966 年发动的"文化大革命",具有企图在 20 世纪后半期实现新文化运动的知识分子曾经提出的文化改造的课题的一面。因为"文化大革命"也是要求所有的中国人舍弃传统文化与思考方式。但是在文化改造的手段上完全相反。新文化运动始终是力图以启蒙这一文化上的手段来进行文化改造,而期待以文化改造的成果对政治改造作出贡献。而"文化大革命"则是有意识地以政治性的鼓动来促使大众蜂起,用这种政治手段来进行文化改造。这或许可以说是发端于五四运动的政治进路的极端形态。

341 由于想通过政治手段来进行文化改造,结果所有的文化问题都被政治化了。历史解释也是如此,围绕"文化大革命"的现实路线的对立就直接地影射过去,历史解释从而被歪曲了。将中国思想史视为反动的儒家与进步的法家对立的历史,即所谓儒法斗争史观就是最为典型的表现。但是作为中国君主专制体制的确立者,从 20 世纪初以来一致遭到非难的始皇帝,至此开始作为进步性的人物而受到褒扬。

在"文化大革命"中,作为忠实于毛泽东思想的证据,揭发自己的父母也会受到奖励。在这种意义上,新文化运动的知识分子所不断批判的儒教的家族规范在"文化大革命"中的确解体了。但是如果新文化运动的知识分子目击了这一事态,是否会得出家族制度在某种意义上并没有解体,而是诞生了以毛泽东为"家长"的巨大的"家族专制"这样的评价呢?

据说"文化大革命"还造成了许多的牺牲者。这是从毛泽东这一"卡理斯玛"得到"造反有理"的保证的民众,在正义与革命的名义下破坏既成的秩序,肆意地实施暴力的结果。如果梁启超目击了这一事态,是否会说"民主专制"终于发生了呢? 辛亥革命前，梁启超不断警告的民主专制，没有在民国时期发生。原因之一是还没有形成其影响力足以动员大量的民众的可以行使的政治权力。袁世凯的复活帝制，从反面证明了还不能产生民主专制。在这种意义上，不能不说辛亥革命之后经过了半个世纪到毛泽东时代的体制下，中国总算到达了可以发生"民主专制"的阶段了。

当然，这完全是想象的问题。但是禁不住会产生这样的联想，这说明 20 世纪初围绕专制所提出的各种问题，在 20 世纪后半期的中国仍然不失其意义。

补　　论 342

本章在作为论文发表之际，围绕着近代中国的自由与专制问题收集各种各样的资料，仅仅由于篇幅的关系，不得不删去相当多的内容。在将此论文收入本书时，本来准备利用这些删去的材料来全面地对论文加以改写，但是要改变已经成型的论文的结构，时间上又非常紧张，在这里限于两个问题，以补论的形式作一论述。

1. 无政府主义者的专制论

在近代中国的革命运动阵营中，自觉的无政府主义者的组织是在 1907 年出现的，在东京与巴黎创刊了两种鼓吹"无政府共产主义"的杂志。在东京是由张继、何震、刘师培等创办的《天义》，在巴黎是由李石曾、吴稚晖等创办的《新世纪》。这两种杂志由于是分别出现的，其想法与志向都很不相同。大而言之，《新世纪》着力于介绍欧美的学说，而《天义》则重视中国自身的问题。

在《天义》第八、九、十合并号(1907 年 10 月)上发表了刘师培的论文《论新政为病民之根》。"新政"是指 1901 年义和团事件之后清政府开始的改革事业。开始的时候改革只是停留于对制度进行部分的修订,日俄战争之后明确了引进立宪君主制的方向,1906 年公布了准备立宪的诏敕,已经表示要施行宪法和开设国会的计划。已有的革命组织当然必须对这种"新政"的进展作出评价和反应。"新政"将强化清政府,并有利于与改革派对立的改良派的立场,因此,革命派必须采取否定的态度。但是,专制政体的清政府转换成立宪君主制,如果仅仅从这一点来看的话,按照"政体进化之理"这是最好的结果,因此就是对革命派来说,要反对"新政",在理论上也必须注意到这一点。

概而言之,同盟会力图以鲜明的"排满"这一种族主义立场来处理这一问题。就是说,无论进行什么样的改革,都不会改变满族是汉族的仇敌这一事实,"新政"不过是清政府的延命策,因此必须反对。而且满族本身是否有实行立宪君主制的诚意和能力还值得怀疑。这就是他们的立场。而对重视国家和种族这些集团本身就抱有疑问的无政府主义者来说,反对"新政"的论据自然必须与他们不同。刘师培的论文就是从无政府主义者的立场出发否定"新政"的文章,但是在文章的开头部分就提出"维新不如守旧,立宪不如专制"这一富有刺激性的观点。与其引进立宪制,不如维持专制体制。刘师培的这种主张仅仅从结论来看,正好与清政府内部顽固的保守派的见解相一致。问题是批判《民报》的种族主义立场为"落后于时代"的思想,而作为"最先进"的革命家的无政府主义者,为什么会有这种主张呢?

刘师培(1884—1919)生于江苏扬州。长江下游的经济文化中心之一的扬州,在清朝是扬州学派这一著名的考证学派的据点所在。刘师培的家庭也是以《春秋左氏传》为家学的学问之家，从小他就接受经学的熏陶而被称为"天才"。1902 年，他年仅 18 岁就通过乡试获得举人资格（民国期间任北京大学教授）。但是1903 年在上海与章炳麟等"爱国学社"组织成员相遇而接近革命运动，次年参加了革命团体光复会。他的《攘书》（1903 年）基于 ₃₄₄ 种族主义的立场表明了排满革命的意图，而《中国民约精义》（1904 年）则根据卢梭的《民约论》对专制政体展开了批判。这时的刘师培以排满和反专制作为革命论的根据，这与其他革命家并无区别。1907 年应章炳麟之邀与妻子何震一同赴日，由于受幸得秋水、张继的影响迅速转向无政府主义。《天义》虽然是作为何震主办的"女子复权会"的机关刊物于同年 7 月创刊的，但宣传无政府主义的性格变得逐渐浓厚。《论新政为病民之根》是刘师培明确表示自己作为无政府主义者的立场之后数月而写的论文。

在这篇论文中，刘师培将秦汉以来中国的专制体制的基本性格理解为"放任政治"。按照他的理解，如果除去重税与严刑可以说没有什么干涉，一般民众可以享受"无形之自由"。加上"贵农贱商"政策抑制了商人的活动，而且由于世袭贵族也不存在，因此在这里不问贵贱贫富都服从一样的法律，还存在着这种意义上的平等。

刘师培的这种专制解释，与其说接近同盟会的主流派，不如说更加接近梁启超的观点。如本章正文中所述，同盟会主流派认为清朝的专制体制是秦汉以来的皇帝专制加上清朝独自的贵族专制，是"不自由"且"不平等"的最坏的专制体制。对此，梁启超认为中国的专制体制是容许"野蛮之自由"的松散的"无形之专制"。但是梁启超以容许"野蛮之自由"而缺乏统治力的政治体制在国际社会的生存竞争中无法生存为理由，而提倡包括引进立宪君主制的大规模改革的必要性。他的路线与"新政"的路线几乎是一致的。对此,刘师培主张与其实行这种改革,还不如保存容许"无形之自由"的专制体制。在他的主张的背后有这样一种判断,就是说推行"新政",由改革而获得利益的只是限于极为少数的中国人,大多数的民众不但得不到利益,而且连专制体制下所能够享受的自由与平等也肯定会失去。他这样判断的理由,大致可以概括为以下四点:

第一,学校制度的整顿只会增加社会的不平等。原来的科举尽管有各种各样的缺陷,但是具有不论贫富都可以参加考试的长处。即使是贫民,也有可能由自学而通过考试。但是如果引进学校制度,可以上学的就只有具有支付能力的富民子弟了。这样社会上成功的机会,与以前相比毋宁说是增加了不平等。

第二,议会制的引进只会增加民众的痛苦。专制体制下虽然存在着"官吏压制",但是中央派遣的官僚不熟悉当地的情况,只有借乡绅或胥吏等"土著之人"才能实行榨取或受贿。如果在地方引进议会制,作为议员而掌握权力的是他们这些土著乡绅豪民,他们通晓地方实情,进而以公益为名实行比"官吏压制"还要远远绵密的"豪民之压制",这样民众所受的痛苦只会有增无减。议会制或地方自治的引进虽然是以"伸张民权"的名义进行的,而实际上伸张的只是"绅民(乡绅)之权""邑民(城市居民)之权",而"平民之权""乡民(农村居民)之权"唯有削减。

第三,振兴实业也只会增加民众的痛苦。中国的贫民,无论是做工人还是做商人,因为小规模的自主经营者居多,他们有"作息自由之权"。但是由于振兴实业,随着工厂、矿山的增加,他们只能成为雇佣工人而陷入悲惨的劳动状态。由于振兴实业而获得利益的只是一部分资本家。

第四,完备法制只会剥夺民众的自由。法律是国家控制民众行动的手段,整顿法制越是推进,专制体制下事实上存在的民众的"无形的自由"就越会失去。而且,能够利用律师来为自己的利益从法律上辩护的也只有富民,这样,富民与贫民之间的不平等就更加扩大了。

整顿学校制度和引进议会制等刘师培所列举的项目,都是"新政"最重要的目标。如果就每个项目来看,不仅是改良派,就是大部分的革命派也是会肯定的目标。但是刘师培认为这些项目对大多数的中国民众来说,只会增加他们的不平等或痛苦,或者剥夺他们的自由,都是应该断然反对的。如果实行这些改革,对民众来说还不如在原来的专制体制下更好。

但是,刘师培的这种说明,仅此便足以作为拒绝"新政"的逻辑而具有充分的说服力吗? 第一,"新政"是试图模仿在西方各国和日本近代实行并取得了成果的改革。为了使中国成为西方各国或日本那样的近代国家,实行"新政"这样的改革是不可缺少的。同时代许多中国人都是这么认为的。第二,"新政"是为了使专制体制的中国向立宪君主制转换的改革。如果按照"政体进化之理",专制体制转换成为立宪君主制(或共和制)是不可避免的。同时代许多中国人都是这么认为的。如果以当时的这些"常识"为前提,敢于提出停留在专制政体的刘师培的主张,无论如何都感到说服力不足。

刘师培对这一问题试图用中国古代的"封建制"和"郡县制"的概念来回答。他认为,西方与日本"封建制"持续到最为晚近的时候,而中国在两千多年前就转换到了"郡县制"。在远离"封建制"这一点上,中国与西方及日本之间,社会状况存在着根本的差异。"郡县制"是容许"自由"和"平等"的社会,而以世袭的身份制

346

与小规模的统治单位为特色的"封建制"则是"不自由"和"不平等"的社会。因此,刘师培认为,以近代国家建设为目标的改革产生出新的"不自由"和"不平等",这种改革之所以在西方和日本取得成功,是由于这些国家"封建制"直到最近还存在,这种改革本质上无非是"封建的变相"。既然如此,这些改革对于远离"封建制已久的中国"来说本来就是不能适用的。

347

刘师培的这种见解,与《代议制然否论》(《民报》第二十四号,1908 年 10 月)中章炳麟所表现的见解极为类似。章炳麟也将代议制视为"封建的变相",因此而否定将其引入中国。这一时期,因为刘师培与章炳麟的关系极为亲密,两者之间相互影响不是不可思议的。但是刘师培的论文早发表一年,这种想法也可能是他先提出来的。

如本章正文中所述,梁启超举出贵族制的早期消灭和专制的超长时期的持续作为中国"政体进化"的特色。刘师培所指出的,在很久之前就脱离了"封建制"的"郡县制"这一中国社会的特色,只不过是以不同的语言表现同一事情。但是两者对历史认识的基调,可以说有对照性的不同。在梁启超看来,所有的政治体制都应该直线地被排列在"政体进化"的阶梯上。专制也是由贵族制"进化"来的政体,立宪君主制或共和制是由专制进一步"进化"来的政体,中国应该摆脱专制,这是具有原则性的必然性的事情。对此,刘师培所使用的"封建制"与"郡县制"不过仅仅是政体的两大类型,两者之间并没有"进化"或优劣的关系。中国脱离"封建制"的时间长,西方或日本的"封建制"持续到最近,这不是法则上的而是事实上的问题。中国如何变化,这必须始终根据中国固有的事实,以实现中国民众的自由为目的来决定。这是刘师培的立场。

与《天义》相并列的无政府主义者的杂志《新世纪》受克鲁泡特金的影响而主张"相互扶助"。与基于"优胜劣败"或"弱肉强食"这一"强权"发展的生物本性相反，真正的"社会进化"必须是以"相互扶助"为基调的。这是他们主张的基本之点。就是说，他 *348* 们力图通过强调"相互扶助"来改变广为流传的"优胜劣败"的社会进化观。运用"封建制"和"郡县制"概念的刘师培，也试图摆脱直线性的社会进化观。在这一点上，两者虽然表述不同，但是也存在着共同的志向。

2. 严复的《政治讲义》与专制论

1895 年以《原强》等一系列带有时事评论性质的论文登上论坛的严复，1897 年刊行了赫胥黎的《进化与伦理》的汉译本《天演论》，此后十年间陆续出版了《原富》（亚当·斯密的《国富论》的翻译）、《群己权界论》（穆勒《自由论》的翻译）等西方思想的汉译著作。至此，分析严复的思想主要是依据这些论文与翻译以及他对翻译写作的按语为主要资料。1986 年王栻编的《严复集》（中华书局，共五册）的出版，大大地改变了资料的状况。因为这套书收入了许多此前的资料集（如《严几道诗文钞》）中没有的新资料。这些新资料中，特别具有思想史的价值的，这里想提出《政治讲义》并作一简单的分析。

1905 年夏，严复应上海"青年会"之邀，以"何谓政治"为主题进行了连续八次讲演。《政治讲义》就是这次讲演的记录。1905 年这一年，是清政府确定向立宪君主制方向的改革路线迈进的一年，也是革命团体大联盟在东京成立中国同盟会的一年。邀请严复来讲演，也是出于对中国政治的现状及前景的强烈关心。但是严复就像没有领会对方的意思似的，不是去分析中国的政治现状,而是就政治本身的原理进行讲述,而且力说政治学是"科学"。严复所讲述的政治原论,只有这篇《政治讲义》,而且中国人将"科学"这一概念用在自然科学之外的领域,以这篇《政治讲义》为最先。这些都足以使这一资料具有思想史的意义。

但是,在严复的讲义快要结束时,他将自己所考虑的政治原理("政治要例")概括为 12 个命题。其中包含有这样的命题:"政府以专制为常,以众治(民主制)为变。如军中惟一主将,法廷惟一士师。"(第 1315 页。以下的数字均指《严复集》第五册的页码)如正文所述,这一时代,许多中国人对专制都是持否定的态度。专制是政治进化的一个阶段,许多人都认为不论是以立宪君主制为目标还是以共和制为目标,摆脱专制政体是中国的当务之急。其中,虽然有像陈天华或梁启超那样肯定"开明专制"的人,但是这也毕竟是考虑中国所处的条件,主张以某种强有力的政治体制作为解决问题的手段是有效而且必要的。换言之,是以紧急避难的逻辑而肯定专制,而不是一般性地肯定专制。就笔者所知,断言"政府以专制为常"的中国人,在严复之外没有第二个。在这种意义上,在当时的知识氛围中,这一命题无论如何都是与众不同的。而且翻译过穆勒的《自由论》的严复,是最为熟知自由是什么的中国人之一。这样,他到底是在什么意义上将这一命题作为政治的原理而提出来的呢? 这里对这一问题以补论的形式作一考察。

方法的前提

《政治讲义》中严复的议论立足于几个基本前提。这些前提,是作为理所当然的既定条件,并未证明其妥当性。第一个基本前提是,人在本质上是社会性的存在这一命题。他以"民生有群"

（第 1243 页）这一语言来表达。换言之，社会是自然必然要成立的，并非由于人的作为而创造出来的。

第二个基本前提是，社会（群）必然分为治者与被治者，这里 *350* 必然存在着支配关系（管辖、管束）的命题。严复将确立治权的社会称为"国家"，国家与社会之间并没有严格的区分。他认为人类历史在很早的阶段就成立了国家。这样，为了统治而不可缺少的机关就是"政府"，因此"天下无无政府之国家"（第 1247 页）。

第三个基本前提是，国家同生物一样是有机体（有机之体、官品）的命题。严复认为国家不是零散的个人的集合体。就像生物中由细胞构成各个机关而承当各种生命活动一样，国家也是由各种各样的机关承担不同的作用而组合起来才得以存在的。因此，同生物有机体存在进化现象一样，有机体的国家也存在进化现象。进化是有机体适应环境的变化的现象，因此国家的进化必然是渐进的过程。

在以上的前提下，严复构想"作为科学的政治学"。政治学的主要研究对象是国家与政府，为了将其作为科学来研究，概念的明晰与方法的严密是不可缺少的。他将"作为科学的政治学"所必要的方法概括为"进化的方法（天演术）""归纳的方法（内籀术）""比较的方法（比较术）""历史的方法（历史术）"四点（第 1251 页）。就是说将国家视为进化的，以古今东西历史上出现的各种各样的国家现象为素材，对其加以比较从而归纳出经验性的法则（公例），这就是严复所思考的"作为科学的政治学"。反过来说，构想最好的政体，或者为执政者探索政策技术等，都不包含在他的课题之中。

自由与管辖

自由的问题是《政治讲义》中重要的主题之一。但是严复是

将对象限定为政治上的自由（政界自由）来考察的。所谓政治上
的自由，是有关人们在国家这一政治社会中的行为的界限，与个
人的伦理上的自由是不同的。本来严复对"政治上的自由"下的
定义是："自由者，不受管束之谓也。"（第1285页）而对"伦理上的
自由"的定义如同一张白纸，不过是指单纯的状态的概念。不能
先验地就断定对民众而言有自由常常是好的。具体而言自由究
竟可能具有什么意义，这始终是状况的函数。这就是严复的
立场。

但是，如前所述，国家必定有政府，政府以管理为职责。而因
为管理是抑制每个构成成员任意妄为以图公益的实现，故与自由
处于对立的位置。就是说，如果每个人都实现了完全的自由的
话，那么政府就应该被废除了；反过来，如果管理的逻辑彻底的
话，个人的自由就不得不被否定了。因为这都是不可能的事，在
现实中，政治家都是在既定的条件下，掌握进行管理与实现自由
之间的平衡。所以，无论在什么国家，自由的有无常常都只不过
是程度的问题。

在严复看来，某一政治体制之下自由实现的程度，与该政府
的善恶完全无关。例如，虽然认为力图实现民众的福利的政府就
是好的政府，但是这种认识只是事后诸葛亮的见解，从过度干涉
民众的生活来看，民众是失去了自由。另一方面，专制政府容易
虐待民众这是事实，但是这样的政府对民众的生活一概不管，很
有放任民众的倾向。这样毋宁说专制政府之下的民众反而是自
由的。因此将专制与自由完全对立起来是错误的，因为"受管束"

与"受虐待"都属于个别情况。

在某一国家,在何种程度上实现了自由这一问题,不是由其政府的形态如何来决定的,而是与其国家所处的条件(天时、地势、民质)具有相关关系。例如,处于平原地带常常遭受侵略威胁的国 *352* 家,政府的权能不得不增大,而与此成反比例,民众的自由范围就会受到抑制。这是不论政府的形态如何都必然会发生的现象。

进一步说,在国家所处的环境与民众的自由程度之间保持恰当的平衡时,国家就能够安定地持续下去。在面临侵略威胁的国家有过度的自由,或者相反,在没有侵略威胁的国家却有过度的管束,这两者都会导致国家不安定。因此,尽管自由常常只是作为程度的问题来论述,但是究竟什么程度最合适,这常常只能作为国家所处的条件的函数来判断。

政体分类

君主制(独治)、贵族制(少治)、民主制(众治)及专制这种政体分类是源于古代希腊的亚里士多德,现在也还在用。但是亚里士多德所作为前提的国家与近代的国家之间已经有本质的不同。亚里士多德所作为前提的国家是城市国家(市府国家),其规模小,构成人数有限,而近代国家是地域国家(邦域国家,严复对 country state 一词的译语),国家的规模与人数都比城市国家大得多。

城市国家中的民主制是直接民主制,所有的国民都有参加决策的可能。这里尽管人人受决策的管束,但是由于这是自己服从自己所决定的事情,在这种意义上是"自治",因此可以说是最能够实现自由的政治体制。另一方面,尽管同样是用"民主制"这一语言来表现,在近代的国家中可能实施的是通过议员的代表民主制,而且这只有由少数服从多数的原理才可能运行。因此代表民

主制可以称为"以众治寡之立宪",这必须与"自治之民主"的直接
民主制明确地区别开来（第1301页）。这里存在着少数人违反自
己的意志而服从多数人的决定的事实。直接民主制只是在古代
希腊、罗马实施过,罗马转换成为帝制之后便绝迹了。在这种意
义上可以说这是属于人类历史上所稀有的例外。

专制与立宪

专制是暴君一人依靠强力来统治所有的国民,这被认为是最
坏的政治形态。但是,国家是社会有机体,既然如此,构成成员之
间便处于某种形式的相互依存关系。专制的情况下也是如此。
仅仅依靠一个人的力量来片面地统治其余所有的国民,这实际上
是不可能的。即使是专制君主,也要得到被统治者的明确或默然
的同意才可能进行持续的统治。在专制体制下,君主多以宗教的
权威将自己的统治正当化（如"天命"）,被统治者惮于其权威而崇
敬君主,其理由不管怎样,专制君主是根据被统治者的（自下的）
同意而实行统治的。在这一点上说,与其他形态的统治在本质上
并无二致。

不仅如此,专制在不少情况下还是必要,甚至是所期待的。
例如,国内有许多暴虐的贵族,民众要求专制君主的保护的情况;
或者国家面临外敌的侵略,专制君主的强有力的指导成为必要等
情况。换言之,就像自由常常是程度的问题一样,专制也是程度
的问题,而不能直接将专制视为恶。至少在此前的人类历史中,
在很多情况下专制都是必要的。

与专制对立的概念是立宪。如果专制是程度的问题,那么专
制与立宪的差异在哪里呢? 这就在于,只有在立宪体制下,改废
政府的权利被议会这一形式所制度化这一点上。尽管专制政体

也是由民意所支持的,但是由于没有观测民意的制度,政府的改废不得不采取流血革命这一形态。对此,在立宪政体中,可以通过议会的投票来变更政府,在这种意义上,可以说立宪政体是将革命制度化的政治体制。

在《政治讲义》中,严复围绕专制的议论大致就是以上这些要点。其最大的特色在于用彻底量化的态度来对待专制与自由这一问题。如正文所述,在 20 世纪初的中国,对专制与自由的问题虽然从各种各样的立场展开了不同的论述,但是除了严复,所有的论者都是将专制与自由作为质的问题来把握的。因此创造出了"文明之自由"与"野蛮之自由",或"直接的专制"与"间接的专制"等各种各样的范畴。但是不是从质上,而是从量上来考虑问题的严复,没有去制造这样的范畴。与之相反,就像在论述治权的由来时力图否定专制与其他政体的差异那样,他具有强烈的将范畴本身相对化的倾向。具有这种想法的思想家,在近代中国是极为稀有的。围绕着严复的思想特质,是应该将其视为保守的还是应该将其视为革新的,或者说是应该将其视为西方派还是应该将其视为国粹派,等等,虽然展开了一些没有什么结论的议论,我认为这里所说的执着于从量的方面来把握政治现象,正是处于其思想特质的核心位置。

主要参考文献

日 文

小野和子:《五四时期家族論の背景》,京都大学人文科学研究所共同研究报告《五四运动研究》第五函·第十五分册(同朋舍,1992 年)。

小野川秀美:《清末政治思想研究》(みすず书房,1969 年)。

小野川秀美・岛田虔次编:《辛亥革命の研究》(筑摩书房,1978 年)。

嵯峨隆:《近代中国の革命幻想——劉师培の思想と生涯》(研文书院,1996 年)。

岛田虔次・小野信尔编:《辛亥革命の思想》(筑摩书房,1968 年)。

西顺藏・岛田虔次编:《清末民国初政治评论集》(平凡社,中国古典文学大系,1971 年)。

野村浩一:《近代中国の政治と思想》(筑摩书房,1964 年)、《近代中国の思想世界——"新青年"の群像》(岩波书店,1990 年)。

狭间直树:《ルソーと中国》,《思想》第 649 号(1978 年)。

增渊龙夫:《歴史認識における尚古主義と現实批判——中日两国の"封建"・"郡県"論を中心にして》,岩波讲座哲学四《歴史の哲学》(岩波书店,1969 年)。

宫村治雄:《梁啓超の西洋思想家論》,《中国——社会と文化》第 5 号(东大中国学会,1990 年)。

横山宏章:《中国民国史——専制と民主の相克》(三一书房,1996 年)。

中　文

许明龙:《孟德斯鸠与中国》(国际文化出版公司,1989 年)。

胡伟希、高瑞泉、张利民:《十字街头与塔——中国近代自由主义思潮研究》(上海人民出版社,1991 年)。

侯宜杰:《20 世纪初中国政治改革风潮——清末立宪运动史》(人民出版社,1993 年)。

董方奎:《梁启超与立宪政治》(华中师范大学出版社,1991 年)。

熊月之:《中国近代民主思想史》(上海人民出版社,1986 年)。

李泽厚:《中国现代思想史论》(东方出版社,1987 年。部分日译,坂元ひろ子等译《中国の文化心理構造——现代中国を解く键》,平凡社,1989 年)。

英　文

Chang, Hao, *Liang Ch'i-Ch'ao and Intellectual Transition in China, 1890－1907*, Harvard University Press, 1971.

Michale Gasster, *Chinese Intellectuals and the Revolution of 1911: The Birth of Modern Chinese Radicalism*, University of Washington Press, 1969.

Jerome Grieder, *Intellectuals and the State in Modern China*, Free Press, 1981.

Philip Huang, *Liang Ch'i-Ch'ao and Modern Chinese Liberalismm*, University of Washington Press, 1972.

Joseph Levenson, *Liang Ch'i-Ch'ao and the Mind of Modern China*, Harvard University Press, 1953.

Benjamin Schwartz, *In Search of Wealth and Power: Yen Fu and the West*, Harvard University Press, 1964.（日译本：平野健一郎译《中国の近代化と知識人》,东京大学出版会,1978 年）

后 记

在"后记"中，按照惯例要对本书写作和出版过程中给予恩惠的各位表示谢意。但是对于过了 50 岁才出版自己的著作的我来说，应该表示谢意的人数之多，如果忠实于"惯例"的话，这篇"后记"的篇幅又可以和一篇论文相当了。这对无关的读者来说无疑是个麻烦事。这里想叙述一下本书是在受到什么样的学术环境的恩惠下而完成的，并对这里提到的每一位先生表示无限的谢意。

我 1969 年毕业于东京大学法学部，毕业后作为法学部的助教就留在研究室里，开始了近代中国政治思想史的学习。因为当大学生的时候听过的课程中，与近代中国有关的只有坂野正高教授的"亚洲政治外交史"。大学本科教育与专门研究之间是一种飞跃，在这一点上，与文学部出身的中国研究者相比，出发点非常不同。促成这种飞跃的跳板之一是学生时代读到的两篇有关现代中国的评论。

我是 1964 年进入大学的，在我的大学时代发生了两件令研究现代中国的学者十分迷惑的事情。一件事就是 1964 年中国最初进行的核试验，另一件事就是 1966 年开始的"文化大革命"。每一件事都与中国研究者的期待相反，或者是超出了他们的预料。除了在意识形态上立场鲜明的人，在相当一段时期内，中国研究者都无法隐藏自己的迷惑。在这期间读到了令人豁然开朗的两篇文章。即分析第一个事件的是坂本义和的《核时代的中日关系》(《世界》1963 年 6 月号，后收入《核时代的国际政治》一书)，分析第二个事件的是福田欢一的《现代中国与政治意识的问题》(《世界》1967 年 2 月号，后收入《现代政治与民主主义的原理》一书)。两位作者的专业分别是国际政治学与西方政治思想史，而不是中国研究。因此，这些论文给读者提供的不是有关现代中国的新信息，而是冷静地认识现代中国的视角与方法。令我最为难忘的是，对于现代中国这样一个容易陷入全面肯定或全面否定的对象，在与对象之间保持适当的距离的基础上，这些论文证明了社会科学方面的智慧可以发挥很大的作用。我学习社会科学而未学习中国学，在进行中国研究上，没有必要将这一点非视为不利条件不可。我觉得这也是很大的飞跃。

经过这两重"飞跃"之后，我步入了研究中国的轨道。但是我不是从事现代中国政治分析，而是研究中国近代思想史，这只是"喜好"的问题。传统秩序从根本上发生动摇的近代的变革期，对我来说是中国史上最为意味深长的时代，而且在学生时代通过参加丸山真男教授的日本政治思想史讨论课、福田欢一教授的政治学史讨论课、石田雄教授的政治思想史研讨课而积累的对思想史研究的兴趣，已经占据了我的脑子。

以《清末启蒙思想之成立》为题完成助教论文而结束了三年的助教生活之后，在指导教授坂本义和的关照下，得以到京都大学人文科学研究所学习。这时人文科学研究所中从事有关中国近代史研究的是小野川秀美教授、岛田虔次教授、狭间直树助教三人，以这三个人为中心组织了辛亥革命研究班。在这短短的半年时间内，我参加了该班的研究会，也去听过《朱子语类》研究班

358

的读书会，从而得以亲炙京都大学积蓄深厚的惊人的人文学的中国研究之一端。特别是岛田先生特意为我举办了个人性的关于章炳麟的《四惑论》的读书会，使我初次体验到在中国思想文献的精密的解读方法上所受到的冲击。如果没有这种体验，我的研究风格肯定是驳杂无章的。

1973 年 4 月，作为负责比较政治学的副教授，我登上了东北大学法学部的教坛。直到 1987 年调到东京大学文学部，在仙台生活了 14 年。现在回想起来，感到那种自由研究第一主义的氛围中度过的 14 年本身，对于尚未成熟的年轻的研究者来说，真是什么都无法替代的幸运。特别是在以西方法制史的世良晃志教授为中心的"社会科学的方法"研究会上，包括别的文科方面的教员，各个领域的研究者来参加并展开活跃的讨论，在对年轻的副教授也完全一视同仁的那种学术氛围中，的确得到了很好的锻炼。

第一章"文明与万国公法"，就是东北大学时代的作品。《万国公法》《中国古世公法论略》等基本资料，东北大学引以为荣的狩野文库中收集齐备，我又不禁感叹狩野亨吉氏的见识之高。这篇"文明与万国公法"是某种"反抗"的产物。那时，"文化大革命"的余波还浓厚地占据着中国和日本的学界，将革命思想的深化与政治思想的发展一视同仁的倾向占有支配地位。但是我对这种倾向无论如何不能接受。本来在前述的助教论文中，就提示了通过结合"启蒙思想"这一与革命思想不同思想的向量的焦点，从而企图对近代中国的思想发展提出另一种思路——是否成功且另当别论。"文明与万国公法"，则是以对将近代中国对外关系的历史完全用帝国主义的侵略或中国人民的抵抗这一模式来分割的见解的"反抗"为根本思想，而特意地选择了如何接受作为普遍规范的万国公法这一问题。本书所收的三篇论文中,这一篇可以说是最具"近代主义的"立场的,在某种程度上这也是自己有意而为之。

1987年调到了东京大学文学部,这对我来说,就意味着从与社会科学研究者(其大部分都不是中国研究的专家)相接触的研究环境,转移到与人文学研究者(其大部分都是中国研究的专家)接触的研究环境。这种环境的变化,给予了我很大的思想冲击。以所属的中国思想文化学研究室为中心,与研究其他时代和领域的中国思想史研究者之间不仅日常的接触成为可能,而且通过现代中国思想史研究会等研究活动,可以与其他近现代中国思想史研究者进行不断的讨论,进而在由许多教员举办的研究生院的专门领域交流讨论课上,能够有从中国史或中国文学研究者那里学到了自己意想不到的想法的机会。特别是,开始得到教那些以成为中国研究的专家为目标而学习中国近代思想的优秀研究生的机会之后,以他们为对象的讨论课,对我来说不仅仅是教,同时也是学习的机会。

第二章"法国革命与中国"及第三章"近代中国的体制构想",都是调到东京大学文学部之后的作品。如果要问环境变化所应该获得的思想冲击究竟在什么地方发挥了作用,我自己也难以回答,恐怕在我自身不易觉察的部分,对问题的关注点和分析方法发生了变化吧。这在将第一章收入本书之际进行修改时,感觉到了这一点。十多年前所写的第一章的原文,表述也不成熟,在收入本书之际不得不作全面的修改,但是论文的基础与主要骨架部分都原样地保留下来。如果容许自己甚至将文章的基础都进行变更的话,恐怕要大幅度地增加对被称为"册封""朝贡"体制的中国传统的国际关系体系的叙述,不仅仅是对西方各国的关系,也

360

要更加进一步地考虑与朝鲜、越南、蒙古等周边地区的关系。

从开始从事研究算起，很快30年的岁月流逝过去了。这30年间，我有机会在东京大学法学部、京都大学人文科学研究所、东北大学法学部、东京大学文学部四个研究机关从事研究。这使我能够在社会科学与人文科学之间反复回眸。我从不是以中国研究作为专业的社会科学者及专门研究中国的人文学者那里，不断地接收异质的，而又是彼此不可替代的思想上的刺激以推进自己的研究。论文常常是设想读者而写作的。我将这些不同风格的研究者双方作为自己设想的读者，以双方都能够接受为论文写作的目标，而结果很可能是双方都不能接受。这只能由读者去判断了。

如果没有两位编辑的相助，这本书也不可能诞生。对此，无论如何要在这里表示感谢。一个是创文社前任社长久保井里津男。第一章"文明与万国公法"的原文收在祖川武夫编的《国际政治思想与对外意识》（创文社，1977年）中，久保井先生负责该书的编辑工作。到截止时间，我的文章已经超过了限制的篇幅，而且还只写了原来构想的1/3。为此我不得不向久保井先生说明情况，并且想就此搁笔了。久保井先生想了片刻，对我说："请按照你的构想全部写完。对于年轻的研究者这样做是必要的。篇幅增加多少都没有关系。"现在他虽然已经退休了，我感到他真是充满了用自己的双手去培育年轻的研究者的气概的编辑家、出版家。

还有一位是东京大学出版会的门仓弘。与我同辈的门仓先生，对我来说，说是情投意合的酒友也许更恰当一些。一天晚上，在杯盘交错之际，不知不觉就说到决定出版本书。第一章"文明 ³⁶¹与万国公法"由于修改而比原稿增加了几乎一倍的篇幅，也是门仓先生"挑拨"的结果。能够得到这两位以出版卖不出去的学术著作作为人生的意义的古风犹存的编辑为知己，对我来说，与得到优秀的研究伙伴一样具有珍贵的价值。

我想将这本书奉献给从我开始决心作为研究者以来就一直给我以不断鼓励的双亲。父亲在两年前就去世了，不能让父亲在生前看到这本书，今天对我来说是最大的遗憾。

佐藤慎一

1996 年 10 月

初出一览

《文明与万国公法》：祖川武夫编《国际政治思想与对外意识》（创文社，1977 年）。

《法国革命与中国》：《历史与社会》第 12 号，田中治男、木村雅昭、铃木董编《法国革命与周边国家》（リブロポート，1992 年）。

《近代中国的体制构想——以专制问题为中心》：沟口雄三、滨下武志、平石直昭、宫嶋博史编《从亚洲思考》第五卷（东京大学出版会，1994 年）。

译后记

佐藤慎一教授的这本《近代中国的知识分子与文明》在1996年12月出版时,我正在东京的立教大学留学。尽管书价很贵,当时我还是狠狠心买了一本。仔细看过一遍之后,觉得值。当时所谓的"值",似乎主要还是停留在文章的语言表达上。把纯粹学术性的东西用这么流畅、简易的语言表达得这么清楚明白,以至于我这个当时最多只有"中级"日语水平的读者都能够读得兴趣盎然,这种深入浅出的功夫真是令人佩服。后来我的研究方向尽管有了些变化,我还是匆匆翻过一遍,写了一篇简短的文字——《人文学与社会科学的视界融合——读佐藤慎一的〈近代中国的知识分子与文明〉》,我的朋友祝晓风博士把它发表在2000年2月2日的《中华读书报》上,从而了却了我曾经答应作者要将它介绍到中国的心愿。

由我来翻译(译本对原著有些许删节)这部被一些日本学者认为是反映当时日本学界中国近代思想研究"水准"的著作(请参阅本人将发表在近期《中国学术》上的书评),这是我始料未及的。我觉得花点时间和精力将它翻译出来,同样是值得的。当然,这里所谓的"值得",并不表示完全赞成书中的观点,比如作者对专制问题的理解,由于所处的社会文化背景及所受的教育都不同,自然会与我们有所差异。这是不言而喻的。

感谢王中江教授的怂恿、卢海山先生的关照,感谢严绍璗教授的介绍与推荐。而该译本最终能够出版,全仗本丛书主编北京大学刘东教授的慧眼与魄力。台湾"中央研究院"文哲研究所的陈玮芬博士为我解决了当时难以找到的有关王韬的《法国志略》等引文,郑爱华君为本书的翻译付出过辛勤的劳动,东京大学出版会的山本徹先生在手续上为本书能够顺利在中国出版给予了尽可能的支持,我的日本朋友南云大悟为我收集了有关该书在日本学界反响的文章,东京大学文学部图书室和东京大学大学院人文社会系研究科中国思想文化学研究室在校对引文方面给予了大力协助,在此一并表示衷心的感谢。

由于译者自身日语水平和学力之不逮,译文中的错讹之处在所难免,唯望读者批评指正。

刘岳兵

2002 年 8 月 29 日记于浙江大学日本文化研究所(杭州)

2006 年 4 月 11 日改定于大东文化大学文学部中国学科(东京)

"海外中国研究丛书"书目

157. 行善的艺术:晚明中国的慈善事业(新译本) [美]韩德玲 著 曹晔 译
158. 近代中国的渔业战争和环境变化 [美]穆盛博 著 胡文亮 译
159. 权力关系:宋代中国的家族、地位与国家 [美]柏文莉 著 刘云军 译
160. 权力源自地位:北京大学、知识分子与中国政治文化,1898—1929 [美]魏定熙 著 张蒙 译
161. 工开万物:17世纪中国的知识与技术 [德]薛凤 著 吴秀杰 白岚玲 译
162. 忠贞不贰:辽代的越境之举 [英]史怀梅 著 曹流 译
163. 内藤湖南:政治与汉学(1866—1934) [美]傅佛果 著 陶德民 何英莺 译
164. 他者中的华人:中国近现代移民史 [美]孔飞力 著 李明欢 译 黄鸣奋 校
165. 古代中国的动物与灵异 [英]胡司德 著 蓝旭 译
166. 两访中国茶乡 [英]罗伯特·福琼 著 敖雪岗 译
167. 缔造选本:《花间集》的文化语境与诗学实践 [美]田安 著 马强才 译
168. 扬州评话探讨 [丹麦]易德波 著 米锋 易德波 译 李今芸 校译
169. 《左传》的书写与解读 李惠仪 著 文韬 许明德 译
170. 以竹为生:一个四川手工造纸村的20世纪社会史 [德]艾约博 著 韩巍 译 吴秀杰 校
171. 东方之旅:1579—1724耶稣会传教团在中国 [美]柏理安 著 毛瑞方 译
172. "地域社会"视野下的明清史研究:以江南和福建为中心 [日]森正夫 著 于志嘉 马一虹 黄东兰 阿风 等译
173. 技术、性别、历史:重新审视帝制中国的大转型 [英]白馥兰 著 吴秀杰 白岚玲 译
174. 中国小说戏曲史 [日]狩野直喜 张真 译
175. 历史上的黑暗一页:英国外交文件与英美海军档案中的南京大屠杀 [美]陆束屏 编著/翻译
176. 罗马与中国:比较视野下的古代世界帝国 [奥]沃尔特·施德尔 主编 李平 译
177. 矛与盾的共存:明清时期江西社会研究 [韩]吴金成 著 崔荣根 译 薛戈 校译
178. 唯一的希望:在中国独生子女政策下成年 [美]冯文 著 常姝 译
179. 国之枭雄:曹操传 [澳]张磊夫 著 方笑天 译
180. 汉帝国的日常生活 [英]鲁惟一 著 刘洁 余霄 译
181. 大分流之外:中国和欧洲经济变迁的政治 [美]王国斌 罗森塔尔 著 周琳 译 王国斌 张萌 审校
182. 中正之笔:颜真卿书法与宋代文人政治 [美]倪雅梅 著 杨简茹 译 祝帅 校译
183. 江南三角洲市镇研究 [日]森正夫 编 丁韵 胡婧 等译 范金民 审校
184. 忍辱负重的使命:美国外交官记载的南京大屠杀与劫后的社会状况 [美]陆束屏 编著/翻译
185. 修仙:古代中国的修行与社会记忆 [美]康儒博 著 顾漩 译
186. 烧钱:中国人生活世界中的物质精神 [美]柏桦 著 袁剑 刘玺鸿 译
187. 话语的长城:文化中国历险记 [美]苏源熙 著 盛珂 译
188. 诸葛武侯 [日]内藤湖南 著 张真 译
189. 盟友背信:一战中的中国 [英]吴芳思 克里斯托弗·阿南德尔 著 张宇扬 译
190. 亚里士多德在中国:语言、范畴和翻译 [英]罗伯特·沃迪 著 韩小强 译
191. 马背上的朝廷:巡幸与清朝统治的建构,1680—1785 [美]张勉治 著 董建中 译
192. 申不害:公元前四世纪中国的治政哲学家 [美]顾立雅 著 马腾 译
193. 晋武帝司马炎 [日]福原启郎 著 陆帅 译
194. 唐人如何吟诗:带你走进汉语音韵学 [日]大岛正二 著 柳悦 译